Bildberichte.

Aus dem Ruhrgebiet der Nachkriegszeit. Ruhrlandmuseum Essen

Sigrid Schneider (Hg.)

INHALTSVERZEICHNIS

ERINNERUNG

Ein Bild des Jahres 1945, Bilder der Nachkriegsjahre, haben wir alle im Kopf. Diese Bilder sind schwarzweiß; sie changieren in Grau zwischen Ikonen und Klischees, je nach Qualität und Ausmaß ihrer Vervielfältigung. Eigene Erinnerung ist von Fotografien und Filmen kaum noch unterscheidbar. Später Geborenen sind Fotografien Surrogat für Erinnerung an eine Zeit, bevor die eigene einsetzt. Erinnerungen scheinen im Zeitalter ihrer technischen Reproduzierbarkeit angelangt. Und sie sind geteilt. Auch in dem Sinne, daß sie als gemeinsam empfunden werden. Die Wirkung solcher Fotografie gründet sich auf die mediatisierte Teilhabe an Zeiterfahrung und Erinnerung. Licht, Zelluloid und Papier sind die Materialien der Erinnerung geworden, statt Marmor, Sandstein, Bronze sind sie die Stoffe, aus denen die modernen Denkmäler sind.

Mit den Fotografien mischen sich Sprach-Bilder, Wörter gewordene Deutungen in unserem Gedächtnis zu großen Figurationen unseres Geschichtsbildes: »Die Stunde Null« hatte ihre Zeit, die sich quälend länger hinzog als sechzig Minuten. »Soviel Anfang war nie« hatte ein Mißverständnis zum Ziel. Als sei es um eine qualitative Dimension gegangen, wo doch nur das Flächendeckende Realität war – 1918/19 war mehr Anfang gewesen. »Am Anfang war Adenauer« ist eine fromme Legende. »Neubeginn« sollte Optimismus verströmen, wo doch nur das Alte endete und das nicht einmal sogleich. Das »Auferstanden aus Ruinen« des Ostens fügte sich religiös in eine Heilsgeschichte von kurzer Dauer. Die »Katastrophe« – Gegenteil eines Euphemismus – war zur Abwendung des Gedankens eigener Schuld ersonnen, in deren Zusammenhang das 'Abendland' leicht über die Lippen kam. Als »Niederlage« konnte diesen Zeitpunkt nur fixieren, wer sich besiegt fühlte. In diesem Sinne klingt »Kapitulation« auf Englisch, Französisch, Russisch verständlich, auf Deutsch hingegen befremdlich. »Befreiung«, nicht Besatzung – bedeutete das wortgewordene Eingeständnis, daß eigenes Handeln in der Tat nicht zu ihr geführt hatte. Der »Nachkrieg« müßte sich daraufhin befragen lassen, wieso er nicht als Friedensanfang in unser Gedächtnis eingelagert wurde.

Hinter, unter diesem Firnis aus eigener Erinnerung, Fotografie und Sprache erstreckt sich eine Vergangenheit, derer wir nicht mehr habhaft werden können. Deren Widerschein auf Licht-Bildern muß uns genügen. Aber das ist mehr als wir wußten, mehr als eigene Erinnerung, kollektive Erinnerung, fast schon Geschichte.

Ulrich Borsdorf

BILDER EINER ZWISCHENZEIT

Sigrid Schneider

Die Nachkriegsjahre im Ruhrgebiet haben Bilderberge von beträchtlichen Ausmaßen hervorgebracht: Fotografien der alliierten Sieger und Besatzer von den Mondlandschaften, die einmal belebte Städte und Industriegebiete waren, von besiegten und gefangenen Deutschen und befreiten Zwangsarbeitern, vom Einzug in die Zentren der politischen und wirtschaftlichen Macht. Fotografien deutscher Bildjournalisten, Berufsfotografen und Amateure, die Geisterstädte und Chaos zeigen, Trümmerberge und Notwohnungen, Hamsterfahrten und Demonstrationen, schließlich den allmählichen Wandel im Erscheinungsbild der Städte und ihrer Bewohner hin zur Wiederherstellung von Ordnung und geregeltem Leben.

Alle diese Fotos entstanden vor dem Hintergrund bestimmter Verwertungsinteressen, die sowohl die Produktionsbedingungen als auch die Bildsprache und schließlich die Präsentation (eines allerdings zahlenmäßig sehr geringen Teils dieser Bilder) prägten.

Solche Verwertungsabsichten bestanden zunächst auf seiten der Alliierten in der Dokumentation militärischer Aktionen, dem Herstellen von optischem Beweismaterial für die Niederlage des Feindes, die Durchführung und den Erfolg der eigenen Operationen.

Dabei handelt es sich um Material von Armeefotografen und akkreditierten Pressefotografen, das strenger Zensur unterlag, überwiegend zur Unterrichtung und dann für die Archive der jeweiligen Militärbehörden produziert und ausschließlich als Teil oder im Geiste regierungsoffizieller Darstellungen verwendet wurde – auch dann, wenn es in unabhängigen amerikanischen und britischen Pressepublikationen erschien.

Die strikte Zensur lockerte sich erst allmählich mit dem Wandel der alliierten Politik gegenüber dem besetzten Deutschland, der es der illustrierten Presse in den USA und Großbritannien erlaubte, das gängige Feind-Bild durch Bilder der Deutschen als Verbündete im Kalten Krieg zu ersetzen.

Auf seiten der Deutschen haben wir es mit Fotografien zu tun, die im Auftrag von Zeitungen und Zeitschriften, im Zusammenhang mit Broschüren oder Buchpublikationen entstanden, als Dokumente der Firmengeschichte für Werksarchive oder der Stadtgeschichte für kommunale Archive. In auffallendem Ausmaß existieren jedoch auch Bilder, die ohne unmittelbaren Veröffentlichungsanlaß zunächst für das eigene Archiv der Fotografen gemacht wurden – im Bewußtsein ihrer historischen Augenzeugenschaft bei einem Prozeß rapider Umgestaltung in zentralen Bereichen des öffentlichen Raums.

Die privaten Knipserbilder schließlich fungierten damals wie zu allen Zeiten als persönliche Erinnerungsstücke, vorwiegend im Rahmen der Familiengeschichte.

Katalogbuch und Ausstellung »Bildberichte. Aus dem Ruhrgebiet der Nachkriegszeit« zeigen in der deutschen Bildstrecke überwiegend Fotos von Pressefotografen. Diese Bilder entstanden unter besonderen Produktionsbedingungen, die gekennzeichnet waren durch politische Kontrollinstanzen, Informationsdefizite, Materialknappheit, Transportprobleme und minimalen Raum für den Abdruck von Fotos in der Presse.

Strukturiert wurde die Arbeit der Fotografen durch die professionellen Regeln der

Bildpublizistik. Das heißt: Vorrangig Terminjournalismus bzw. klar umrissene Aufträge, auch da, wo sie im Vorgriff auf spätere Verwertungsmöglichkeiten selbst gesetzt waren; in der Regel eine Neigung zur vereinfachenden Inszenierung und dadurch Erzeugung von Sinnzusammenhängen – sei es durch Plazierung und Gruppierung der Akteure, die ordnende Gliederung in Vorder- und Hintergrund, das Ausblenden »störender« Elemente – alles im Dienste einer leichten Lesbarkeit des auf schnelle Rezeption angelegten Bildes.

Bildredakteure und Herausgeber spitzen diese genre-immanenten Tendenzen durch ihre Auswahlkriterien für die Veröffentlichung noch zu. Ein Vergleich der wenigen publizierten mit den vielen unveröffentlichten Fotos in Bildarchiven wie dem des Ruhrlandmuseums, das die Nachlässe und damit einen nahezu lückenlosen Überblick über das Werk einiger wichtiger Lokal- und Regionalberichterstatter besitzt, ermöglicht interessante Aufschlüsse über den Umgang mit dem Medium auf seiten der Bildproduzenten und der Bildverwerter. Aufschlüsse auch über die allseits praktizierte Integration der Fotografie in die populäre Geschichtsschreibung (die übertragbar sind auf ihren »dienenden« Stellenwert in der wissenschaftlichen Historiographie) und über ihre latente Eigenständigkeit als optisches Gedächtnis, Quelle und Denkmal sui generis.

Wie sehr sich die Auswahlkriterien der unterschiedlichsten Redakteure und Herausgeber gleichen, zeigt eine Prüfung der nicht veröffentlichten Aufnahmen aus dem Umfeld eines publizierten Fotos auf den Filmstreifen.

Da gibt es beispielsweise mehrere Fotos aus einer Notunterkunft [vgl. Abb. 153 & 154]. Mehrfach zur Veröffentlichung ausgewählt wurde nur das Bild mit dem einsamen Jungen im Zentrum, gefangen in einem fensterlosen, kargen Verlies, den Betrachter mit großen Augen anblickend – ein Sinnbild der Not unschuldiger Deutscher ... Gleich anschließend hat der Fotograf seinen Standort im Raum geringfügig verändert, einen kräftigen jungen Mann links hinzugestellt, denselben Jungen rechts auf Stufen plaziert, die aus dem Souterrain ins Tageslicht führen – eine kleine Veränderung des Kamerastandpunkts und der Beleuchtung, ein anderer Ausschnitt – und die Aussage des Bildes von derselben Szene ist eine andere, erheblich komplexere.

Ähnlich verhält es sich mit dem häufig reproduzierten Foto von der Kochstelle unter freiem Himmel [Abb. 126]. Insgesamt machte van Heekern von dieser Situation vier Aufnahmen, wobei er die Anwesenden, wie Augenzeugen berichten, gelegentlich umgruppierte, vor allem aber die Distanz zum Einzelgeschehen des Kochens änderte. Seine Überblicksbilder aus größerer Entfernung zeigen eine komplexe Gemengelage: der Schauplatz ist für den Einheimischen durch die Ruinenumgebung sofort lokalisierbar, der Eingang zum unterirdischen Bunker ist in den Trümmern erkennbar, Leute stehen herum und unterhalten sich, außerdem wird noch gekocht. Publiziert wurde stets die Version, die die kochende Frau ins Zentrum rückt, ein Kind danebengestellt, ein paar Trümmer als Verweise im Vordergrund – ein Bild der archaischen Situation des Unbehaustseins.

Überblickt man das Themenspektrum der in den Lizenzzeitungen des Ruhrgebiets zwischen 1946 und 1949 veröffentlichten Fotos, läßt sich ein Muster erkennen, das im Laufe der Zeit zunehmend deutlich hervortritt: Nachrichtenwert hat das Positive, im Wortsinn »Aufbauende« – Politikerpersönlichkeiten als Hoffnungsträger, Wiederaufbauleistungen in den verschiedensten Bereichen, sehr bald der Sport als einsamer Spitzenreiter auf der Themenliste.

Der Beginn der Nachkriegsgeschichte also als Bilderzählung von den erheblichen

Leistungen bei der Überwindung von Widerwärtigkeiten und dem Streben nach positivem Sinn. Totaler Zusammenbruch, Chaos, die Auseinandersetzung mit den Zeugen und Zeugnissen der nationalsozialistischen Vergangenheit, problematische Auswirkungen der verbreiteten Desorientierung einer Zusammenbruchsgesellschaft kommen in diesen Bildergeschichten gar nicht oder allenfalls am Rande vor, gelangen gar nicht oder selten auf die Liste veröffentlichungswürdiger Bilder.

Zusammenhänge werden in der Regel nur textlich, nicht visuell – etwa durch Serien oder Reportagen – hergestellt, die Einzelbilder fungieren lediglich als untergeordnete Illustrationen der Textinformation.

Hier wie in anderen Publikationen, etwa den seit Beginn der 50er Jahre erscheinenden Bildbänden über die erste Nachkriegszeit, wird ein Fundus an Bildern bereitgestellt, der die Vorstellungen über diese Jahre prägt, sozusagen die optischen Beweise für die behauptete Realgeschichte liefert.

Den für eine Publikation ausgewählten Einzelbildern wird die Repräsentation von Zusammenhängen, die Deutbarkeit in eine gewünschte Aussagerichtung zugetraut bzw. untergeschoben. Sie werden dadurch, wie das Beispiel der Serie über die Notwohnung zeigt, leicht zu Ikonen und durch die Offenheit für Interpretationen, die sich aus dem fragmentarischen Charakter des Mediums Fotografie ergibt, zu ideologischen Produkten in nahezu beliebig konstruierbaren Kontexten.

Der Betrachter sucht in diesen Bildern vor allem nach der Bestätigung dessen, was im Text-Umfeld behauptet wird, nach der inhaltlichen Bedeutung, die der umgebende Text den Bildern zuschreibt. Dabei werden im Streben nach Eindeutigkeit kognitive Dissonanzen zu vermeiden gesucht.

Das Projekt »Bildberichte« strebt einen anderen Umgang mit der Fotografie als historischer Quelle an. Es will keine Illustrationen zu einer Chronologie historischer Ereignisse oder Belege für Thesen oder gar Theorien liefern, wie etwa Geschichtsbücher dies tun, sondern geht vom vorgefundenen Bilderberg selbst aus, von Fotos, die zu einem erheblichen Teil sogar ohne jede Textinformation überliefert sind.

Die ursprüngliche Materialbasis des Projekts bestand aus etlichen Tausend Bildern unterschiedlicher Herkunft, denen allen zunächst dasselbe Recht auf Beachtung eingeräumt wurde. Unter den Blicken von Fotohistorikern und aus der Distanz eines halben Jahrhunderts fingen die Bilder an, ihre eigenen Geschichten zu erzählen. Geschichten vom Umgang der Fotografierenden mit völlig ungewohnten Bildmotiven, Geschichten von der Suche nach neuen bzw. vom Rückgriff auf bekannte Koordinaten der bildlichen Darstellung. Diese Auseinandersetzung der Fotografen mit grundsätzlichen Gestaltungsfragen führte zu unterscheidbaren visuellen Codes. An diesen bildsprachlichen Mustern hat sich schließlich die Auswahl und Zusammenstellung der Fotos in Ausstellung und Katalog orientiert.

Die Jahre bis 1949/50 werden als ein homogener Entstehungskontext verstanden – vor dem Ende der Kampfhandlungen und nach der Etablierung der Bundesrepublik als Teil des Westens, das Wirtschaftswunder als Silberstreif am Horizont, dominierten andere visuelle Wahrnehmungsmuster und Bildbedürfnisse im Rahmen je spezifischer Kommunikationsstrukturen.

Selbstverständlich erzählen auch diese Bilder Geschichten, die die Wirklichkeit des historischen Entwicklungsprozesses reflektieren, zumal sie als Referenz auf diese Wirklichkeit, also in »dokumentarischer« Absicht, gemacht wurden. Aber sie tragen doch ganz wesentlich differenziertere, widersprüchliche, zum Teil schwer deutbare Fragmente des

Widerscheins der Wirklichkeit dieser Jahre zusammen.

Ein Leitgedanke bei der Auswahl der Bilder waren die verschiedenen *Blicke*, die sie repräsentieren. Blicke der Sieger auf die Besiegten, der Deutschen auf ihre eigene Lage. Es versteht sich, daß diese Blicke gelenkt sind durch präformierte Vorstellungen und die je zeitbedingten Erwartungen bzw. Darstellungsabsichten, die die Abbildung von »Realität« und »Wahrheit« oft nur vorgeben, während die Perspektive de facto von ideologischen Begrenzungen bestimmt wird.

Diese Befangenheit des Blicks wird auf der Ebene der Bildstrecken nicht durch »historisch korrekte« Textkommentare korrigiert, sondern weitgehend als gegeben akzeptiert, allerdings durch die Zusammenstellung des Materials zu verdeutlichen gesucht, um eine kritische Betrachtung zu ermöglichen. Die Katalogbeiträge thematisieren diesen Aspekt nachdrücklich.

Beispiele für den zeitgenössischen Veröffentlichungskontext in Zeitungen, Zeitschriften, Broschüren und Büchern machen die Art der Verwertung dieser Fotografie nachvollziehbar. Das Spektrum reicht von ideologischen Verkürzungen, die zu offenen Widersprüchen zwischen Bild und Text führen, bis zu neutralen Dokumentationen des Faktischen.

Die Blicke der amerikanischen Sieger auf Deutschland gelten zunächst den Beweisen für die gelungene Vernichtung des Gegners: zerstörte Städte und Fabriken, amerikanisches Militär als Beherrscher der Szene. Die Wahrnehmung der Deutschen ist bestimmt durch ein klares Feindbild (bestärkt durch die fotografisch sehr umfangreich belegte Entdeckung von Konzentrationslagern und anderen Verbrechen) – ein Feindbild, das nur Konfrontation, Abwehr und Distanz ermöglicht. Sehr bald jedoch wird in den Blicken der amerikanischen Fotografen die Verunsicherung angesichts der Menschen spürbar, die dem pauschalen Bild vom deutschen »Nazi« oft nicht entsprechen. Die Distanz schwindet, die Bildmotive wechseln, Neugier und Anteilnahme lenken den Blick, die Bevölkerung wird bei ihren alltäglichen Verrichtungen beobachtet, die Kinder und jungen Leute – wie bei Seymour und Capa, aber auch schon in der Militärfotografie – als Objekte der Fürsorge und als Hoffnungsträger gesehen.

Die Blicke der Briten erzeugen vergleichbare Bilder – allerdings bleibt hier die Distanz länger gewahrt, wird der Machtwechsel und die eigene Position ausführlicher thematisiert. Entmachtung und Kontrolle werden augenfällig durch das Eindringen in die innersten Bereiche des Feindes: der britische Besatzer in der Kruppschen Badewanne – ein Symbol für die neuen Machtverhältnisse.

Aber auch die britischen Besatzer sehen die Besiegten zunehmend als Menschen, denen bei der strategisch bedeutsamen Errichtung von neuer Ordnung und Stabilität geholfen werden muß – und dies im eigenen wirtschaftlichen und politischen Interesse. Daß abgesehen davon deutsche Frauen und Kinder der privaten Zuwendung britischer Soldaten oder des humanitär motivierten Interesses eines Victor Gollancz teilhaftig wurden,ist ebenfalls umfangreich bildlich festgehalten.

Die Blicke der deutschen Bildjournalisten und Fotografen haben Bilder aus diesen Jahren erzeugt, die sich in drei große Bereiche gliedern lassen.

Da wird zunächst eine Bestandsaufnahme der Zerstörung, eine Art Archäologie der Trümmerwüste versucht: fast zwanghafte Begehungen der Trümmerlandschaften, Schuttberge und Chaos als bildfüllende Motive; daneben riesige leere Flächen, neue Durchblicke ohne den gewohnten Halt durch intakte architektonische Strukturen, erkennbare Ratlosigkeit bei der Motivwahl angesichts eines Orientierungsverlusts von bisher ungekanntem Ausmaß. Die enorme Anzahl dieser Fotos, für die es bei der Presse wenig Abnehmer gab, verweist auf die Faszination der Fotografen von dieser ungewöhnlichen Motivwelt.

Neben der nüchternen Dokumentation steht die Klage über den erlittenen Verlust, erscheinen die Ruinen als Kulissen der deutschen Tragödie. Die Bilder der Menschen verweisen ebenfalls auf Orientierungsverlust, Unbehaustheit und den Zusammenbruch gewohnter Ordnungen: die Habe ist verstreut, gekocht wird unter freiem Himmel mitten im Dreck, gehaust in Kellerlöchern oder undichten Güterwaggons.

Neben diesem Fundus an Bildern vom allgegenwärtigen Zusammenbruch gibt es Belege für den Versuch, neue Orientierungen zu finden: zentral ins Bild gerückt werden Schneisen durch die Trümmerberge, die sich bald in ordentliche Stapel am Wegesrand verwandeln, systematische Aufräumarbeiten, geradezu häusliches Einrichten in Notunterkünften, erste Organisation gemeinsamer Interessen bei Demonstrationen und Kundgebungen. Sowohl das bildfüllende Chaos als auch die gähnende Leere der zerstörten Städte wird ersetzt durch Inszenierungen, die dem Blick des Betrachters erste Haltepunkte bieten. Statt der kaum identifizierbaren Reste des Stadtbildes erscheinen jetzt Ensembles und urbane Kontexte.

Mit der Zeit der Währungsreform beginnt die systematische Einkehr neuer Ansichten und die Wiederkehr gewohnter Ordnungen. Die Bilder zeigen die sortierten Angebote der Warenwelt, die geordnete Sauberkeit des Wiederaufbaus in Reih' und Glied, die ersten, stolz vorgeführten Statussymbole, die Besiegelung der Herrschaft von Recht und Ordnung. Der Prozeß der Reinigung ist augenscheinlich erfolgreich abgeschlossen.

Verweise auf die entsprechende Entwicklung im politischen Bereich finden sich in Bildern von der allmählichen Wiedergewinnung politischer Verantwortung, sichtbar gemacht durch das Verschwinden der Besatzungsmacht aus dem Zentrum der Fotografien, dem zunehmenden Auftauchen und schließlichen Dominieren deutscher Politiker.

Die abwehrende Haltung gegenüber alliierten Maßnahmen wie den Reparationsforderungen schlägt sich in umfangreichen Bildberichten über Demontage-Aktionen und -Proteste nieder; hier vermitteln die Fotos sehr ungebrochen die verbreitete Sicht vom erlittenen Unrecht.

Gleichzeitig erscheinen die Besatzer in den Bildern der deutsche Fotografen nach anfänglicher Abwehr der fremden Eroberer und neuen Herrscher nun zunehmend als Helfer in der Not und beim Wiederaufbau, in der privaten Auftragsfotografie als freundliche Alltagsmenschen und »harmlose« zukünftige Familienmitglieder. Niederlage und Desorientierung sind überwunden, das Fremde ist aus der Distanz in vertraute Nähe gerückt.

Als wesentlicher Befund stellt sich heraus, daß die überlieferten und zu einem großen Teil unpublizierten Fotografien dieser Jahre für sich genommen keineswegs eine ungebrochene Erfolgsgeschichte als Erzählung vom linearen Aufstieg ins befreite, neue Deutschland des Wirtschaftswunders bieten. Die Bilder vom Wiederaufbau und der schönen neuen Warenwelt zeigen nicht den deutschen Hans und seine Gretel im großen Glück, sondern eher eine Situation des pragmatischen Sich-Einrichtens in den Umständen der Friedenszeit – ohne erkennbar überzeugende Sinngebung. Hier spiegelt sich im übrigen eine deutsche Gemütslage, wie sie auch die oral history-Forschung im Ruhrgebiet vorgefunden hat. Der Sinn der Nachkriegsgeschichte, so wie die Bilder sie erzählen, scheint sich in der Überwindung von Zerstörung, Chaos und Schmutz durch Heilung, Ordnung und Sauberkeit zu erschöpfen.

Die Zusammenführung von fotografischen Blicken aus drei ursprünglich ganz getrennten, ja konträren Richtungen: der amerikanischen, britischen und deutschen Perspektive, läßt die Umrisse einer Ikonographie der Umbruchzeit nach dem Ende des Zweiten Weltkrieges erkennen. Als eine grundlegende Botschaft vermittelt sie das Verlangen nach Normalität.

1 »Luftaufnahme des zerbombten Essen, Stadt der Kruppschen Waffenfabriken.«
11. April 1945
S.C., Sgt. T.J. Austin

2 »Essen, Deutschland. Mit Schutt bedeckte Straße – US-Truppen kommen in das frisch eroberte Essen – Truppen der 79. Division der 9. US-Armee fahren durch den Schutt Essens. Soldaten der 17. US-Luftlande-Division besetzten als erste am 10. April 1945 Essen, gegen geringen Feindwiderstand. In der Mitte eines der reichsten Steinkohlegebiete der Welt gelegen, wurde Essen als das Waffenlager Deutschlands bezeichnet. Die Krupp-Fabrik in Essen, unter fortgesetzter Attacke alliierter Luftangriffe, war das größte Stahlwerk in Europa und besonders lebenswichtig für den Feind, weil es Teile für andere Montageanlagen lieferte.«
undatiert
S.C., Fotograf unbekannt

3 »Gefallener Händler des Todes – Die Statue von Alfred Krupp, dem deutschen Waffenfabrikanten, ist vom Sockel gefallen und liegt in einem Bombentrichter in Essen. Essen, die Heimat der Kruppschen Waffenfabrik, ist jetzt von Truppen der 17. Luftlande-Division der 9. US-Armee besetzt.«
11. April 1945
S.C., Lt. T.N. Daniel

4 »Infanteristen der 9. US-Armee machen Rast unter Straßenschildern in Bottrop.«
30. März 1945
S.C., TEC 3 Victor Calvano

5 »Das hat die 9. US-Armee von den Kruppschen Waffenfabriken in Essen übrig gelassen.«
11. April 1945
S.C., T/5 L.P. Payne

6 »M/Sgt. Duane Stone, Peoria, Ill., und Sgt. Eric M. Cross, San Francisco, Cal., plaudern mit Alfried Krupp von Bohlen und Halbach, links, Besitzer der großen Krupp-Werke in Essen, Deutschland, und Just Dillgardt, Verantwortlicher für öffentliche Angelegenheiten in Essen.«
13. April 1945
S.C., XVI Counter Intelligence Corps

7 »Deutsche Zivilisten und befreite Zwangsarbeiter plündern den Keller eines Bekleidungsgeschäfts, einige Stunden, nachdem die Stadt Dortmund eingenommen wurde. Im Vordergrund liegt ein betrunkener Russe im Schutt.«
13. April 1945
S.C., Sgt. Ralph Paik

8 »Älterer Nazi-Soldat, der in Zivilkleidung aufgegriffen wurde, als er versuchte, dem durch die 75. Division der 9. US-Armee geschlossenen Ruhrkessel zu entkommen. Er verstaut seine Habseligkeiten, nachdem er in einem Gefangenenlager durchsucht wurde.«
26. April 1945
S.C., Cpl. Jos. D. Karr

9 »Im soeben eroberten Mülheim warten Angehörige eines Sturmgeschütz-Bataillons darauf, ihre Einheit »C« abzulösen.«
12. April 1945
S.C., Tec/5 Louis P. Payne

10 Zivilbevölkerung einer von Truppen der 9. US-Armee eroberten deutschen Stadt (wahrscheinlich Düsseldorf) wartet auf Befragung durch amerikanischen Offizier.
Anfang März 1945
Keystone

11 »Angehörige des 194. Lastensegler-Regiments der 17. Luftlande-Division waten zum Strand nach der Taufe im Rhein bei Duisburg, 11. Mai 1945.«
S.C., Pletcher

12 »Angehörige eines Feldartillerie-Bataillons der 9. US-Armee beobachten Zivilisten aus Uerdingen, die auf dem Weg in die Evakuierung nach Krefeld an ihrem Gefechtsstand vorbeikommen.«
18. März 1945
S.C., Pfc. Don Bradlor

13 »Zivilbevölkerung aus Mönchen-Gladbach bleibt auf der Straße stehen und starrt auf diese im Freien aufgebaute amerikanische Offizierskantine. Amerikanische Truppen werden hier verpflegt.«
5. März 1945
S.C., T/4 Frank Mastrosimone

14 »Zivilbevölkerung in Mönchen-Gladbach reagiert gut gelaunt, als sie von einem Kameramann der 9. US-Armee vom Dach eines Jeeps aus aufgenommen wird.«
Anfang März 1945
S.C., Fotograf unbekannt

15 »Deutsche Greueltaten: Die Leichen russischer Zwangsarbeiter, die vor der Einnahme der Stadt durch US-Truppen von Nazis in Essen ermordet wurden, werden für eine erneute Beerdigung exhumiert.«
29. April 1945
S.C., T/5 Louis Payne

16 »Nazi-Greueltaten: Deutsche Zivilisten aus Essen exhumieren die Leichen russischer Zwangsarbeiter, die beim Vorrücken der US-Truppen auf die Stadt ermordet und verscharrt worden waren.«
29. April 1945
S.C., T/5 Louis Payne

17 »Zivilbevölkerung aus Beckum betrachtet ausgestellte Bilder von Greueltaten, die von ihren Truppen begangen wurden. Dies ist eine der vielen Möglichkeiten, die deutsche Bevölkerung über ihr militärisches und politisches System zu unterrichten.«
11. Mai 1945
S.C., Fotograf unbekannt

18 »Deutsche Zivilisten schöpfen mit Eimern Wasser nach einem Rohrbruch auf der Hauptstraße von Witten. Das Wasser dient zum Trinken und zu anderen Zwecken. Soldaten der 75. Infanteriedivision der 9. US-Armee säuberten Witten am 12. April 1945 von feindlichen Kämpfern.«
13. April 1945
S.C., Cpl. Z. Makarewicz

19 »Krefelder Frauen stehen Schlange, um Gemüse zu kaufen, das sie in Bunkern kochen - Gebäude, die 5 Stockwerke hoch sind und mehrere tausend Menschen beherbergen, deren Wohnungen vernichtet wurden.«
27. März 1945
S.C., Don Bradlor

20 »Mädchen mit CARE-Paket.«
o. O., undatiert
S.C., L. E. Bowlds

21 »Senator G. W. Malone im Ruhrgebiet.«
o. O., undatiert
S.C., L. E. Bowlds

22-24

Aus einer Serie über Verpflegung auf der Zeche Prosper III

»Beschäftigte der Zeche Prosper III in Essen beim Mittagessen in ihrer Kantine, wo etwa 3000 Bergleute mit mageren Rationen verpflegt werden. Das normale Mittagessen besteht aus 1 Liter Kartoffelsuppe und 2 Butterbroten, einmal pro Woche gibt es 175g Wurst. Alles Essen auf der Zeche wird vom Deutschen Roten Kreuz zubereitet. Die Lebensmittel werden von der Zeche aus Beständen gekauft, die von der britischen Kontroll-Kommission reserviert wurden. Wegen der erheblichen Bedeutung und der Schwere ihrer Arbeit erhalten sie als Extra-Ration einen zusätzlichen Liter Suppe und noch einmal 2 Butterbrote.«

4. Oktober 1947

S.C., T/4 Henry Grant Compton

23 »Frau und Kind dieses Bergmannes sind zum Mittagessen auf die Zeche gekommen, um sein Essen mit ihm zu teilen. Wegen der Lebensmittelknappheit und dem daraus resultierenden Mangel an Widerstandskraft gegen Krankheiten ist die durchschnittliche Tagesförderung von 5.500 Tonnen auf 3.000 bis 3.400 Tonnen gefallen.«

24 »Angehörige des Deutschen Roten Kreuzes, meist ortsansässige Frauen, arbeiten in der Großküche an der Vorbereitung des Mittagessens für die Bergleute.«

ALFRED KRUPP
The Man Who Made Krupp Great
Smiles Today over Essen's Ruins

25 (vorhergehende Seite) **& 26**
»The Krupps.«
LIFE, 27. August 1945
S. 87, 80 & 81
Margaret Bourke-White

ALFRIED KRUPP VON BOHLEN UND HALBACH, 38, stands before huge family portrait in which he is third from left. His mother Berta, third from right, was last real Krupp. World War I's "Big Bertha" gun was nan the Kaiser ordered her husband, Gustav von Bohlen u

80

Vhen she married,
take Krupp name.

KRUPP'S ANCESTRAL HOME, Villa Hügel, is a grandiose mausoleum of memories. It was completed in 1871 by Alfred Krupp, second head of firm who made it great with crucible steel cannon. "Great house" of estate has 117 rooms, "small house," 60. The total cost of Villa Hügel, which is in Werden, was a million and a half dollars.

The Krupps

The Cannon Makers of Essen Face the End of Their Dynasty

Until recently the young man in the picture on the opposite page was one of the most powerful men in the world. He is Alfried Krupp von Bohlen und Halbach of Essen, Germany, head of the huge armament concern which was the prime source of German military might. Today his power has gone and his fortunes are uncertain. Last week the Allies finally arrested Alfried Krupp as a war criminal and held him for judgment in a secret jail.

At least as much as Adolf Hitler, the Krupp family is responsible for the casualties of Allied soldiers in World War II. With other German industrialists they first made Hitler and then they made his guns. They had made the guns for the Kaiser, too, in World War I, and for Germany in the Franco-Prussian War of 1870-1871, and for both sides in the Austro-Prussian War of 1866. Krupp cannon have been fired round the world for a hundred years. The Krupp dynasty of death traces all the way back to the 16th Century and the 30 Years' War when the son of the first Krupp grew rich on profits made from arms and armor.

The wealth of 38-year-old Alfried Krupp, concentrated in the great Ruhr metal and armament plants, might seem to be invested largely in ruins today, but it is still incalculable. Much of it lies underground, in oil, coal and iron ore. Financially, the tentacles of Krupp reach into many lands, through complicated license deals, investments, marriage ties. An octopus, as the victors in Europe may discover, is hard to kill. The Allies failed to neutralize Krupp after World War I. But if they are tougher this time, the history of the Krupp enterprises and the dynasty of death may finally be ended.

ALFRIED'S GREAT-GRANDFATHER developed his small steel plant into a far-flung empire of armaments.

CONTINUED ON NEXT PAGE

1-1357
1-1361
1-1365
1-1358
Loosen & Co
1-1362
1-1366
1-1359
1-1363
KRD
1-1367
1-1360
1-1364
1-1368

David Seymour

We Went Back. Germany 1947

Die umfangreiche Arbeit über Essen und Deutschland (ca. 20 Filmrollen fotografiert mit Rollei und Leica, im Nachlaß bei Magnum Photos, New York) entstand während einer mehrmonatigen Europareise, die Seymour 1947 gemeinsam mit dem Kriegskorrespondenten Bill Downs im Auftrag von NEW YORK HERALD TRIBUNE unternahm. Deren Sonntagsbeilage, THIS WEEK, publizierte am 10. August 1947 eine Auswahl aus der Reportage. Bill Downs beschreibt darin seine und Seymours Arbeitsweise: »Unser Vorgehen ist einfach: Wir verwandeln uns in forschende Berichterstatter (...), nicht in Historiker oder Politiker. Wir versuchen nicht, Lösungen zu finden, sondern lassen unsere Verbündeten und unsere besiegten Feinde unmittelbar sprechen über sich selbst, über unser aller Zukunft und über Sie, die Leser.«

28 Krupp, Geschützrohre
Essen, 1947
David Seymour

29 Verschiffung von Teilen des Borbecker Stahlwerks im Rahmen der Reparationsleistungen an Rußland
Essen, 1947
David Seymour

(linke Seite)
27
Essen, 1947
David Seymour

1-1513
1-1517
1-1521
1-1514
1-1518
1-1522
1-1515
1-1519
1-1523
1-1516
1-1520
1-1524

(linke Seite)
30 Schulkinder
Essen, 1947
David Seymour

31
Essen, 1947
David Seymour

The Ruhr Today

THE RHINE AT COLOGNE

LIFE AMID THE RUINS

KRUPP PLANT AT ESSEN

THE future of the Ruhr, Germany's giant industrial region, is one of the thorniest problems facing the peacemakers. The Allied Powers agree that the Ruhr shall never again produce guns and bombs, but they disagree on how it should be organized and controlled.

The Ruhr was the Nazi arsenal of war, producing in 1936 a large share of Germany's 18,700,000 tons of steel and 194,000,000 tons of coal. Here, in an area stretching from the Rhine at Cologne and Duisburg in the west through Essen, with its mighty Krupp works, to Dortmund, were concentrated the mills and mines that shaped the weapons for Hitler's Blitzkrieg. Here were the forges and assembly lines on which Hitler relied for planes and armor to equip his Panzers to build his thousand-year Reich.

The turn came. Allied bombs began to rain down on the Ruhr, burning and

destroying factories and railway lines. At the end of the war the Ruhr was a mass of twisted steel and broken stones, and production was at a standstill. Today, more than a year after the Nazi surrender, the Ruhr is still a mass of wreckage. In Essen and in other Ruhr cities clearing away pulverized masonry and twisted steel precedes reconstruction. A few mills are operating, producing consumers goods; eventually, under the plans of the Allied Control Commission, the Ruhr will produce the major part of Germany's steel—31 per cent of the 1936 level. The coal mines are to be permitted almost normal production. Their present output is more than 4,000,000 tons monthly of which 1,500,000 tons are going to countries attacked by Germany during the war.

Like so many Europeans the people of the Ruhr are trying to get enough food and also to recapture the mood of peace despite the inescapable evidence of war.

Robert Capa

GENERATION X BOY. ESSEN, 1951

Die heutige Generation – Trägerin der Entscheidungen von Morgen

Rudolf Kesslau ist ein typischer Vertreter der zwischen den beiden Weltkriegen geborenen heute lebenden Generationen Deutscher. Er sah mit eigenen Augen die Glanzzeit der nationalsozialistischen Herrschaft, er erlebte sodann die Schrecken des Zweiten Weltkrieges, an dem er in den letzten Monaten als blutjunger, kaum bewaffneter und schlecht ausgerüsteter Soldat teilnahm, das Grauen des unausweichbaren Zusammenbruches, sodann all die namenlosen Entbehrungen und das Elend der Nachkriegsjahre. Immerhin hatte er noch den Vorteil, einem Beruf nachzugehen, der zwar hart war, jedoch voll seinen Mann ernährte und ihm in mancher Hinsicht sogar eine bevorzugte Stellung verschaffte.

In seinem arbeitsreichen Leben inmitten grauer Ruinen sind ihm nicht allzuviele frohe Stunden beschieden, und der Querschnitt seines Werktages vermittelt ein eindringliches Bild des heutigen Durchschnittsdeutschen. Es liegt ausschließlich an ihm allein, was er daraus zu machen gedenkt, und er hat alle Möglichkeiten, um sein Leben zu einer stetig aufsteigenden oder absteigenden Bahn zu gestalten. Das Spiegelbild des hier gezeigten Deutschen vermittelt den Schlüssel zu vielen Millionen, und wenn wir ihn und sein Leben verstehen, dann sind wir auch in der Lage zu durchdringen, was sich hinter den Fassaden der deutschen Großstädte verbirgt, und wir erfassen eine wesentliche Seite des Problems der heute lebenden Generation Deutscher.

Ich machte durch einen reinen Zufall die Bekanntschaft von Rudolf Kesslau. Einmal ging ich durch die Straßen Essens und stieß plötzlich auf einen jungen Mann, der an einem morschen Bretterzaun voller kleiner Anzeigen entlangging. Blitzschnell nahm ich sein Bild auf. Er schien weder überrascht noch verärgert. Er blieb stehen, stellte sich vor, und begann ein Gespräch mit mir. Von dem Augenblick an blieben wir fünf Tage zusammen. Ich war Gast in seiner winzigen Zweizimmerwohnung. Seine Mutter, eine doppelte

(vorhergehende Doppelseite)
32/33 Raymond Daniell: The Long Road Ahead for Germany.
THE NEW YORK TIMES MAGAZINE, 19. Mai 1946
S. 10, 11
Fotos: NYT London Bureau (Phillips).

Kriegswitwe, legte einen Teller mehr auf und schälte eine zusätzliche Portion Kartoffeln für den Kochtopf. Rudi behandelte mich wie einen unvermuteten Boten der Außenwelt, die bis dahin keineswegs freundlich eingestellt schien.

In einer kalten Winternacht gingen wir zusammen zu seiner Kohlengrube, in der er arbeitete. Ich zog die Arbeitskleidung seiner Kameraden an, und wir stiegen zusammen unter Tage. Ich schaute ihm bei der Arbeit zu, wie er schwitzte, aß und selten lächelte. Nach Feierabend tranken wir ein Bier zusammen. Am Sonntagmorgen sahen wir den vorbeifahrenden Zügen zu. Wir schauten uns in den Kinos Filme mit erotischen Mädchen an und machten auch Abstecher zu den wohlgekleideten Söhnen der Mittelklassen, die mit ihren Mädchen in den besseren Bierstuben von Essen tanzten.

Nach fünf Tagen hatte ich eine vollkommene Vorstellung von Rudis Leben in Bildern aufgenommen, und ich konnte sicher sein, daß außer unvorhergesehenen Unfällen oder zufälligen Liebesabenteuern nichts in Rudis Leben existierte, das ich nicht bereits festgenommen hatte.

Als ich von Rudi Abschied nahm und mich im Zug von Essen entfernte, schaute ich nachdenklich auf die kleinen Häuser der Kohlenarbeiter zur Seite der Schienen, die alle mehr oder weniger ein gleiches Schicksal bargen, und es schien mir, daß ich ein besseres Verständnis der deutschen Denkweise erworben hatte.

Undatierter und nicht namentlich gezeichneter Text von Robert Capa, in deutscher Sprache auf zwei Schreibmaschinen-Seiten ohne weitere Angaben zum Verwendungszusammenhang, zusammen mit kursorischen Bildbeschreibungen einer Auswahl von zwölf Motiven (aus insgesamt 22 Filmen, die sich im Nachlaß im ICP Midtown, New York, befinden) bei Magnum Photos, New York.

Ein Teil der Fotos aus der Serie wurde publiziert in PICTURE POST, 10. Januar 1953 (»Melancholy Young Man«, S. 8f) und in HOLYDAY vom Februar 1953 (»German Boy«).

Abbildungen **34-43**
Generation X Boy.
ESSEN, 1951
Robert Capa

hne uns!

Henry Ries

DER FALL HAUS NR. 109

Essen 1948/49

Die Geschichte eines Hauses Mitten im Ruhrgebiet, um die Ecke vom Essener Nordbahnhof, ragen die Überreste der zerbombten Gertraudiskirche wie ein Symbol verlassenen Glaubens und besserer Zeiten in den rußigen Himmel. Ihr gegenüber steht das Eckhaus Nummer 109, das einzige von den Bomben nicht total zerstörte Haus in der gesamten Friedrich-Ebert-Straße. Eine der vier morschen Mauern löst sich allmählich von dem Wohnhaus, das im vorigen Jahrhundert an der damaligen Grabenstraße gebaut worden war. Gesetzte Mittelklasse zog in die Drei- bis Vier-Zimmer-Wohnungen. Solide Möbel hinter gestärkten Gardinen prägten im Schatten von Gertraudis den Charakter der Gegend. Die erste Zahnärztin von Essen soll im zweiten Stock gewohnt haben, die neuvermählten Müllers im dritten, und im ersten Stock betrieben Herr und Frau Klein in ihrer Wohnung einen Kurzwaren-Laden.

Zur Zeit des ersten Weltkrieges standen viele ähnlich gediegene Wohnhäuser entlang der Grabenstraße. Kirchturm und Bahnhof brachten Tradition und Verkehr in diesen neuen Teil von Essen. Die Zahnärztin, die Müllers und Kleins überstanden Krieg, Besatzung, Inflation und Deflation und nahmen am Aufbau der Weimarer Republik teil. Als 1933 der martialische Lärm brauner Stiefel in der Kruppstadt widerhallte, wurde die Grabenstraße umgetauft. Zu Ehren des »Freiheitskämpfers«, der in den zwanziger Jahren Soldaten der französischen Besatzung ermordet hatte, nannte man sie »Schlageterstraße«. Der Bahnhofsplatz erhielt den Namen des Führers, der Verkehr vom Nordbahnhof wuchs gewaltig, und die immer düsterer werdenden Rauchschwaden der Stahlöfen von Krupp verdunkelten den Essener Himmel.

Fünf Jahre, nachdem die neuen Straßenschilder installiert waren, wurde ein Pappschild im Fenster des Kurzwarenladens der Nummer 109 sichtbar: ZU VERMIETEN. In der Nacht zuvor waren Herr und Frau Klein abgeholt worden. Sie kamen nie zurück.

Anfang 1939 wollten die Stadtväter den Adolf-Hitler-Platz vergrößern lassen, um den ständig wachsenden Verkehr vom Bahnhof zu den Kruppschen Waffenschmieden zu erleichtern. Das Eckhaus Nummer 109 war im Weg, und den Mietern wurde beschieden, innerhalb von drei Monaten ihre Wohnungen zu räumen. Ein halbes Jahr später begann der zweite Weltkrieg, aber wichtigere Probleme verschoben den Abriß; die Nummer 109 stand von nun an leer und vergessen.

Als die ersten englischen Bomben fielen und Nummer 109 immer noch leer und vergessen stand, spürten die Essener zum ersten Mal, daß der Krieg über die Fronten hinweggezogen und zurückgekommen war. Sie spürten, daß das Geschäft von Krupp sich auch auf sie verheerend auswirkte. Langsam, aber immer sicherer, vollbrachten die Bomben ihr zerstörerisches Werk, und ohne Unterschied wurden Bürger in den Ruinen begraben.

So kam es, daß einige Ausgebombte das noch stehende Haus Nummer 109 als vielversprechenden Zufluchtsort betrachteten. Zwar fehlten ein Teil des Daches, mehrere Zimmer und eine ganze Hauswand, zwar waren die Wasserleitungen zerbrochen und verrostet und der Wind pfiff durch die leeren Fenster – immerhin, es stand, und es stand als einziges Haus in diesem Bereich der Schlageterstraße. So nisteten sich die Ausgebombten ein und machten die verschmutzten, verkommenen, teils verbrannten Räume wieder bewohnbar.

Der 8. Mai 1945 brachte Kriegsende, Besatzung, Inflation und Armut, und nun waren es die grau-grünen Stiefel der Besatzungstruppen, die durch die Schlageterstraße hallten. Nach Kriegsende wurde sie zu Ehren des ersten Präsidenten der Weimarer Republik in Friedrich-Ebert-Straße umgetauft.

Viele Straßenschilder und Hausnummern mußten an der Graben-Schlageter-Friedrich-Ebert-Straße nicht geändert werden – im ganzen Block steht nur ein Haus. Teils Ruine und stark mitgenommen, wurde das Eckhaus Heim für fünf Familien mit 18 Mitgliedern. Kein Bad, kein Komfort, ein undichtes Dach, zerbröckelnde Wände – aber eine Adresse:

Friedrich-Ebert-Straße 109
Essen, Ruhr
Britische Besatzungszone
Deutschland

Abbildungen **44-53**
Der Fall Haus Nr. 109
Essen 1948/49
Henry Ries

Für die haben wir nicht viel übrig Ihre Eingangstür ist genauso morsch und angefressen wie die anderen im Haus; Flur und Wohnzimmer aber sind tapeziert und besser möbliert.

»Wir haben uns schon gefragt, wann Sie uns besuchen. Daß Sie hier sind, wußten wir; so etwas spricht sich schnell herum. Das Gesindel im Haus kann sowieso kein Geheimnis bewahren, sie können nichts als klatschen und betteln und leben lediglich von der Großzügigkeit anderer: Ich wette, die stehlen sogar von den eigenen Nachbarn. Außerdem haben sie noch nicht einmal eine schriftliche Erlaubnis hier zu wohnen; sie tun so, als ob sie ausgebombt seien.«

Anna, Wilhelm und Sohn Siegfried waren die ersten Bewohner im Haus Nummer 109. Kurz nach den ersten Bombenangriffen auf Essen zogen sie ein – mit schriftlicher Erlaubnis – und wählten die am wenigsten zerstörte Wohnung.

»Mit den anderen Mietern haben wir nichts zu tun, und Siegfried kommt im allgemeinen so spät von der Arbeit, der will nur sein Abendbrot – und zu Bett. Unser Sohn ist Glas- und Gebäudereinigungsmeister und hat drei Angestellte. Mein anderer Junge fiel schon recht früh in Frankreich.

Jetzt muß ich Ihnen aber doch etwas erzählen. Vor kurzem bekam Siegfried den Auftrag, alle Fenster im Haus der englischen Verwaltung zu reinigen. Das ist ein großes Haus. Schön und gut. Da es spät wurde, »spendierte« die Verwaltung eine Mahlzeit für ihn und seine Helfer: Und was glauben Sie nun? Als mein Siegfried sah, was auf dem Teller lag, hat er sich geweigert, das Zeug zu essen! So einen Schund hat man ihm serviert!«

Anna ist jetzt in Fahrt: »Die Engländer lassen uns absichtlich hungern. Sie eignen sich alle unsere Baumaterialien an. Sie plündern deutsches Benzin. Und Kultur haben die auch nicht.«

Als Anna wieder zu Atem kommt, fügt sie hinzu: »Mein Mann sagt mir, daß die Amerikaner nicht viel für die »Limeys« übrig haben. Und ich sage Ihnen: Wir auch nicht!«

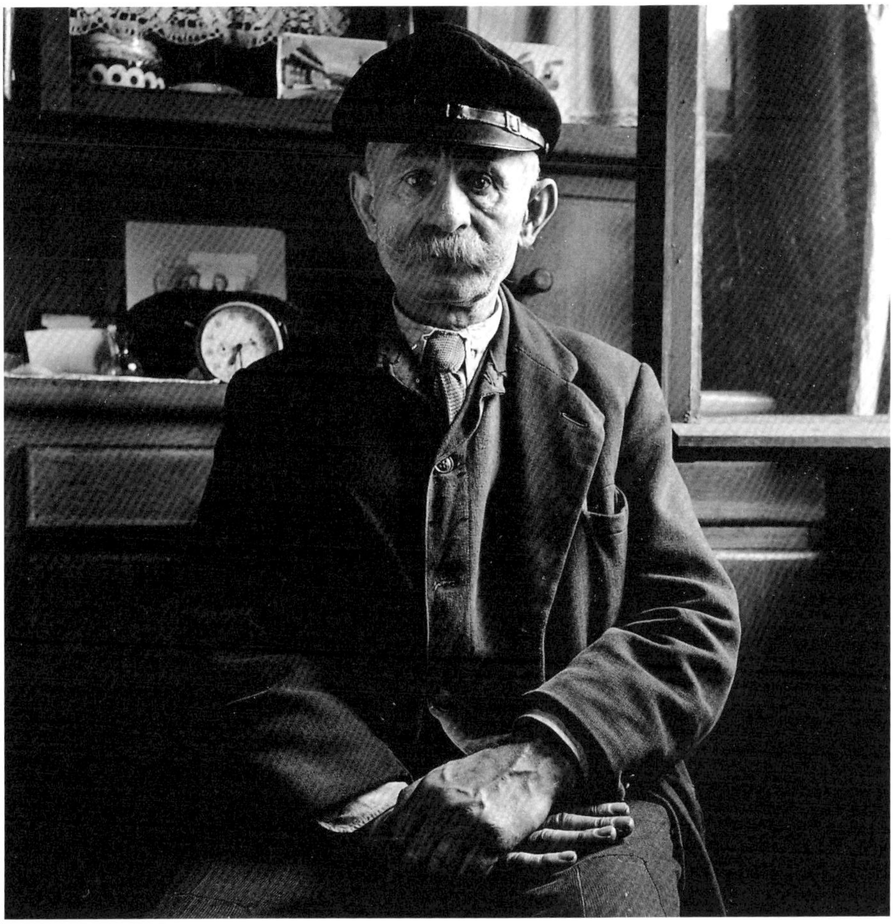

Wir verlangen zumindest Mitbestimmungsrecht »Ihr fragt soviel dummes Zeug und immer so schnell, daß ihr die Antwort gar nicht hört oder hören wollt. Bereits den ganzen Tag war die Kohlenkommission in den Schächten und fragte törichte Fragen. Wenn Sie was wissen wollen, wenden Sie sich doch an die. Die wissen sowieso alles.

Wir verlangen Gehaltserhöhung und bessere Kost, und was kriegen wir? Eine Währungsreform, die unseren Lohn um 90% verringert, außerdem eine Reduzierung unserer Rationen um 10%. Wir verlangen Sozialisierung der Zechen oder zumindest Mitbestimmungsrecht, und was geschieht? Die Engländer versprechen's uns, und dann kommt ihr Amerikaner mit Ideen von eurem berühmten »Freien Unternehmergeist«, und die Zechen bleiben im Besitz der Kapitalisten. Ich habe kein Interesse an Politik, aber wir wissen, was für die Kumpel und Zechen gut ist. Diejenigen, die schuften, sollen's besitzen. Ihr glaubt, wir sind blind da unten im Dunkeln, aber wir können mehr sehen, als ihr im hellen Sonnenlicht. Unterm Kaiser, unter Weimar, unter Hitler, unter zwei Besatzungen haben wir Kohle abgebaut, und wenn ihr uns in Ruhe laßt, werden wir es auch weiterhin tun.

Geht mir doch fort mit euren Kommissionen, Kontrollräten, Beschlüssen und Quoten! Und jetzt reißt ihr auch noch unsere Fabriken runter! Erst müssen wir für den Krieg zahlen. Was sein muß, muß sein; wir haben schließlich den Krieg verloren. Aber wie stellt ihr euch vor, daß wir die Reparationen zahlen können, wenn ihr alles, was noch produziert oder funktioniert, alles, was überhaupt einen Knopf herstellen kann – wenn das alles abgerissen wird?«

Das Opfer Mitten im Ruhrgebiet, um die Ecke vom Essener Nordbahnhof, ragen die Überreste der Gertraudiskirche nun allein in den rußigen Himmel. Ihr gegenüber liegt nur noch braches Land.

Nach einem starken Sturm, an einem kalten Morgen des Februars 1949 brach das Haus Nummer 109 in sich zusammen. Zuerst löste sich eine durch die Bombenangriffe mürbe gewordene Brandmauer und erschlug einen Bergarbeiter auf dem Weg zur Zeche. In panischer Angst stürzten die Bewohner die ächzenden Treppen hinunter und sahen im Schatten von Getraudis, wie ihr Haus in Schutt und Asche fiel.

Nun ist es auch mit dieser Adresse vorbei, der letzten in diesem Bereich der Friedrich-Ebert-Straße. Wie nach den Bombenangriffen kommen Trümmerfrauen, um den Schutt zu beseitigen und zu sortieren – Backstein für Backstein.

In Nr. 109 wohnten die »kleinen Leute«, die an Hitlers Glanz und Glorie teilgenommen und den kurzen Erfolg des Tausendjährigen Reiches genossen haben. Viele werden die Alliierten für dieses weitere Opfer der Bombenangriffe verantwortlich machen. Nur wenige wollen sich erinnern, daß die Einladung zum Krieg mit Essens Stahl geschrieben wurde. Die meisten Deutschen haben Nr. 109 bereits vergessen – wie sie die anderen Opfer des Faschismus vergessen haben.

54/55 (Seite 47 & 48)
The Ruhr: Second Battle of Germany
FORTUNE, Dezember 1946, Seite 133 & 139
Gilbert Burck (Text)
Fenno Jacobs (Fotos)

express oneself by kicking up any sort of row is strictly *verboten.*

Other essentials of life are as scarce as housing. Except for secondhand stuff on the black market, there are practically no shoes or clothing. The basic ration, set at the near-starvation level of 1,000 calories a day for six months, has been gradually raised to 1,550. But it alone is not enough to keep a person from losing weight. To supplement it, nearly half the people have gardens, if only in window pots. Some go to the country and trade their household goods for food. Some buy in the black market. Those who cannot do so just lose weight. The basic ration costs only about two marks a week. But a man making even fifty marks a week, a good wage anywhere in Germany, obviously cannot afford to pay the black-market price of 200 marks a pound for butter, forty marks a pound for meat, and so on—unless he works the black market himself.

This combination—fixed prices for rationed goods and runaway prices for everything else—has had two important effects. No one has much reason to work more than is necessary to buy the basic ration. "Hans doesn't have to work," is a favorite gag; "he's got a hen." As a matter of fact, a man with two hens laying six eggs a week can exchange them for the equivalent of a miner's wage. The combination has also resulted in what might euphemistically be called a colossal export of personal goods. Allied soldiers, mostly Americans, able to get unlimited quantities of cigarettes from home, have made little fortunes trading, say, fifteen cartons of cigarettes for things like a $300 camera or a $400 fur piece to send home for resale. If the Germans want cigarettes that badly, of course, they have only themselves to blame. But it is sometimes easy to remember that the Germans did much the same thing in France and other countries. It was called looting then. And the Germans, growing more dogmatically cynical than ever, feel less and less guilty about what their Army did; and reforming them becomes correspondingly more difficult.

The Ruhr's middle class, too, is being punished for the war. Once the most prosperous in Europe, it is now among the poorest. The whole region has undergone a vast involuntary proletarianization, out of which only the cleverest and most ruthless black marketeers are emerging with real wealth. The Russians froze all German bank accounts, the Americans froze a few, but the British froze none. Consequently, many of the erstwhile well-to-do are living tolerably well, using up money they had cached, but this will not last forever. Finally, when you have to spend what was once a fortune just to keep from losing weight, you are not living well as the concept is understood by the middle class elsewhere.

Luckiest of all are such technical men and executives as have managed to pass the fairly rigorous denazification process. One is Dr. Fritz Springorum, the thirty-three-year-old works manager of the great Hörde Steel Works near Dortmund, formerly a unit of United Steel. His job would be worth perhaps $2,000 a month in the U.S. He makes 1,200 marks (ten packages of cigarettes) a month. Taxes take nearly half the sum, leaving him enough to buy, over and above his basic ration, no fewer than five packages of cigarettes or three pounds of butter. But his salary also includes three whole rooms on the third floor of an old plant building. He and Mrs. Springorum have managed to scrape together some pink plush furniture and a couple of hand-painted oils. They can afford to employ a girl to watch the two children and clean up. Dr. Springorum is allowed to keep his sporty B.M.W. roadster, in which he occasionally

DORTMUND GOT THE WORST OF IT

SOUND HOMES IN ESSEN ARE SCARCE

up to his promise and disbanded the unions. But by the time the war was on, he had taken the industries over, too. Prosperity, Naziism, and aggression turned out to be synonymous.

When the Americans came into the Ruhr in the spring of 1945, they were met by Alfried Krupp von Bohlen und Halbach, the biggest of the little Krupps. "Gentlemen," he said blandly, as if another kind of Nazi had arrived, "I am at your service." It did him little good. The beginning of the end came a year ago, when the British jailed him and the other dimmed lights of the Westphalian Coal Syndicate and transferred ownership of the coal industry to the Control as trustee. The end came a few months ago, when the British took over the iron-and-steel industry. And now they are trying to make something of the Ruhr again, to win the second battle of Germany.

Men without incentive

The British have never tackled a more stupendously difficult assignment. The trouble with the Ruhr is not in its capital but in its human equipment. Experienced and trustworthy local management is scarce. Labor is inadequately fed, badly clothed, practically unhoused. It is busy conjuring up its old glory, nursing its old resentments, pitying itself. These people are squarely at the bottom of the crisis in coal, upon which depend the rest of Ruhr industry and the economy of western Germany.

There is irony in the fact that if British home production were up to prewar levels, the crisis would be easier to handle, and additional irony in the fact that the British, with all their domestic coal difficulties, are running the Ruhr. And the irony is lost on nobody, including the British. The North German Coal Control began auspiciously enough. When Brigadier C. D. Marley, a coal operator from Newcastle, took over in August, 1945, coal was being won at the rate of 70,000 tons a day. Brigadier Marley set a year-end goal of 300,000 tons a day—enough to keep foreign customers from yelling and yet leave a fair amount for the Ruhr. The rate rose steadily and promisingly to a February, 1946, peak of 180,000 tons a day, or nearly 60 million tons a year. Because the Ruhr transport system was shattered, stocks began accumulating. But last March, when British (and world) food supplies were discovered to be short, German ration cuts were suddenly announced. Significantly, production dropped to 164,000 tons a day even before the rations were actually reduced. It fell to 147,000 tons by the end of March and did not return close to the February peak until August. Meantime the once huge stocks disappeared.

Hardly a week passes that a crowd of experts from France, England, and the U.S. does not sit down in Essen, Berlin, or Paris in an effort to solve everything. Exploring the Ruhr coal problem, however, is like riding a merry-go-round. Everybody goes the same places and sees the same things, and where they get off depends on where they got on. Not that the basic diagnosis is difficult. In 1937, some 300,000 Ruhr miners won 128 million tons of coal. Now 279,000 miners are winning coal at the rate of only 60 million tons a year. Absenteeism, sickness, and desertions have reduced the effective number of workdays by 22.5 per cent (against prewar absenteeism of about 12 per cent). Productivity per man-shift has declined to .9 ton from 1.6 tons prewar. Obviously, production can be increased if management improves, absenteeism is reduced, productivity raised, and more men are sent underground.

Most absenteeism and desertions result from the food shortage. The miner's official ration has been almost adequate for himself, and he got part of it in the form of a hot meal at the pithead; but his family received little more than the basic ration, and he shared his home ration with them. As a result, he has on the average lost more than thirty pounds. In addition he often had to spend a day or two a week rustling food for his family. Besides, why work all week? Unless he has a huge family, the miner can buy all the family rations with a few days' wages. Or he can sell half his ration of cigarettes (sixty a month) for nearly a month's wages. Until the miner can be

[*Continued on page 280*]

YOUTH HAS RESILIENCY

AGE HAS STERN MEMORIES

SEHEN, ANSEHEN, EINSEHEN

Deutschlands Zusammenbruch als Thema amerikanischer Dokumentarfotografie

Dagmar Barnouw

Augenzeugenberichte von Deutschlands Zusammenbruch 1945 mochten durchaus verschiedene Ansichten über die politischen und moralischen Aspekte der jüngsten deutschen Vergangenheit vertreten. Sie stimmten aber im allgemeinen darin überein, daß, gleichgültig von wo und wie man die Sache sah, eine klare Einschätzung nahezu unmöglich war. In den Trümmerwüsten der ehemaligen Städte mit ihren auf Steinzeitniveau reduzierten Lebensbedingungen, in den chaotischen Völkerwanderungen von Flüchtlingen, Ausgewiesenen und Displaced Persons schienen Ordnung, Sicherheit, Verantwortung so endgültig aufgelöst wie alle anderen Konventionen der Zivilisation. Und die Enthüllungen deutscher Greueltaten deuteten für die Amerikaner auf einen im Kern unverständlichen Rückfall der deutschen Kultur in die Barbarei. Der Zivilisationsbruch unvorhergesehenen Ausmaßes schien sich allen Versuchen einer (halbwegs) objektiven Beobachtung und Berichterstattung zu widersetzen.

Für die alliierten Berichterstatter war eine differenzierte Position darüber hinaus erschwert durch die Gewißheit des absoluten Sieges auf der Seite des »Guten« und der absoluten Niederlage auf der Seite des »Bösen«. In den Monaten des größten Durcheinanders, im Frühling, Sommer und Herbst 1945, ging es nicht so sehr darum zu beobachten, wie die Deutschen im Chaos überlebten, sondern wie sie sich der »deutschen Katastrophe« des Nationalsozialismus stellten. Das hieß nicht, ihre Erfahrungen des totalen Krieges zu befragen: ausgebombt in den Ruinen, auf dem Treck von Osten, Kinder und das Notwendigste im Handkarren, von der Schule weg in die Wehrmacht oder das »letzte Aufgebot« gepreßt und nun zusammengepfercht in den mit Stacheldraht umzäunten Kriegsgefangenenlagern der Alliierten. Ungefähr jeder zweite Deutsche war in diesen Monaten unterwegs, suchte irgendwie nach Hause zu kommen, hatte sein Zuhause, wie es schien, endgültig verloren. Diese »Unbehaustheit« von unvorstellbarem Ausmaß wurde als allgemeines Phänomen festgestellt, aber von amerikanischen Journalisten zunächst kaum beschrieben oder fotografiert. Denn schließlich hatten sich die Deutschen ihr Schicksal selbst zuzuschreiben, außerdem wurden Bilder von Opfern der Luftangriffe grundsätzlich von der amerikanischen Zensur zurückgehalten[1]. Ein Ziel der amerikanischen Kriegsberichterstattung war vielmehr, sichtbar zu machen, daß und wie sich Deutschland selbst aus der Gemeinschaft der zivilisierten Nationen ausgeschlossen hatte. Von den Deutschen wurde gefordert, durch Ansehen der Greueltaten ihres Regimes zur Einsicht in ihre Mit-Täterschaft zu kommen. Solche Ansichten von Deutschlands Zusammenbruch beeinflussen bis heute die Meinung der Amerikaner zu der von ihnen so verstandenen »deutschen Frage«, dem Problem kollektiver Verantwortung und Schuld.

Die Illustrierte LIFE, zur damaligen Zeit sicherlich repräsentativ für die Ansichten des amerikanischen Mittelstands, veröffentlichte in der wichtigen Ausgabe vom 7. Mai 1945 die ersten von LIFE- und Armee-Fotografen aufgenommenen Fotos der befreiten deutschen Konzentrationslager. Das Titelbild zeigt in Großaufnahme drei erschöpfte, düster dreinblickende deutsche Zivilisten, zwei Halbwüchsige und einen älteren Mann mit der Unterschrift »The German People«

56 Das deutsche Volk.
LIFE, Titelbild
7. Mai 1945
Fotograf nicht genannt

(Das deutsche Volk). Ein ausführlicher Text im Inneren informiert den Leser, daß die drei Männer zusammen mit 7.000 anderen Zivilisten 84 Stunden lang in einem aufgelassenen Minenschacht das alliierte Bombardement ihrer Stadt abgewartet hätten und beim Aufziehen einer weißen Fahne von den eigenen Truppen beschossen worden seien. Ihre Gesichter zeigten, daß sie die Bitterkeit der Niederlage aus erster Hand erfahren haben. Für LIFE handelte es sich um zwar »unglückliche, aber harte und arrogante Gesichter«, da diese deutschen Zivilisten »noch nicht gezwungen waren, sich die Greueltaten anzusehen, die in ihrem Namen begangen wurden« [2].

Der Foto-Essay »The German People« war nur einer von mehreren Versuchen, die verwirrende und beunruhigende »deutsche Frage« zu beantworten, und spiegelt das Bemühen der Zeitschrift, bestimmte Haltungen sowohl in die Gesichter als auch in die Körpersprache fotografierter deutscher Zivilisten hineinzulesen: deutsche Arroganz und Fanatismus ebenso wie Unterwürfigkeit und kriecherischen Diensteifer; deutsche Verweigerung, das Ausmaß der Schande einzusehen, die das eigene Volk auf sich geladen hatte, aber auch panikartige Verzweiflung über diese Schande. Offensichtlich schien ein Nebeneinanderstellen derartig extremer Haltungen und Reaktionen die beste und vielleicht einzige Möglichkeit, diese außerordentlichen Ereignisse, die Akteure und ihre Handlungen auch nur annähernd in den Griff, das heißt »ins Bild« zu bekommen.

Der spätere Betrachter des LIFE-Titelbilds sieht in den Gesichtern eine dumpfe Verzweiflung, eine düstere Apathie eher als Arroganz. Aber was »genau« hatte der Fotograf in diesen Gesichtern im Moment der Aufnahme des Bildes gesehen? Und was nahm dann der Verfasser der Unterschrift zum Anlaß, sowohl arrogante Uneinsichtigkeit zu beklagen als auch volle Einsicht und Reue zu fordern? Offenbar konnten Deutsche zu diesem Zeitpunkt eines ja auch mit Bildern geführten Propagandakrieges nicht als Opfer akzeptiert werden. Daraus ergeben sich häufig Widersprüche zwischen den visuellen Botschaften der Fotos und den Kommentaren in den Unterschriften.

Der Zweite Weltkrieg war ein eminent moderner Krieg nicht nur hinsichtlich seiner technologisch raffinierten Zerstörungspotenz, sondern auch, was den Einsatz der Fotografie für Dokumentationszwecke anbelangt. Da der Zusammenbruch Deutschlands durch von außen kommende Kräfte verursacht war, wurde er auch weitestgehend von der Position und aus der Perspektive der Sieger fotografisch dokumentiert. Der größte Teil des Bildmaterials stammt von den Fotografen-Einheiten des U.S.-Army Signal Corps [3], die stark beeinflußt waren vom dokumentarischen Ethos der während der 30er Jahre im Auftrag der Farm Security Administration entstandenen Fotografie. Als Begründer der »großen« Tradition der amerikanischen Dokumentarfotografie dieser Jahre hatten die dort tätigen Fotografen ihre wichtigste Aufgabe darin gesehen, die »Kultur der Armut« in Amerika »so zu zeigen, wie sie war.« Ihre Bilder waren geformt vom Gegensatz zwischen einer vorher unsichtbaren, verborgenen und jetzt sichtbaren, enthüllten »Wahrheit« – ein Gegensatz, der für die Fotografen des Army Signal Corps im Deutschland von 1945 eine ganz besondere und sehr unmittelbare Bedeutung annehmen sollte. In das deutsche Chaos eindringend »invading« verstanden sie sich als Befreier »liberators«. Alle von Signal Corps-Fotografen abgebildeten Invasionstruppen, ihre Geschütze, Panzer, Lastwagen, Jeeps, Schiffe, Flugzeuge, Bomben, wurden in den beigefügten offiziösen Bildkommentaren mit dem Attribut »liberating« versehen. (Im Jargon der Soldaten wurde dieser Begriff sogar zum Euphemismus für Plünderungen.) Befreiung war nur möglich durch Invasion – Invasion war fraglos gerechtfertigt durch die Notwendigkeit der Befreiung. Im Kampf um die besten, deutlichsten Bilder (»shots«) dieses militärisch-moralischen Doppelunternehmens waren diese Signal-Corps-Fotografen konfrontiert mit dem besonders schwierigen Dilemma großer visueller Klarheit und zweifelhafter kultureller Bedeutung. Schließlich war nichts deutlicher zu sehen als diese zertrampelte deutsche Armee, diese von der Erde gewischten, in Mondlandschaften verwandelten deutschen Städte, diese verschüchterten Zivilisten, gebückt unter Kartoffelsäcken, von denen sie kaum zu unterscheiden waren, diese fast nicht mehr menschenähnlichen Opfer der Konzentrationslager. Aber was genau bedeutete die totale Niederlage der Deutschen – der totale Sieg der Alliierten? Verständlicherweise neigten die Signal Corps-Fotografen dazu, die augenscheinliche visuelle Klarheit als »die Wahrheit« zu akzeptieren, die dann in ihren Bildern festgehalten und dadurch mitteilbar war. In dieser Situation war die Frage perspektivischer Verzerrungen der Foto-Darstellung die für sie am wenigsten wichtige – gleichgültig, ob sie junge, anonym gebliebene Armeefotografen waren oder erfahrene, womöglich sogar berühmte Fotojournalisten wie Margaret Bourke-White. Es war weder die Zeit noch der Ort, sich auf Bilder zu konzentrieren, die es der Botschaft des Abgebildeten erlaubten, fragmentarisch, widersprüchlich, diffus zu bleiben. Von ihren Bildern wurden Antworten erwartet, nicht weitere Fragen.

Solche Fragen ließen sich aber nicht so leicht wegdrängen. In Bildern und Texten hat die amerikanische Berichterstattung 1945 in weiten Teilen der Öffentlichkeit den Grund gelegt für die Einsicht in die überhistorische Einzigartigkeit des Holocaust. Fotografien aus den befreiten Konzentrationslagern waren das überzeugendste Argument dafür, daß dieser Krieg absolut gerecht, die alliierte Kriegsführung absolut richtig und der Sieg vollkommen und absolut notwendig war. Damit ist der politische und militärische Gegner zu einem moralisch Besiegten geworden und der Sieger ihm in jeder Hinsicht überlegen. Ebenso wie die von Zeitungen und Zeitschriften geschickten Korrespondenten mit Kamera und Schreibmaschine drangen auch die meist noch sehr jungen Fotografen in Uniform mit den Invasions-Armeen in ein besiegtes Land ein [Abb. 10].

Sie wollten zwar von der Bevölkerung als Befreier gesehen werden [Abb. 14], verlangten aber von den Besiegten bzw. Befreiten, daß diese sich als der Befreiung würdig erwiesen – und zwar durch Einsicht in ihre Schuld, die für den Fotografen (und später den Betrachter der Fotografie) sichtbar werden sollte.

Es kam nicht von ungefähr, daß die Bilder von den erzwungenen Konfrontationen der Bevölkerung mit den Greueltaten im April und Mai 1945[4] vom Topos des Sehens bestimmt waren. Durch die Linse seiner Kamera sieht der Fotograf Gruppen von deutschen Zivilisten, die sich auf Befehl Berge von Leichen ansehen. Dabei wählt er die Perspektive alliierter Soldaten, die als Beobachter und Wächter dieser angeordneten Akte des Ansehens auf der Fotografie erscheinen. Für die überwiegende Mehrheit der Deutschen, die nicht in der Nähe eines der Lager lebten, wurden Fotografien der von anderen deutschen Zivilisten besichtigten Greueltaten in

Zeitungen veröffentlicht oder auf Tafeln angeschlagen, und sie selbst wurden dann beim Betrachten der angeschlagenen Fotos fotografiert [Abb. 17]. Der Fotograf wird dadurch Augen-Zeuge der Zeugen dieser Akte und liefert damit den Beleg deutschen Gehorsams angesichts dieser fotografischen Beweise für deutsche Schuld. Das Ansehen des Schrecklichen sollte unmittelbar in Einsehen individueller und kollektiver Verantwortung und Schuld umschlagen. Alle Deutschen sollten schlagartig dazu gebracht werden einzusehen, wer sie »eigentlich« waren: schuldige Nazis, identisch mit ihrem kriminellen Regime. Für die Fotografen ging es um die klare visuelle Präsenz des Moral-Schauspiels Gut gegen Böse, Schuld gegen Unschuld, Reue gegen Verstocktheit. Diese in ihrer Entschiedenheit idealistische Perspektive entstand nicht zuletzt auch aus der spontanen moralischen Entrüstung der von außen Eindringenden über die Schrecklichkeiten, mit denen sie bei der Befreiung der Lager konfrontiert worden waren. Aber diese Sicht beharrte so ausschließlich auf der umfassenden, alles verändernden Faktizität des »Unglaublichen«, das man gesehen haben mußte, um es zu glauben, daß wichtige moralisch-politische Konsequenzen dieser Situation unterdrückt wurden. Bild um Bild zeigt, Bericht um Bericht beklagt die ausdruckslosen, blinden Gesichter der zum Ansehen Befohlenen. Es bleibt allerdings die Frage, ob es in der damaligen Situation überhaupt eine andere Möglichkeit für Fotografen und Fotografierte gegeben hätte.

Einer der faszinierendsten Aspekte der Fotografie ist die Nähe des Betrachters zum Betrachteten – eine Nähe, die sehr oft auf dem mangelnden Respekt der Kamera vor den »territorialen« Rechten des fotografierten Subjekts beruht. Zwar ist es in vielen Fällen gerade die aufdringliche Aggressivität des Fotografen, die sozial wichtige visuelle Informationen möglich macht. Trotzdem wirft die bemerkenswert generelle Toleranz für die Respektlosigkeit der Kamera und des Fotografen zugunsten des Bildes wichtige Fragen auf. Sie erleichtert es dem Fotografen, ein Mißverhältnis zwischen Mitteln und Ziel als gegeben zu akzeptieren: das Bild ist alles; das (der, die) Abgebildete hat kein Existenzrecht außer dem, Gegenstand des Bildes zu werden. Das Einfühlungsvermögen des Fotografen, soweit es den menschlichen »Gegenstand« seines Bildes betrifft, wird dadurch eher geschwächt als gestärkt. [5]

Konflikt-Situationen wie 1945 tendieren zu einer Intensivierung dieses Mißverhältnisses, und die Praxis der alliierten Fotografen, die routinemäßig und mit größter moralischer Selbstgerechtigkeit und Selbstverständlichkeit die deutsche Zivilbevölkerung in allen, auch den kompromittierendsten Situationen fotografierten, bietet sehr deutliche Beispiele.

Womöglich läßt sich erst heute klar erkennen, daß vor allem in diesen Bildern von der erzwungenen Konfrontation und Identifizierung mit deutscher Schuld und den Bildern von der Zerstörung der Armee und der Städte ein grundlegender Widerspruch erzeugt wurde: der Respekt vor solchen in den USA »heiligen« demokratischen Werten wie Privatsphäre und persönliche Würde wurde verletzt, obwohl gerade diese Werte doch den Deutschen so schnell wie möglich beigebracht werden sollten.

In diesem Zusammenhang entlarvte sich auch das Militärische des fotografischen Vokabulars in unmittelbarer Deutlichkeit: ein Bild »schießen«, ein Motiv »anvisieren«, »laden«, »zielen«, »abdrücken«.

Es ist in solchen Situationen besonders leicht, Regeln des zivilen Anstands zu brechen, weil das Dokumentieren des militärischen und politischen Sieges (also der konkreten Einzelheiten der Niederlage des Verlierers) seine nicht hinterfragbare Berechtigung in sich trägt.

Das militärische Vokabular für die Praxis der Fotografie hatte sich selbstverständlich nicht von ungefähr entwickelt. Wie für den Soldaten in der Schlacht, ist auch für den Fotografen der jeweilige Moment ausschlaggebend: was jetzt, in diesem Moment, zu sehen ist, wird im nächsten bereits anders aussehen, verschwunden sein. Diese Tatsache ist ein wichtiger Grund für die bei vielen Fotografen zu beobachtende Kombination von einer Art selbstloser Identifikation mit dem Aufgenommenen und einer Gleichgültigkeit ihm gegenüber, die erzeugt wird durch die Gier nach dem gelungenen Bild. Kriegsfotografen, anonyme ebenso wie berühmte, demonstrieren diese Kombination in einem besonders hohen Maße, und sicherlich übertrug sich etwas davon auch auf die Fotografie der Kriegsfolgen. Margaret Bourke-White's Buch »Dear Fatherland Rest Quietly« (1946), zusammengestellt aus den Fotografien, die sie 1945 im Auftrag von Life gemacht hatte, ist die ausführlichste Foto-Dokumentation des zerstörten Deutschlands, die ein einzelner (bekannter) amerikanischer Fotograf veröffentlicht hat. Berühmt für ihre Industrie-Fotografie in den dreißiger und ihre Kriegsfotografie in den vierziger Jahren, beschrieb sie ihre merkwürdig ambivalente Haltung zwischen Aktivität und Passivität, Schuß für Schuß, beim Fotografieren in den befreiten Konzentrationslagern: »Keine Zeit zum Nachdenken oder Interpretieren. Nur schnell hin zum Fotografieren ... Jetzt aufzeichnen – später erst nachdenken. Die Geschichte wird die Urteile fällen.« [6]

Wie viele andere Kriegskorrespondenten auch, machte sie ihre wirkungsvollen Bilder von KZ-Opfern »mit verschleiertem Bewußtsein«, in einer Art von »selbst auferlegter Betäubung«. Ihre Position als Fotografin im Deutschland von 1945 erschien selbst ihr als privilegiert – weil nichts und niemand sie daran hinderte, alles zu sehen und aufzunehmen, was es zu sehen gab. Ebenso wie andere alliierte Fotografen empfand sie es als ihre »Verpflichtung«, das Gesehene weiterzugeben.[7]

Diese Verpflichtung war, ebenso wie der Sieg der Alliierten, automatisch gerechtfertigt und damit zugleich das Fotografieren jedes Gegenstandes in jeder Situation. Stets tadellos gepflegt und frisiert, ausgeruht, ausgesprochen attraktiv in der gutsitzenden Uniform der weiblichen Kriegsberichterstatter, die sie selbst mit entworfen hatte, fotografierte Bourke-White zum Beispiel die zerlumpten, verlausten, halb verhungerten und verdursteten, gehetzten Ost-Flüchtlinge auf dem Anhalterbahnhof in Berlin. Einige Betroffene klagten darüber, daß sie so ohne weiteres von alliierten Journalisten in diesem desperaten Zustand fotografiert und die Bilder dann in den Zeitungen im Ausland veröffentlicht würden. [8] Es war ihnen klar, daß diese Fotografien sie nicht mit Sympathie zeigen würden, daß sie nicht gedacht waren als Appell, den Flüchtlingen als Opfern des Krieges zu helfen, sondern als Dokumentation dessen, was die Deutschen sich selbst zuzuschreiben hatten. Als gewissenhafte Journalistin verzeichnete Bourke-White auch diese Klagen, aber sie ließ sich durchaus nicht von ihnen beeinflussen. Sie verstand es als ihre Verpflichtung, die Flüchtlinge zu fotografieren »wie sie waren« – d. h., wie sie die wirkungsvollsten Bilder ergaben. Symbiotisch verknüpft mit ihrem professionellen Perfektionismus bedeutete diese Verpflichtung, daß alle Mittel gerechtfertigt waren, wenn das Resultat die guten oder großartigen Fotografien waren, die man von Bourke-White erwartete. Alles Abgebildete hatte sich der moralischen und visuellen Bildkomposition zu unterwerfen; Widerstand war undenkbar. [9]

Es ist auf merkwürdige Weise passend, daß die großartigsten Bilder, die Bourke-White 1945 in Deutschland »schoss«, zerstörte Städte zeigen. In ihrem Deutschland-Buch erscheinen sie zusammengefaßt unter dem

Titel »Was unsere Bomben übrigließen«.[10] Wie sie im Epilog bemerkt, sah sie Städte und Menschen gleichermaßen als Ruinen, weil sie so über die Präsenz der Menschen in den Trümmern hinwegsehen konnte. Deren Präsenz störte: Moralisch, weil die alliierte (nicht in allen Fällen absolut zu rechtfertigende) Bombardierung der unmittelbare Grund für die unwürdige Existenz dieser Menschen war; visuell, weil die Versuche, die Ruinen so schnell wie möglich aufzuräumen und »wohnlich« zu machen, deren »außer-irdische«, »wilde« Schönheit beeinträchtigten. Bourke-White sah die Ruinen als Eigentum des Siegers, von ihm als Mahnung zurückgelassen und so aus der Distanz und im Überblick zu fotografieren. Durch ihre Perspektive sehen wir Köln in der elegant ausgewogenen Komposition der von diesem Anblick begeisterten Fotografin als eine einzige großartige Ruine. Wir sehen das schön nachgezogene Oval der verbogenen, ineinander verflochtenen Schienen, die sich um die Skelette der Waggons auf dem Nürnberger Güterbahnhof gelegt haben. Unglücklicherweise, wie Bourke-White vermerkt, war von Hamburg nicht genug übriggeblieben, »um eine eindrucksvolle Ruine abzugeben«. Und wir sehen das fotogene Durcheinander von Balken und Drähten auf dem Foto mit dem Titel »Detail irgendeiner deutschen Stadt«: sieht man eine zerstörte deutsche Stadt, hat man sie alle gesehen. Aber gerade weil sie alle gleich »schön« zerstört sind, sind sie visuell so attraktiv, daß man sie alle aufnehmen muß. Ebenso wie für die Fotografen zerstörter Städte – darunter Essen [Abb. 1] – deren Bilder in Life erschienen[11], war der faszinierende Aspekt der Fotografie dieser totalen Verwüstung für Bourke-White die »über-menschliche« Distanz, die es erlaubte, eindimensionale Formen in visuell erregenden Konstellationen zu sehen.

Konstellationen, die Lichtjahre entfernt waren von allen menschlichen Ängsten und Hoffnungen. Die Vergeltung, so zeigen diese Fotografien, ist streng, aber gerecht und in Wahrheit schön. Städte repräsentieren die Kultur eines Landes. Ihre vollkommene Verwüstung – ihr »zerstörtes Gesicht« – ist aus der Nähe schwierig anzusehen, da der Eindruck alles Menschlichen zerstört ist. Deutschland ist unmenschlich, weil seine Städte zerstört sind – seine Städte sind zerstört, weil es sich gezeigt hat, daß die deutsche Kultur unmenschlich ist. Keine Zerstörung ist umfassend, endgültig genug angesichts dieser Unmenschlichkeit, die nur aus der großen Distanz des Siegers wirklich, d. h. richtig, gesehen werden kann.

Diese Distanz sollte sich mit zunehmenden Kontakten zwischen Siegern und Besiegten im Verlaufe des Jahres 1945 ändern und mit ihr die Gegenstände der Fotografien. Nun handelte es sich auffallend häufig um Frauen, die aus den Ruinen Stein für Stein zusammensuchten, säuberten und zum Wiederaufbau stapelten; Frauen, die in den Ruinen Blumen kauften; Kinder, die dem archetypisch netten GI bittend die Hände entgegenstreckten, in die er zuverlässig die begehrten Kaugummis und Bonbons legte; Frauen, die nach einem Rohrbruch das kostbare Wasser in Eimern von der Straße schöpften [Abb. 18]; Frauen und Männer, die sich gehorsam am Anschlagbrett anstellten, um aus den Mitteilungen der Militärregierung zu lernen, daß und wie sie bessere Deutsche werden könnten; und immer wieder GIs Arm in Arm mit deutschen »Fräuleins«. Wie sehr die anfäng-

57 »Während Einheiten der 9. US-Armee Mönchen-Gladbach, eine der größten Industriestädte des Rheinlands, besetzen, kaufen einheimische Frauen Blumen an einem Stand neben einem bombardierten Gebäude.«
1. März 1945
S.C. Bruce Hawkins

58 »Bürger von Recklinghausen lesen eine Proklamation der Militärregierung.«
4. April 1945
S.C., PFC. R.W.Wilson

liche Distanz sich mittlerweile verringert hatte, hat die amerikanische Dichterin Gertrude Stein beklagt, als sie im Sommer auf Anregung von Life eine kurze Reise nach Deutschland unternahm. Sie war höchst negativ beeindruckt, nicht nur von allen Deutschen, sondern auch von der Tatsache, daß ihre reizenden GIs diese pauschale Abneigung nicht teilten. Sie überschrieb ihren Bericht: »Die Deutschen sollten lernen, ungehorsam zu sein, und die GIs sollten sie nicht mögen. Wirklich nicht.«[12] Sie war durchaus nicht allein mit ihrer Klage, daß die jungen amerikanischen Besatzungssoldaten sich zu schnell mit der deutschen Zivilbevölkerung angefreundet und deren kollektive Verbrechen anscheinend vergessen hatten. Aber trotz dieser sich ändernden Perspektive im Umgang miteinander erhielten sich selbstverständlich typische Unterschiede in der Berichterstattung über die unmittelbare Nachkriegszeit in Deutschland in der amerikanischen und deutschen Dokumentarfotografie.[13]

Wo es für die deutschen Fotografen wichtig zu sein schien, sich des Verlorenen zu erinnern, des Verlustes vertrauter Ordnung, blieb es die Absicht der amerikanischen Fotografen, das gegenwärtige deutsche Chaos als selbstverschuldete Folge katastrophal falscher politischer Entscheidungen vorzuführen. Ihr pädagogischer, zielstrebig auf die andere, bessere Zukunft gerichteter Impuls mit seiner unvermittelten Gleichsetzung von Ansehen und Einsehen war sicherlich notwendig und auch nützlich. In manchem mag er aber auch zu dem beigetragen haben, was wir rückblickend als »unbewältigte Vergangenheit« sehen.

1. George H. Roeder, The Censored War. American Visual Experience During World War Two (New Haven: Yale University Press, 1993), S. 3. Siehe dort auch weitere Einzelheiten zum Vorgehen der verschiedenen Zensurstellen und zu Zensurbestimmungen.
2. LIFE, 7. Mai 1945, S. 22
3. Die Fotografische Abteilung des U.S. Army Signal Corps gehörte zu den technischen Diensten der amerikanischen Armee. Sie bestand bereits seit 1917, erhielt ihre eigentliche Bedeutung aber erst im Zweiten Weltkrieg, als Fotos und Filme in enorm großer Zahl hergestellt wurden. Für das Kriegsministerium dienten diese Bilder vor allem der (nachrichtendienstlichen) Information und historischen Dokumentation. Sie mußten vom Bureau of Public Relations für die Veröffentlichung in der Presse freigegeben werden. Verwaltet wurde die Signal Corps-Fotografie vom Bilderdienst der Armee (Army Pictorial Service, APS). Formelle und informelle Ausbildung der Fotografen und die Qualität der Geräte wurden ständig verbessert. Unter anderem wurden die zum Fotografieren abgestellten Armeeangehörigen gründlich trainiert von New Yorker Pressefotografen, die sich freiwillig zur Verfügung gestellt hatten, um den Soldaten-Fotografen ein besseres Verständnis von Bildkomposition und Hilfen für Situationen zu vermitteln, in denen sie blitzschnell Entscheidungen fällen mußten. Siehe dazu: United States Army in World War II – The Technical Services, The Signal Corps: the Outcome (Mid 1943 Through 1945). Office of the Chief of Military History, Washington, D.C. 1966.
4. An verschiedenen Orten wurde die deutsche Bevölkerung gezwungen, Foto- und Filmdokumentationen über die KZs anzusehen, und z.T. in die KZs selbst geführt.
5. Siehe Max Kozloff, »Photography and Fascination, Photography and Fascination« (Danbury, NH: Addition House, 1979), S. 7 - 60, 13.
6. Margaret Bourke-White, Portrait of Myself (New York: Simon & Schuster, 1963), S. 258.
7. Ebda, S. 259f.
8. Margaret Bourke-White, »Dear Fatherland Rest Quietly«. A Report on the Collapse of Hitler's »Thousand Years« (New York: Simon and Schuster, 1946), S. 166.
9. Siehe hier ihr Interview mit McCandish Phillips, NEW YORK TIMES, 10. Oct. 1968 über die wohlbekannte Grausamkeit »savagery«, mit der sie ihre Bilder aufnahm und rechtfertigte.
10. »Dear Fatherland Rest Quietly«, Kapitel 4, »Urban Germany: What Our Bombs Left«.
11. »The Battered Face of Germany«, LIFE, 4. Juni 1945, S. 21 - 27;
12. »Off We All Went To See Germany. Germans Should Learn to Be Disobedient and GIs Should Not Like Them, No They Shouldn't.« LIFE, 6. Aug. 1945, S. 54 - 58, 54.
13. Vergl. dazu allerdings die in psychologischer Hinsicht bemerkenswert intelligenten Fotografien von Berlinern in den Ruinen, die Robert Capa im Sommer 1945 aufnahm: Robert Capa, Sommertage, Friedenstage. Berlin 1945, hg. von Diethart Kerbs (Berlin Kreuzberg: Dirk Nishen, 1986).

59 »Verwüstung der Kruppwerke im besetzten Essen. In den Straßen wurde heute noch gekämpft, als ein Fotograf der Royal Air Force über die Stadt flog. Deshalb macht die Stadt so einen verlassenen Eindruck. Diese Luftaufnahme zeigt die zerstörte Kruppfabrik in Essen. Die Anlagen erstreckten sich über eine Fläche von 5,5 km².«
11. April 1945
Britischer Militärfotograf

60 »Die Bronzestatue von Alfred Krupp, dem Gründer der großen Waffenfabrik, wurde durch die Wucht der alliierten Bomben von ihrem Sockel kopfüber in einen Bombentrichter gestürzt.«
Essen, 11. April 1945
Britischer Militärfotograf

61 »Zwischen den Trümmern der Kruppfabrik hängt noch diese Siegesparole«
Essen, 11. April 1945
Britischer Militärfotograf

62 »Eines der riesigen, nicht mehr fertiggestellten Geschützrohre.«
Essen, 1945
Britischer Militärfotograf

63 & 64 Dieser Stahlspind diente als Strafzelle für Kriegsgefangene bei Krupp.
Text auf der Rückseite:
»Betriebsausschuß Krupp (Essener Stahlwerk). Mit kameradschaftlichen Grüßen von Englischen anti-Faschisten und Holländischen anti-Faschisten. Internationale Einheit um den Faschismus in der ganzen Welt zu vernichten! Chris Otto.«
Essen, 1945
Fotograf unbekannt

65 Exhumierung der Leichen von 35 sowjetischen Zwangsarbeitern unter alliierter Aufsicht aus dem sogenannten »Montagsloch« an der Lührmannstraße.
Dokumentationsfotos vermutlich amerikanischer Militärfotografen in einer britischen Prozeßakte von 1947/48.
Bildbeschriftung oben:
»Leichen werden von deutschen Zivilisten geborgen«
unten: **»Bei der Bergung der Leichen sind die mit Draht auf den Rücken gefesselten Hände zu sehen.«**
Essen, 30. April [!] 1945
Fotograf unbekannt

APPENDIX C 1

WAR CRIMES d/d 30th May 1945

Exhibit "C1" 35

Bodies being evacuated by German civilians.

Bodies being evacuated showing corpse with hands tied behind with wire.

66 »Deutsche Industrielle verhaftet. In der Nacht vom 30. November zum 1. Dezember 1945 wurden 92 deutsche Industriemanager von der Militärpolizei in ihren Wohnungen festgenommen, darunter dreizehn Industrielle aus Dortmund. Sie wurden ins Gefängnis von Dortmund gebracht. Befragung durch die Militärpolizei im Gefängnishof.«
1. Dezember 1945
Sgt. D.W. Smith

67 »Deutsche Industrielle verhaftet. Adolf Klinkenburg, Dortmund/Hörder Hüttenverein.«
1. Dezember 1945
Sgt. D.W. Smith

68 »Deutsche Industrielle verhaftet. Heinz Rübmann, Dortmund/Hörder Hüttenverein.«
1. Dezember 1945
Sgt. D.W. Smith

69 »Die Rote Fahne in Deutschland, 1945.
Hinter einer Roten Fahne mit Hammer und Sichel formiert sich ein Zug [ehemaliger] sowjetischer Zwangsarbeiter, die von den vorrückenden britischen Truppen befreit wurden.«
Bei Coesfeld, Juni/Juli 1945
Britischer Militärfotograf

nächste Doppelseite:
70 »Die Ruhr: Aufgabe für Großbritannien.
Diese Männer halten die Zechen in Gang.«
Reportage über britische Besatzungsoffiziere auf Villa Hügel, erschienen am 24. August 1946 in THE ILLUSTRATED, London.
Text: Willi Frischauer
Fotos: Eddie G. Malindine

Ruhr Is Run by North German Coal Control, a branch of the British Control Commission for Germany, from Essen headquarters, once the home of Gustav Krupp. In Bertha Krupp's bedroom works E. A. P. Spencer, against background of Krupp portrait

Another Office in Villa Huegel is occupied by these members on the staff of the distribution branch of the Coal Control. Left to right: Mr. F. Williamson, Mr. C. C. Williams and Herr H. Dehnen, one of the German liaison officers in the Allied service

Staff Officers and civilians of the North German Coal Control in the Villa Huegel take t meals in the spacious super dining-room where the Krupp family once entertained Kaiser, Hitler, Goering and other German leaders. Staff of the Coal Control num

The Ruhr: Britain's Task

MEN WH

THE organization in charge of Ruhr coal production—and thus holding the key to an embarrassingly multifarious array of economic and political aspects of international importance—is the North German Coal Control.

It is an offshoot of the Control Commission's Economic Division (British Element) and subject to influences which emanate from Berlin, where the Control Council of the four Powers occupying Germany is supposed to lay down general policy—in practice, the awkward focal point of East-West disagreements.

These disagreements are inevitably reflected at the Villa Huegel in Essen, former palatial private residence of Ruhr magnate Gustav Krupp Bohlen und Halbach, which the C Control has selected as its headquart

Chief of the North German Coal C trol—with a staff of 500—is unassum quiet Brigadier D. Marley, a coal exp whom his staff describe as an indus Eisenhower who has infused an mirable team spirit into his collabora

e hundred, of whom about one hundred are resident at headquarters and live and work the palatial surroundings of one of Germany's most luxurious private palaces. Wall the dining-room is adorned by mural depicting chase for food—fish, pheasants, trout

RUN PITS

d commands their loyalty. But the ormy petrel of the organization is Mr. arry Collins, a miner from Doncaster, io is production chief.

Many are the heart-breaking problems iich face the men whom Britain has ked to get the Ruhr going again. Like e German workers' representatives, ey ask for more food for the miners on whom they depend. Like the Germans, they do not like to see coal going abroad while it is needed on the spot.

Like the Germans, they regard efficiency and results as the sole criterion of their work. Thus Mr. Collins is regarded as a defender of "Nazi managers," without whom he considers his production objective unattainable. As a real miner, on the other hand, he has secured the admiration of the humble German hewers of coal.

The North German Coal Control, if it has its own way, will soon turn the Ruhr into a going concern; at the same time it might easily—and inadvertently—resurrect reactionary German industrial power with dramatic consequences.

While Gustav Krupp, indicted at Nuremberg, lies ill in Austria, Brigadier C. D. Marley is boss at Villa Huegel. He is chief of North German Coal Control, is here seen with his deputy, Brigadier K. H. Noel (right). British flag flies over Krupp's home

Precious and rare tapestries adorn the walls of most rooms in the Villa Huegel. This room has been converted into a bar, part of the mess in which the staff of the North German Coal Control feeds. The famous Krupp library (60,000 books) serves as popular rest room

OVER

71 »Die Sergeants E. J. Hill und J. Gray genießen den Aufenthalt in Krupps eigener Schwimmhalle«, Villa Hügel
Essen, 1945
Sgt. Hewitt

72 »Corporal Barker und Gefreiter Whiting am elektrischen Backofen«, Villa Hügel
Essen, 1945
Sgt. Hewitt

73 »Schütze Lowery aus Huddersfield nimmt ein Bad in Krupps privater Badewanne«, Villa Hügel
Essen, 1945
Sgt. Hewitt

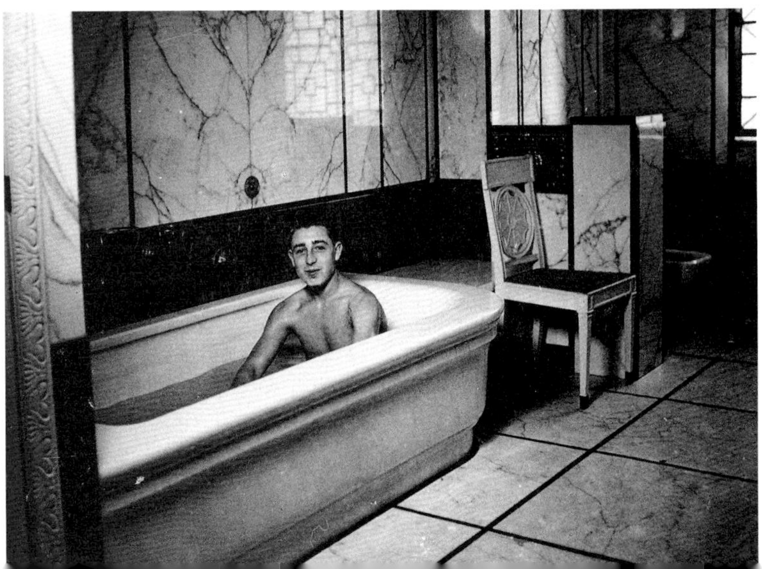

74 »Briten übernehmen deutsche Zechen. Major I. D. Booth befestigt eine Bekanntmachung am Werkstor einer der beschlagnahmten Minen.«
*Gelsenkirchen,
22. Dezember 1945
Britischer Militärfotograf*

75 Die »North German Coal Control«.
Serie von 88 Aufnahmen über die britische Kohlebehörde.
»Mr. Williams, ein ziviler Bergbauexperte der NGCC, spricht mit einem Bergmann, der mit dem Preßluftbohrer in einem niedrigen Streb arbeitet.«
*Ruhrgebiet, 1945/46
Sgt. Hewitt*

76 Bergmann bei der »North German Coal Control«: Hermann Bossendorf. »In der Kantine vor einer riesigen Portion Suppe.«
*Gelsenkirchen, 1945/46
Sgt. Hewitt*

77 »Der Bergmann arbeitet zusammen mit seiner ältesten Tochter im Keller.«
*Gelsenkirchen, 1945/46
Sgt. Hewitt*

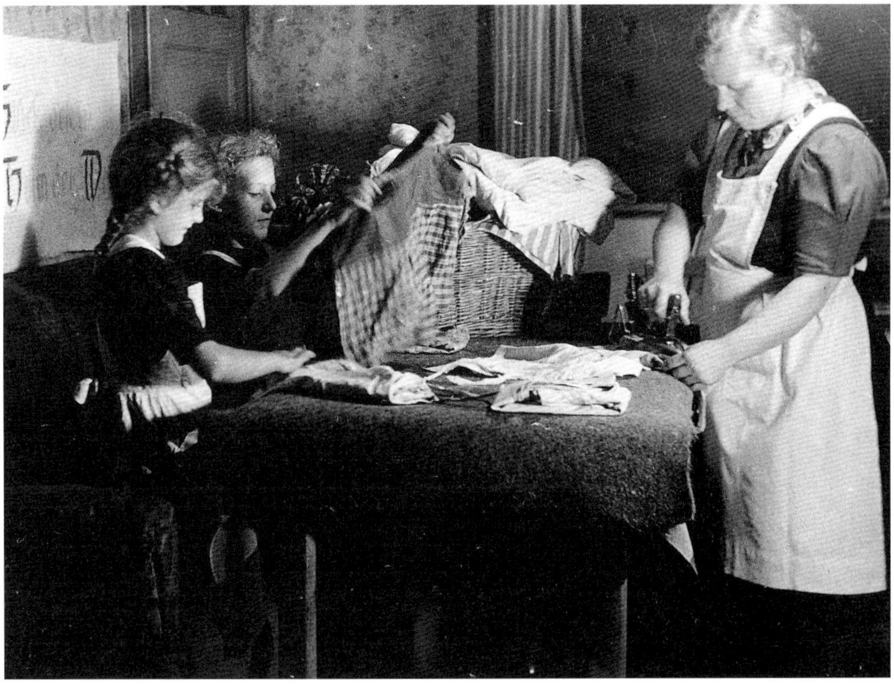

78 »Die Kinder helfen ihrer Mutter bei der wöchentlichen Wäsche.«
Gelsenkirchen, 1945/46
Sgt. Hewitt

79 »Zechenhäuser bei der Zeche Graf Bismarck.«
Gelsenkirchen, 1945/46
Sgt. Hewitt

80 »Zechenunglück auf Monopol Grimberg [3/4]. Britische Soldaten betrachten einen toten Bergmann, der ans Tageslicht gebracht wurde.«
Bergkamen, 21. Februar 1946
Britischer Militärfotograf

81 »Britische Truppen fraternisieren. Mit dem heutigen Tag sind die neuen, gelockerten Regelungen über den erlaubten Umgang mit Deutschen gültig geworden. Zwar gibt es auf seiten unserer Truppen kein plötzliches Bedürfnis, mit den Deutschen zu sprechen, aber einige Soldaten nutzen die Gelegenheit, sich mit deutschen Frauen zu unterhalten.«
Herford, 16. Juli 1945
Sgt. Ginger

82 »Dieses Paar nutzt die neuen Regelungen ausgiebig.«
Herford, 16. Juli 1945
Sgt. Ginger

Duisburg-Ruhrort, chief concentration centre for Ruhr coal which is shipped from here to all parts of Europe, in exchange for essential food imports into British Zone. Germans are anxious about export; while responsible British officials complain that the coal would be better employed on the spot for reconstruction work; and would, in turn, increase output

The Ruhr, Europe's richest and most highly-popul industrial centre, has today only two out of ten chim smoking and the country belt around factory areas is

Just One Example of conditions in the Ruhr is this jostling queue in front of the only remaining watch-repair shop in once prosperous Essen, a town of more than half a million inhabitants. Ninety-five per cent of the armament town was destroyed by Allied bombs

Children, workers, wives, wait in wheatfield outside Bochum to glean what's left afte harvest is gathered. A policeman keeps watch. One of causes of absenteeism and production are these excursions into the countryside, the only way to supplement ra

The Ruhr: Fight to Live

WEALTH UNDER RUINS

FIGURES fail to convey even a hazy idea of the general background against which the production battle of the Ruhr is being fought. Not even the monotony of many hours' uninterrupted motoring through the ruined cities of the Ruhr—which grow into each other—can dull the senses to the immensity of the damage. And again a vicious circle: no able-bodied men to do the work, no machinery, no steel to produce it, no coal to make the steel—and so on.

Food, housing, clothing, consumer goods at the most primitive level are the cardinal problems—in Essen, in Dusseldorf, in Wuppertal, in any of the Ruhr towns. Renner, the British-appointed Mayor of Essen, has only praise for the officers of Military Government with whom he is dealing. Much of his criticism is directed against "Fascist influences" which remain in the skeleton German administrations which Military Government permits to function at higher level.

He quotes one case where the dismissal of a leading German official resulted in the discovery of more than a hundred Nazis in office in his department. This sort of story is told in every Ruhr town. It makes genuine anti-Nazis bitter, as does the rather harsh pre-publication censorship of their licensed newspapers. If we really want to re-educate the Germans and them into civilized political being is illogical to complain of a grow resentment against Britain. The of the problem is political uncerta at the top.

Somehow a final decision will hav be made about Germany, the leve its production, the future of people, the place which it shall tak the international concert of nati Nowhere is the paralysing, fatal lac international agreement more evi than in the wealthy Ruhr valley w rots in ruin while the world cries ou the sources of power buried in its

re of workers, old and young, who go daily in search of food to be gleaned from the fields. ıcky ones gather up corn, grind it in coffee machines and make flour for bread. The uhr, however, was never self-supporting in food and is greatly handicapped while large food-producing areas remain under Russian control. Although Russia declares that Germany should be treated as an economic unit, the defeated land of Nazism constitutes a useless and dangerous slum in the heart of Europe until agreement is implemented

is Sea of Ruins was once part of the Krupp works, mightiest steel, armament and coal mbine of the Ruhr. Working to clear the rubble and salvage bricks are three girls, nscripted for the job. Such working parties can be seen all over the Ruhr, but clearance work proceeds very slowly. "If we go on at this rate," said the Burgomaster of Essen where this picture was taken, "it will take a hundred and forty-four years just to clear away the rubble!" Real construction, under these circumstances is a sheer impossibility

PROBLEMS OF LIFE IN GERMANY: *The Hunt for Food*

Everyone with money to buy or goods to barter on the black market looks for food. The country round the big towns is exhausted. They have to travel long distances by train, take risk of a raid on station.

The Struggle fo

If your house was near a big factory o probably bombed. If you moved to a fight to get on to the tr

The Bunker Children: A Break That is all Too Short

Camps set up by Military Government welfare officers take bunker children for ten days at a time, give them sun, air and a little extra food. Two-thirds of the children have scabies.

The Lack of Spo

Children in a Düsseldorf bunker do Most of them were evacuated to Thu when the Russi

means power is short, too, and the labour force has shrunk from 250,000 to about 167,000. The very heavy steel worker's ration scale is one stage lower than the miner's; a foundry-man, for instance, gets about 2,400 calories, where the miner gets 3,000. The same problems of age, tiredness and lack of incentive to put in a full week's work arise. Absenteeism in the steel industry is 25 per cent., and output per man hour only 50 per cent. of the pre-war figure. The present working of factories is grossly uneconomic, but lack of houses prevents concentration. The present production (188,752 tons ingots in July) is 10 per cent. of the peak war figure and about half of the figure Germany is permitted in the Level of Industries Plan—this in a country which cries out for steel products, from bridges and locomotives to food-tins. Where does the steel that *is* produced go? In the March quarter of this year, the total available for distribution from the North Rhine-Westphalia region was 680,000 tons. Of this, 393,000 goes to the British Zone. Of the British Zone's allotment, 117,000 goes to the mines, 63,000 to transport, 63,000 to food, 20,000 to the Occupation forces, and 8,000 to building. Work out what is left for other German industries.

That is how the Ruhr's basic industries, by which Germany must live, stand today. The social picture is even darker. A German on the lowest ration scale can buy all the food on his ration card for four weeks for about 15 marks. You can sell a cigarette anywhere in Germany for 8-10 marks, and a bar of chocolate for at least 50 marks. Every German who has anything to sell or barter, dabbles in the black market; those who can't afford it and who don't get extra rations, are slowly dying. With frightening precision and earnestness, the Military Government records and plots on its innumerable graphs the rise in tuberculosis and the other pestilences that come with hunger and over-crowding. In every Ruhr town, thousands are living in cellars and air-raid shel

Their numbers i

Poland and Czecl

back its air-raid

clear houses for

and the battered

of the generation

has fallen around

its place? "We

19-year-old boy

belonged to a poli

relief work goes

children where tl

days a week, pa

Eire, youth cam

blitzed towns ten

a little extra food

the problem. Th

on their last reser

three doctors in

84 »Europa kann sich dieses Deutschland nicht leisten.«
Reportage der PICTURE POST über das Ruhrgebiet vom 31. August 1946, S. 18/19
Text: Sydney Jacobson
Fotos: Kurt Hutton

(vorhergehende Doppelseite)
83 »Die Ruhr: Kampf ums Überleben – Wohlstand unter Ruinen begraben.«
Bericht der ILLUSTRATED über das Ruhrgebiet vom 24. August 1946, S. 12/13
Text: Willi Frischauer
Fotos: Eddie G. Malindine

: of a town, it was
suburb, you must
ork.

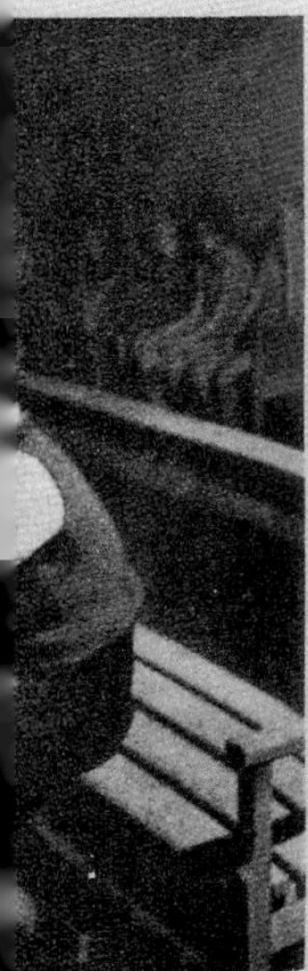

ht
ork in a corridor.
the war, sent back

ne, ten to a room.
ulsions go on from
Eastern zone sends
the Ruhr, and we
s. Round the ruins
s hang the survivors
it up. Their world
has been offered in
ocracy," is what a
asked him if he
me hard and selfless
feeding centres for
once a day for five
to Switzerland and
give children from
ne and open air and
s only scratching at
through last winter
d strength. I asked
Ruhr towns what

The Boy Without a Future: His Life is Run on Cigarettes
He is 19 years old. All he knows, he learned from the Nazis. He has nothing yet to put in its place. He has no job. He can live as well by scrounging cigarettes as by working.

The Girl Without a Boy, the Soldiers Without a Girl
Many of the German boys she knew are dead, missing, prisoners. British soldiers have cigarettes, chocolate, money to spend, dances to go to. What is the result going to be, for her and for them?

they thought this winter would bring, unless there was a quick improvement. All three used the same word: *Massensterben*. Mass deaths.

Imposed on this hungry people is an Occupation army and a large force of Military Government officials. They have enough food, they have cigarettes (still the stablest currency, despite the new Occupation vouchers), they have cheap liquor and, taken all round, a higher standard of living than they would get in their own countries. Their contacts with Germans, unless they happen to be relief workers, are confined to business, and the recent order permitting Germans to be entertained in messes and clubs is not likely to make much difference. How far are the many recent criticisms of Military Government officials in Germany justified? There is no doubt that there are some very black sheep among them, who are in the black market racket and who are determined to make all the money and get all the fun they can before they go home. There are more grey sheep, who feel sorry for the Germans and who don't like doing it, but who don't see why they shouldn't get some suits and jewellery when everyone else is. And there are a majority who are keen, efficient and anxious to do their best for Germany, but often frustrated and exasperated by the absence of policy and mounting difficulties. The prostitution of German girls and women has its roots in the Nazi destruction of family life and moral standards as well as in the presence of a privileged ruling class among a needy people.

What can be done about conditions in Western Germany? Some factors, such as the world food shortage, are beyond our control, and we must accept the fact that many babies and many old people will die because of it. But the slow running down of life generally in Germany can be stopped, and a little measure of hope for the German people now, quickly, will bring in big dividends. It must

Continued on page 29

A Scene That Every German Knows and is Coming to Hate: The Lights that Seem to Mock His Misery
In every Western German town, however ruined, there are some buildings that are whole. There the Occupation authorities live and work. Outside, there is darkness and want. Inside there is light and comfort. How can we stop the hatred growing in the people outside? Can our policy in Germany now do it?

SELO
HYPERSENSITIVE
PANCHROMATIC
FINE GRAIN
RESERVED

86 »Kinder von Ruhrbergleuten warten vor der Werksküche auf ihre Väter, um einen Teil der Sonderrationen mit nach Hause zu nehmen.«
Ruhrgebiet, 1946
Eddie G. Malindine

87 Schulspeisung in einer Grundschule in Düsseldorf
20. Mai 1946
Britischer Militärfotograf

(linke Seite)
85 Kontaktabzüge verschiedener Aufnahmen Kurt Huttons für die PICTURE POST
Reportage vom 31. August 1946. Beim Vergleich mit den Originalaufnahmen ist zu erkennen, daß die PICTURE POST mehrfach Fotomontagen zur Bebilderung ihrer Reportagen verwendete.

88 Limbecker Straße
Essen, August 1946
Kurt Hutton

89 »Waschtag in Essen. Flächenbombardierungen zerstören Wohngebiete ebenso wie militärische Ziele. Allein in Düsseldorf wurden 93 % der Häuser zerstört.«
Juli/August 1946
Eddie G. Malindine

90 Heinz Renner (KPD), Oberbürgermeister der Stadt Essen, am Fenster seines Büros im alten Rathaus
Juli 1946
Eddie G. Malindine

91 Kundgebung mit Wilhelm Pieck (SED) und Otto Grotewohl (SED) auf dem Burgplatz
Essen, 20. Juli 1946
Eddie G. Malindine

»(...) Ich möchte ergänzen, daß alle Fotografien in meiner Gegenwart gemacht wurden, falls nicht, habe ich es bei den Abbildungen vermerkt. Ich muß mich dafür entschuldigen, daß ich mich in einige der Aufnahmen mit meinem Körper, meiner Hand oder sogar mit meinem Gesicht hineingedrängt habe. Ich nahm an, daß meine deutlich sichtbare Anwesenheit ihnen eine zusätzliche Wahrscheinlichkeit verleihen und dem Vorwurf vorbeugen würde, daß dies in Wirklichkeit Archivfotos seien, die zum Beispiel 1932 in China gemacht wurden.«

Victor Gollancz,
In Darkest Germany, London 1947, S. 15.

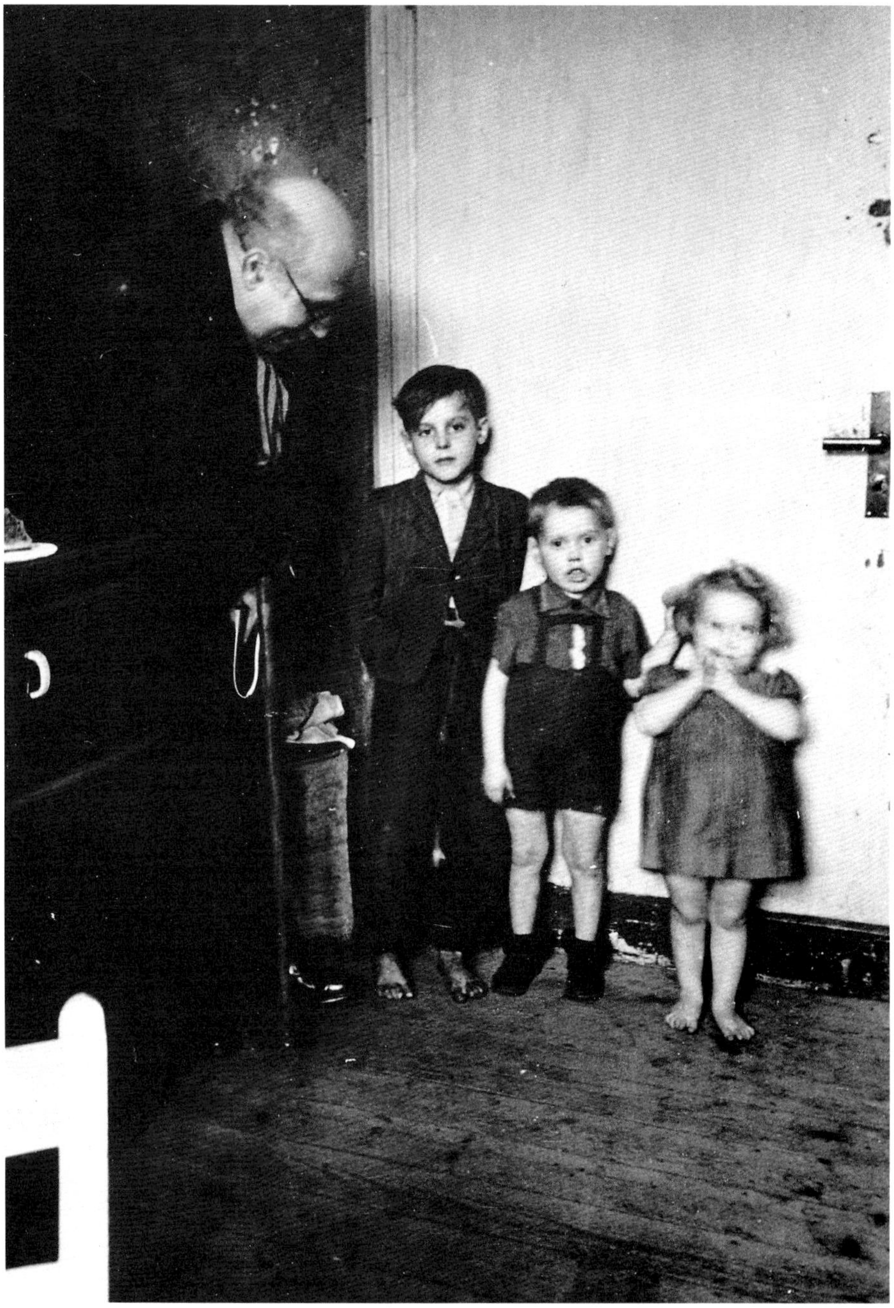

92 Victor Gollancz mit Kindern in Oberhausen
Der britische Verleger und Gründer von »Save Europe Now« besuchte im Herbst 1946 die britische Besatzungszone und belegte seinen Reisebericht mit einer Reihe von Aufnahmen deutscher Fotografen, die ihn begleiteten.
November 1946
Carl A. Stachelscheid

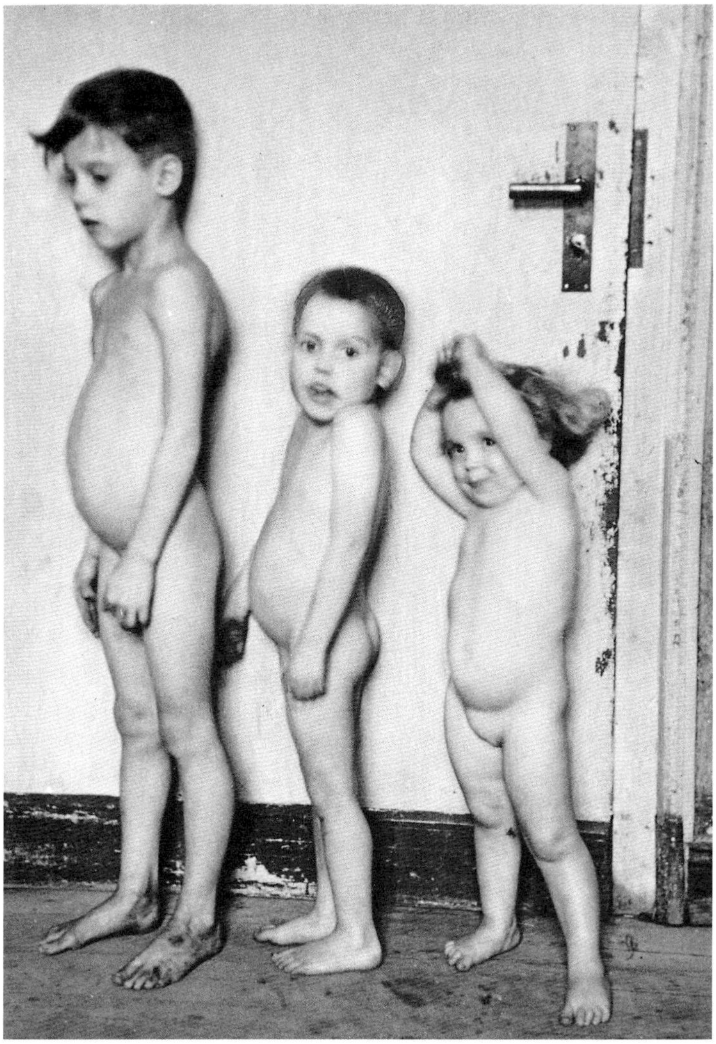

93 Dieselben Kinder nackt, zur Demonstration ihrer Hungerödeme
Oberhausen, November 1946
Carl A. Stachelscheid

94 Victor Gollancz mit einem Vertreter der Stadt vor einer Notunterkunft
Oberhausen, November 1946
Carl A. Stachelscheid

95 Lokomotivreparaturwerkstatt bei Krupp. Einer der wenigen Fabrikbereiche von Krupp, die 1946 wieder arbeiten durften.
Essen, August 1946
Kurt Hutton

97 »Die Ruhr ist frei. Deutschlands riesige Kohle-, Eisen- und Stahlindustrie soll demnächst in den Besitz des Volkes und der großen Konzerne übergehen. Die Ankündigung hat neue Hoffnung im Herzen Deutschlands erweckt. Nachdem sie von der Zeche in ihr Lager zurückgekehrt sind, bereiten sich die Bergleute ihr Essen selbst zu. Die Bedingungen sind sehr einfach und die Männer hoffen, eines Tages eine Kantine zu bekommen. In den Unterkünften waren früher russische Zwangsarbeiter untergebracht, und obwohl sie jetzt sauberer sind, wirken sie immer noch sehr primitiv. Hier sitzen zwei neuangeworbene Bergleute, Hans Voigt (19) und Adolf Loos (23); der erste war vorher Landmaschinenschlosser, der andere Maschinenschlosser in Frankfurt. Auf dem Tisch sind ihre Lebensmittel zu sehen, zusammen mit ihrem Rasierzeug und anderen persönlichen Gegenständen. Man erkennt rohe Zwiebeln, eine Tüte Kartoffelmehl, dicke Bohnen, eine Dose Schweineschmalz, Roggenbrot und eine Flasche mit kaltem Kaffee.«
Ruhrgebiet, November 1948
Lawrence Earl

96 Verschiffung der Ruhrkohle
»Güterwaggons werden angehoben und ihre Ladung in riesige Vorratsbunker gekippt, aus denen die Lastkähne beladen werden.«
Duisburg-Ruhrort, Juli 1947
Fred Ramage

98 »Krupparbeiter diskutieren die bevorstehenden [Bundestags-] Wahlen. Diese Arbeiter beklagen sich darüber, daß sie durch ihre Mithilfe bei der Demontage ihre eigene Arbeitslosigkeit vorbereiteten.«
Essen, *August* 1949
Bert Hardy

99 Demontagearbeiten bei Krupp
Essen, *August* 1949
Bert Hardy

100 »Kruppfabrik teilweise auf Friedensproduktion umgestellt. Ein Großteil der deutschen Kriegsindustrie ist stillgelegt.
Essen, Deutschland: Dies ist ein Teil des ehemals berühmten Krupp-Stahlkonzerns, der auch von der Ankündigung betroffen ist, daß die Entmilitarisierungsarbeiten in der britischen Zone eingestellt werden. Auf den jetzt leergeräumten Flächen standen einst riesige Panzer- und Geschützfabriken. In dem Gebäude im Vordergrund stellt inzwischen eine Privatfirma Knöpfe und Reißverschlüsse her. Krupp und ein Teil der Rheinmetall-Borsig-Werke in Düsseldorf haben sich teilweise schon auf Friedensproduktion umgestellt. Dort, wo einst Kanonen und Granaten produziert wurden, werden jetzt Fahrzeuge und Textilien hergestellt. Die Kruppwerke, deren große Panzerfabrik noch intakt war, bauen jetzt schwere Maschinen wie Lokomotiven und Turbinen.«
12. September 1950
Fotograf unbekannt

»Die Eisenträger der Brücken ragen steil in das schwarze Wasser des Rheins. Wo sie eintauchen, bilden sich Wirbel von schäumendem Weiß. Sie wirken wie Torpedos, die in den Fluß hineinschießen und an der Wasseroberfläche schöne Linien hinterlassen, die ihre Bewegungsrichtung eindrucksvoll betonen. Sofern die Brückenteile nicht wie Lanzen in den Fluß stechen, hängen ihre geborstenen Eisenträger als Streifen, Fetzen oder Splitter von den Betonpfeilern herab – die angehaltene Bewegung eines wilden Tanzes. In den zerstörten deutschen Städten fühlt man sich wie verfolgt von dem Echo eines ohrenbetäubenden Lärms. Es ist schier unmöglich, sich die donnernden Explosionen oder die sich ständig wiederholenden Bombenangriffe vom Himmel auf die Erde herab auch nur annähernd vorzustellen, die all das Getöse verursacht haben.«

Stephen Spender, aus: European Witness, 1946

Unmittelbar nach Kriegsende besuchte der angesehene englische Dichter Stephen Spender auf einer Reise durch Deutschland das Ruhrgebiet. Sein ausführlicher Erfahrungsbericht wurde im darauffolgenden Jahr veröffentlicht. Seine lyrische Beschreibung von zerstörten Brücken – als Metapher für den Zusammenbruch der gesamten Nation – ist von intensiver Anschaulichkeit und zugleich streng fotografisch. Denn Fotografie ist jenes Medium, das eine umfassende Wirklichkeit auf einen Ausschnitt reduziert, sie in Schwarz-Weiß-Kontraste zerlegt, sie fixiert und verstummen läßt.

Die Bilder dieser Ausstellung sind in gewissem Sinne Bilder des Krieges und der Kriegsfolgen, jedoch nicht Bilder der Schlachten.

DAS ECHO EINES OHRENBETÄUBENDEN LÄRMS

Das Bild des Ruhrgebiets in der britischen Presse (1945-1949)

Martin Caiger-Smith

Es sind keine Bilder aus dem unmittelbaren Zentrum des Konfliktes, im Gegensatz etwa zu Robert Capas berühmten Fotografien von der Landung in der Normandie, deren ungeheure Nähe zu ihrem Thema ihnen Bedeutung und Authentizität verleiht. Diese Bilder aus den Monaten und Jahren nach Beendigung der Feindseligkeiten zeigen die Folgen des Krieges; sie sind notwendigerweise formal strenger und reflektierter und beinhalten zugleich eine Fülle äußerer Botschaften. Im wesentlichen läßt sich ihr Status als Bilder »nach dem Ereignis« mit den frühen Kriegsbildern des 19. Jahrhunderts vergleichen, die, wie der amerikanische Kritiker Max Kozloff schrieb, zwangsläufig »nach Hause mitgebrachte Bilder waren, die nur den Unrat der Gewalt zeigten – Schädel und andere verfaulte Dinge auf verlassenen Feldern – ein Memento mori, traurig und heruntergekommen.«[1] Und Kozloff fährt fort: »Bilder wie diese sind immer teuer erkauft. Sie brauchen nicht theatralisch zu sein, da ihre Wirkung auf dem Wissen des Betrachters basiert, daß überwältigend viel Energie aufgebraucht wurde und unzählige Leben verschlissen wurden – damit solche Bilder des Sieges überhaupt existieren können.«

Die Aufnahmen, die von britischen Fotografen in den Jahren 1945-1949 für die britische Presse gemacht wurden, stehen in einem ähnlichen Kontext von Bedeutung bzw. Verantwortung. Sie zeigen während dieser fünf Jahre eine graduelle, komplexe – wenn auch nicht vollständige – Akzentverschiebung weg von der Bildsprache der Kriegsfotografie. Eine besondere Betonung des Sieges verträgt sich weder mit authentischen Schrecken und mitmenschlicher Anteilnahme auf Seiten der Sieger, noch mit den allgemeinen Ängsten vor den Folgen alliierter Besatzungspolitik. Der Gehalt der Bilder schwankt zwischen unverhohlener Parteilichkeit – also offener Propaganda – und einem eher versteckten, jedoch immer auch deutlichen und bestimmenden Interesse für die mißliche Lage der Nation wie auch für das Schicksal des einzelnen.

Selbstverständlich mußte auch der britische Fotograf in den Krieg ziehen. Er wurde den bewaffneten Truppen zugewiesen und durfte nur in bestimmten Gebieten arbeiten. Seine fotografischen Ergebnisse wurden vom Kriegsministerium gesammelt und zensiert. Obgleich manche Fotografen bereits vor dem Krieg professionell gearbeitet hatten (und manche ihrer Aufnahmen setzten in der Kriegsfotografie neue Maßstäbe), zog die Armee im allgemeinen Soldaten, die mit einer Kamera umgehen konnten, professionellen Fotografen vor, die man noch mühselig für den Kampf an der Front hätte ausbilden müssen. Objektivität und Authentizität spielten für die Fotografen kaum eine Rolle. Ein Rundschreiben des Informationsministeriums vom Mai 1942 mit dem Titel: »Sergeant Fotograf: So sieht ihr neuer Job aus«, machte den angehenden Fotografen der »Army Film and Photographic Unit« deutlich, was von ihnen verlangt wurde. »Wenn Sie Männer für Ihre Fotos aussuchen, wählen Sie die stärksten, entschlossensten Typen (...) inszenieren Sie eine interessante oder ungewöhnliche Geschichte (...). Und vermeiden Sie es, »Jubel« – Themen zu übertreiben (...). Wenn Sie eine Möglichkeit haben, einen Hauch von symbolischer Bedeutung in das

Bild zu bekommen, machen Sie es (...). Ihre Bilder sind nicht bloße Abbildungen – sie können auch zu wirkungsvoller Propaganda werden.«

Das Rundschreiben fährt fort: »Beachten Sie, wie die Illustrierten LIFE, ILLUSTRATED und PICTURE POST solche Geschichten in Angriff nehmen (...)«. In Großbritannien, in den Jahren vor und während des Krieges, genossen die beiden letzteren Blätter erhebliche Berühmtheit und verfügten über eine große Leserschaft. Ihre Werte und Strategien, sowohl politisch als auch ikonographisch, können als stilbildend angesehen werden: Der Mann auf der Straße konnte sein Bild des Krieges nur durch das Radio, die Wochenschauen und durch die Illustrierten gewinnen. Die Aufmachung beider Magazine war größtenteils deutscher Herkunft: ILLUSTRATED z.B. wurde unter dem Titel WEEKLY ILLUSTRATED von Stefan Lorant gegründet, einem Emigranten aus Nazi-Deutschland, der Mitte der 30er Jahre nach England gekommen war. Er beschäftigte solch renommierte Fotografen wie Felix Man und Kurt Hutton (Hübschmann). Auch PICTURE POST wurde 1938 von Lorant gegründet. In Layout und Inhalt orientierten sie sich an der BERLINER ILLUSTRIRTEN ZEITUNG und der MÜNCHNER ILLUSTRIERTEN PRESSE (sowie der französischen VU) der 20er Jahre: Deren Schwerpunkte waren Geschichten »mitten aus dem Leben« sowie Bildreportagen. Sie konzentrierten sich auf das Populäre und Alltägliche. Der ihnen zugrunde liegende Tenor war im weitesten Sinne humanistisch und demokratisch; PICTURE POST unter Lorant bezog eindeutig Stellung gegen Appeasement-Politik und Faschismus.

Vol. 27. No. 5 PICTURE POST May 5, 1945

INSIDE THE WIRE: *Hulks of Ruined Humanity Whose Condition Would Make Stones Cry Out*

THE PROBLEM THAT MAKES ALL EUROPE WONDER

A FLOOD of news-pictures, a crop of unforgettable first-hand accounts of conditions in German concentration camps, have set Europe and the world asking one question. How is it possible that these same Germans, many of whom in pre-war days we have known in this country and their own, should have tolerated the revolting cruelties which have gone on within earshot and eyesight of their homes? What has become, inside Germany, of the common decencies of civilised people? Too much hangs on this question for it to be answered blindly and in the fury of the moment. With the help of qualified psycho-analysts and doctors, German amongst them, we have tried to get nearer to the truth in a series of questions and answers.

AND OUTSIDE

Continued overleaf

101 »Dieses Problem macht ganz Europa ratlos.«
Reportage der PICTURE POST vom 5. Mai 1945. Fotograf unbekannt

Während ein solcher Gebrauch von Fotos vom Informationsministerium in dem zitierten Rundschreiben von 1942 ausdrücklich als vorbildlich gelobt wurde, mußten jene Illustrierten jedoch gleichzeitig während des Krieges mit dem wenigen Material zurechtkommen, was das Ministerium durch die Zensur ließ. Diese Einschränkung wurde häufig in Artikeln kommentiert. Sie verlangten nach Fotos, ebenso wie sie nach Fakten, Statistiken oder Augenzeugenberichten verlangten.

Nahezu während des gesamten Krieges hatten britische Fotografen ihre eigenen Truppen und die der Verbündeten fotografiert. Aber erst mit dem Vormarsch der Alliierten nach Deutschland Anfang 1945 waren sie zum ersten Mal in der Lage, ein »britisches« Bild von ihrem Feind zu machen. Der Vormarsch auf deutschem Gebiet ermöglichte beides: mehr visuelle Informationen bei gleichzeitiger Möglichkeit, diese selbst zu produzieren und damit auch selbst zu kontrollieren. Und dank der Regelmäßigkeit, mit der solche Bilder in der illustrierten Presse erschienen, vermitteln sie uns 50 Jahre später ebenso viel von der Realität und den Gewohnheiten in Nachkriegs-Großbritannien wie von der Situation Deutschlands und des Ruhrgebiets in den Jahren von 1945-1949.

Die Nachfrage nach Bildern aus der Presse war lebhaft – es herrschte ein Bedürfnis nach Material mit Beweiskraft, eine brennende Neugier, die besiegte Armee zu zeigen, und – ebenso beharrlich – auch die gewöhnlichen

Menschen, den Wunsch, ihre Schande aufzudecken, sie einer genauen Prüfung zu unterziehen, ihre Lebensbedingungen und ihre Entbehrungen mit denen der Leser zu Hause zu vergleichen. Die Zeitungen waren voll von praktischen ebenso wie philosophischen Fragen, und von den Fotografen wurde verlangt, einen großen Teil der Antworten zu liefern. Mit der Öffnung der Konzentrationslager (besonders Bergen-Belsen und Buchenwald) wurde dieses Verlangen immer größer. Die Enthüllung solcher Grausamkeiten, bis dato unvorstellbar in Ausmaß und Intensität, konnte von Reportern und Fotografen ohne Verlust an Glaubwürdigkeit kaum adäquat dargestellt werden. Die Öffnung der Konzentrationslager und die Aufdeckung ihrer Geheimnisse wurde in der britischen Presse ausführlich behandelt, und die Bilder, die abgedruckt wurden, spielten eine zentrale und provozierende Rolle in der Debatte über die Kriegsschuld, die in den folgenden Monaten mit Vehemenz geführt werden sollte. Fotografien wurden als wichtigstes Beweismaterial angesehen: endlos viele Fotos von Internierten tauchten auf, von Toten, von Sterbenden und von Kranken; die Fratzen von Gefängniswärtern, Bilder von Fotografen bei der Arbeit; Bilder von Deutschen, die gezwungen wurden, sich mit dem auseinanderzusetzen, was die Fotografen aufgenommen hatten (...). Das Gewicht, das man den daraus resultierenden Bildern zumaß, war immens und ihre Resonanz erwies sich als dauerhaft. Eines dieser Bilder, in Nordhausen aufgenommen und in der PICTURE POST vom 5. Mai 1945 veröffentlicht, zeigt aus der Perspektive eines britischen Soldaten über dem Rand eines offenen Grabes die Körper von toten Kindern; es trägt die Bildunterschrift: »Ein Bild, über das zukünftige Generationen ein Urteil fällen werden.«

Als die Fotografen Deutschland erreichten, kamen sie auch an die Ruhr: Die Zerstörung, die sie hier vorfanden, wurde zunächst in großem Maßstab abgebildet: der Rundblick über die Krupp-Werke in Essen, wie sie ein offizieller Fotograf der »Royal Air Force« aufnahm [Abb. 59], teilt die Perspektive der Bomberpiloten in dem Moment, in dem sie ihre tödliche Fracht abwerfen. Das Bild ist schräggestellt, als würde das Flugzeug eine Schleife fliegen – zum Anflug auf sein letztes Bombardement. Die besondere Identifikation von Kamera und Flugzeug-MG seit dem Ersten Weltkrieg, die weitgehende »Verschmelzung« von Fotografen und Kriegsmaschinerie, wurde an anderer Stelle bereits ausführlich untersucht[2]. Die Fabrik und die sie umgebende Stadt erscheinen, als würde ein Luftangriff auf sie niedergehen. Tatsächlich sind die menschenleeren Straßen ein untrügliches Zeichen dafür, daß lediglich Häuserkämpfe noch andauern. Am selben Tag, dem 11. April 1945, zeigt eine andere Kamera, diesmal am Boden postiert, anhand der Kruppschen Waffenfabrik die Zerstörung der deutschen Kriegsmaschinerie. Das Bild gewinnt zusätzlichen Symbolgehalt durch deutsche Zivilisten und alliierte Soldaten, wie sie stoisch auf die Bronzestatue von Alfred Krupp starren, die von ihrem Sockel in die Tiefe eines Bombenkraters herabgestürzt ist [Abb. 60] – in diesen Tagen ein prophetisches Bild, dem schnell unzählige, ähnlich komponierte Bilder, die die Massengräber von Bergen-Belsen und Buchenwald zum Gegenstand hatten, folgten.

In jenen frühen Monaten und Jahren tauchten Fotos vom Ruhrgebiet auf, in denen, vielleicht unbeabsichtigt, Metaphern von Unterwerfung und Abgrenzung dominieren. Das Foto von britischen Offizieren, die vor der imposanten Fassade der beschlagnahmten Villa Hügel, des Herrenhauses Krupps, auf dem Rasen Kricket spielen, ist ein zwar abgemildertes, jedoch typisches Klischee von kulturellem Gegensatz und Herrschaft. Ein anderes

Foto zeigt Frauen, die vor der Kulisse stillgelegter Schornsteine der Bochumer Stahlwerke Getreide aufschichten, eine Vision der von vielen geforderten Zerschlagung der Ruhrindustrie. Ein ähnliches Bild, das in ILLUSTRATED vom August 1946 veröffentlicht wurde, verdichtet die Mechanismen absoluter Kontrolle in einem einzigen Bild: in unmittelbarer Nähe des Fotografen stehen Getreidegarben, dahinter, mit dem Rücken zur Kamera, befindet sich ein Polizist, der das aufgeschichtete Korn vor den Ährenlesern bewacht. Es sind kleine, gekrümmte Gestalten in mittlerer Entfernung zur Kamera, die den Rand eines Stoppelfeldes bearbeiten. All das spielt sich vor dem allgegenwärtigen Hintergrund zerstörter Industrieanlagen ab [Abb. 83]. Zahlreich waren auch Bilder von solchen, die sich »immer noch weigerten zu fraternisieren«; ebenso wie Aufnahmen von der Zivilbevölkerung, aufgereiht in langen Schlangen, bei endlosen Ausweiskontrollen, in Gruppen zusammengetrieben, angetreten zum Verhör oder zur Schau gestellt, das alles stets unter strengster Bewachung.

Das unveränderte Interesse der britischen Öffentlichkeit an den Aktivitäten der eigenen Besatzungsarmee wurde ausgiebig durch die Fotografen und Journalisten in den ersten Nachkriegsmonaten genährt. Indem man die Aufmerksamkeit auf das Land und seine Bewohner lenkte, wurden sie zwangsläufig als ein Problem dargestellt, mit dem man sich auseinandersetzen mußte. Ein typischer Artikel über die britische Zone, veröffentlicht in ILLUSTRATED im März 1947, trägt die Überschrift: »Probleme, denen man sich stellen muß«. Welche Probleme das waren, wurde in einer langen Serie von deutlichen Artikelüberschriften aufgezählt, die mit kleinen Bildern illustriert wurden: »Gefangene«, »Das große Geschäft«, »Transport«, »Gesundheit«, »Verbrechen«, »Essen/Wohnen/Reparationen«, »Kontrolle«. Das Ruhrgebiet als Zentrum der britischen Zone und industrielles Herz Europas wurde in der britischen Presse meist mit ganz grundlegenden Fragen der deutschen Wirtschaft in Verbindung gebracht. Die Diskussion kreiste um das Problem der Demontage der deutschen Schwerindustrie bzw. befaßte sich mit der noch dringenderen Frage der Wiederbelebung der Kohleförderung und den Hindernissen, die dabei zu überwinden waren. Die Situation des Ruhrgebiets und Deutschlands im allgemeinen als Summe umfassender Probleme und daraus resultierender Aufgaben zu verstehen, erwies sich als schwierig. Häufig meldeten sich in diesen ersten Monaten der Besatzung pragmatische Stimmen zu Wort: Wie groß ist das ganze Ausmaß der Zerstörung und wie ernst ist die Lage, die man nebst moralischer Probleme und einer beispiellosen Diskussion, welche die Enthüllungen der Kriegsverbrechen erzeugt hatte, vermitteln mußte? Warum sollte die britische Öffentlichkeit angesichts karger Lebensbedingungen in der eigenen Heimat der heiklen Lage der Deutschen gegenüber sensibel sein? Inwieweit konnte ehrliche Anteilnahme am Schicksal der Deutschen und Hinterfragung britischer Interessen im Ruhrgebiet der starren Weigerung der britischen Öffentlichkeit entgegenwirken, für die Menschen der besiegten Nation Mitgefühl aufzubringen?

In einem Artikel aus ILLUSTRATED vom 24. August 1946, »Kein Essen – keine Kohle (Das Ruhrgebiet: Leben eines Bergmanns)«, wird versucht, eine Bilanz zu ziehen: der Text von Willi Frischauer erzählt vom »fatalen Muster eines Teufelskreises«, der jeden Versuch hemmt, die lebensnotwendige Kohleförderung zu steigern. Eddie Malindines begleitende Fotos bedienen sich bereits vertrauter Strategien: Sie porträtieren einen »Tag im Leben von Franz Studzinski«, einem ehemaligen Soldaten, der mit sechs Familienmitgliedern in einem einzigen Kellerraum haust.

Studzinski ist immer vor einem Hintergrund von Ruinen zu sehen, den Zeichen der Vergangenheit. Er bewegt sich wie ein Geist und beachtet nie die Kamera; ebenso wenig erfährt man, was er gesagt hat. Die Überschrift lautet: »Egal ob Sie Mitleid mit ihnen haben oder nicht – der Wiederaufbau Westeuropas hängt von der Kohle ab, die Studzinski abbaut.«

Ein Artikel in der PICTURE POST in derselben Woche (»Europa kann sich dieses Deutschland nicht leisten« vom 31. August 1946), von dem angesehenen Autoren/Fotografen-Team Sidney Jacobson und Kurt Hutton verfaßt, ist ein schönes Beispiel dafür, wie PICTURE POST eine derart heikle Angelegenheit thematisiert. Tenor und Rhetorik folgen der Frischauers in ILLUSTRATED: »Westdeutschland läuft Gefahr zu kollabieren (...). Das Ruhrgebiet ist das Herz der deutschen Misere (...).« Jacobson beschreibt die sich zuspitzende Krise der Unterernährung, die Desillusionierung und Entmutigung unter der Belegschaft, und die massenhaften Arbeitsausfälle und zu geringe Förderung von Kohle. Seine Argumentation belegt Jacobson mit allerlei Statistiken und Zitaten, aber seine eigentlichen Hauptpersonen – die Menschen des Ruhrgebiets – kommen nie in einer zusammenhängenden Rede zu Wort. Ihre Kommentare – aus dem Kontext gerissen – wirken höchstens illustrativ und können kaum die Stoßrichtung des sie umgebenden Textes abwehren.

Auch die Fotos folgen diesem Trend. Das Genre ist scheinbar der klassische Fotojournalismus. Vor den Schatten der Ruinen der Stadt und der Fabriken tauchen die Figuren auf, die die Gesamtbevölkerung repräsentieren sollen. Manchen werden Namen gegeben, andere bleiben bloße Typen: »Facharbeiter sind hungrig, müde und werden alt« lautet die Bildunterschrift, die das Foto eines 44 Jahre alten Gießereiarbeiters aus Duisburg zeigt. Eine andere lautet: »Sie ist 24 Jahre alt«, eine Bildunterschrift, die offensichtlich Lügen gestraft wird durch das faltige Gesicht auf dem Foto. Auf der nächsten Seite [Abb. 84] bückt sich »Ein Junge (...) ohne Zukunft« nach einem Zigarettenstummel auf der Straße; hinter ihm erscheint bildfüllend das Gewirr der Ruinen, die vielleicht sein Zuhause waren. Auf dem Bild daneben sieht »Das Mädchen ohne Jungen« einen »Soldaten ohne Mädchen« an, – eine der gebräuchlichsten Schlagzeilen. In Wirklichkeit ist keines dieser beiden Bilder authentisch. Beide sind Fotomontagen, die als gelungene Schnappschüsse ausgegeben werden. Der Junge und die Ruinen – zwei verschiedene Negative, die einfach zu einer einzigen Momentaufnahme zusammenmontiert wurden. Und selbst die Bewegung des Jungen ist gestellt: in aufeinanderfolgenden Aufnahmen, wie die Kontaktbögen von dieser Bildgeschichte offenbaren [Abb. 85], mußte der Junge sich zweimal bücken, einmal nach rechts und einmal nach links. Und das »einsame«, sehnsüchtige Mädchen wurde in Wirklichkeit aus einer Gruppe von Begleiterinnen herausgenommen, um – auf den Seiten der PICTURE POST – zwei ahnungslose Tommies zu treffen, die in einer ansonsten verlassenen Straße einen Schaufensterbummel machen. Ein anderes Bild soll den Eindruck verstärken, daß alle Einwohner zu Tauschgeschäften unterwegs sind. Es handelt sich um eine relativ primitive Montage, die eine Gruppe von drei scheinbar »Reisenden« zusammenfügt, jeder beladen mit Gepäck, jedes ausgeschnitten aus einer ganzen Serie von Einzelbildern, die auf einem Bahnsteig gemacht wurden. Die visuelle Strategie, die hinter der gesamten Reportage steht, zielt auf Prägnanz und Verdichtung von Anschaulichkeit und Bildmotiven, indem sie Gegensätze übersteigert – von Jugend und Alter, Essen und Hunger, Licht und Dunkel. Fotografien bebildern einzelne Behauptungen und unterstreichen die nachdrückliche Warnung des Textes vor der drohenden Gefahr, wenn solche Ungerechtigkeiten einfach fortgesetzt würden. Das letzte Bild (in Wirklichkeit auch eine Montage) lenkt den Blick mit warnendem Unterton wieder zurück: es zeigt ein von der alliierten Militärverwaltung besetztes Gebäude bei Nacht, hell erleuchtet und so aufgenommen, als ob unsichtbare, neidische Augen durch die Öffnung in einer dunklen Ruine von der anderen Straßenseite herübergaffen würden. Der Untertitel des Bildes lautet: »Eine Szene, die jeder Deutsche kennt, und gegen die er allmählich einen Haß entwickeln wird.« [Abb. 84]

Die Gefahr, eine »Herrenvolk« – Atmosphäre zu erzeugen, betont ein interessantes Buch, das ein paar Monate später geschrieben und im darauffolgenden Jahr von dem britischen Verleger und Philanthropen Victor Gollancz veröffentlicht wurde. Er bemühte sich mit allem Nachdruck, die physische und moralische Lage der Deutschen in der britischen Zone ins öffentliche Bewußtsein zu rücken. Das Haupthindernis für einen konstruktiveren Zugang sah er in dem allseitigen eklatanten Informationsdefizit über Deutschland. Seiner Ansicht nach wurde nur wenig veröffentlicht; wenn überhaupt, dann erschienen in der Presse nur kurze Artikel, wie der oben erwähnte. Das Resultat war die intellektuelle Isolation Deutschlands und die Fortschreibung einer kurzsichtigen Politik in bezug auf Industrie, Erziehung, Ernährung und Unterbringung. Sein Buch IN DARKEST GERMANY[3] erzählt von seinen Besuchen in Hamburg und im Ruhrgebiet Ende 1946. Es ist in reichem Maße illustriert mit Fotos des »German News Service« oder, häufiger, von deutschen Fotografen, denen Gollancz selbst genaueste Anweisungen gegeben hatte. Gollancz benutzt Fotos wie gerichtliche Beweise, ja wie wissenschaftliche Daten. Die Wahrheiten, die sie enthalten, sind für ihn nackt und unwiderlegbar. Die Personen auf seinen Fotos stehen vor der Kamera als klägliche, unbeteiligt wirkende Studienobjekte; jeder Aspekt ihrer geschundenen Existenz wird wie ein Indiz in einem Gerichtsverfahren vorgeführt. 25 Bilder von Füßen, die an falschem Schuhwerk oder davon verursachten Deformierungen leiden, folgen in starrer Wiederholung. Gollancz führt die Kamera in die dunkelsten Notwohnungen, und er selbst ist immer anwesend – und oft sogar selbst auf dem Bild, neben oder hinter seinem Motiv, wobei er Mitgefühl bezeugt und durch seine eigene Statur und Kleidung als Kontrast zu den traurigen Gestalten wirkt, so als wolle er durch seine eigene Präsenz die Authentizität der Fotografien belegen: daß zumindest in diesem Fall die Kamera nicht lügen kann [Abb. 92-94].

Vom stark symbolischen bis zum banalsten und scheinbar objektiven Bild gilt: jede Fotografie, die zur Verwendung aus Deutschland nach England gelangte, war dort einem erheblichen Druck an Erwartungen und Vorurteilen ausgesetzt und leistete ihnen in der Tat oft wissentlich oder unwissentlich Vorschub. Nur selten wurden Bilder ohne jeden interpretierenden Text geliefert. Aber noch die nichtssagendste Überschrift zum denkbar banalsten Bild wirft ihre Schatten. Folgender Titel zu einem Foto von der Bildagentur MAGNUM, das einen Arbeiter bei der Demontage von Maschinen im Essener Krupp-Werk zeigt, ist ein beredtes Zeugnis für die selbstauferlegte Aufgabe des Fotografen: »Um Seele und Gesicht des neuen Deutschland, entstellt durch die Starre nach der totalen Niederlage und verdüstert von einer Existenz unter umfassender Kontrolle, möglichst vollständig zu begreifen, dokumentiert MAGNUM die neue Republik von der Nordsee bis zu den Bayrischen Alpen, vom Rheinland im Westen bis zur Grenze der Sowjetischen Zone im Osten. Westdeutschland hat wieder eine eigene Regierung; der neue Staat legt seine Windeln ab und entwickelt sich zu einem zarten »Problemkind«,das aber vielleicht einmal Europas »Halbstarker« werden könnte«.

Im Denken der britischen Öffentlichkeit blieb die Kohle das stärkste Symbol des Ruhrgebiets – jene Kohle, die die Schwerindustrie vorangetrieben hatte, das Herz der deutschen Vorkriegswirtschaft und ihrer Kriegsmaschinerie. Die Kriegszerstörungen und die Demontage der Schwerindustrie waren auch der überzeugendste Beweis für die Niederlage der Nation, und die Kohlevorkommen wurden nun im Gegenzug zu einem Symbol der Hoffnung für Deutschlands zukünftige Genesung. Fred Ramage, ein für die britische Niederlassung der Agentur KEYSTONE tätiger Reporter, schickte im Sommer 1947 zahlreiche Bildreportagen aus dem Ruhrgebiet. Ihre Titelgeschichten hatten Namen wie »Verhungern sie im Ruhrgebiet?«, »Was passiert mit dem Ruhrgebiet?«, und »Die billigste Kohle in der ganzen Welt (...)«. Die gewaltige Größe der Kohleressourcen wird immer wieder betont. Eine Aufnahme aus der Vogelperspektive von den Braunkohlegruben außerhalb Kölns, die sich bis zum Horizont ausdehnen, zeigt eine nachgerade romantische, einzigartige Landschaft; und die einsame, unbewegliche Figur, die von einem Felsen aus die Weite dieser Landschaft überblickt, ist eine unbewußte Anspielung auf den »Wanderer« von Caspar David Friedrich. Ein Hauch von vorsichtigem Optimismus durchdringt Ramages knappe, begleitende Notizen zu seinen Bildern und setzt sich fort in den Aufnahmen von Bergleuten, ihren Familien und ihrer Arbeit, die Ramage an seine Agentur schickte. Um 1947 wurden die Diskussionen in der Presse weniger reglementiert und wandten sich den wichtigen Fragen nach den Chancen für die Bewohner des Ruhrgebiets zu. Eine Reportage von Jane und Lawrence Earl in der ILLUSTRATED vom November 1948 spiegelt als Folge des anglo-amerikanischen Wiederaufbaus der Schwerindustrie im Ruhrgebiet eine optimistische Stimmung wider. Jetzt verschwindet das Bild von zerbombten Fabriken und gibt den Blick frei auf grandiose Perspektiven von Werkshallen und dem visuellen Vokabular maschineller Massenproduktion; der unterernährte Bergmann wird ersetzt durch die Jungen und Motivierten – »eine neue Generation von Bergleuten« [Abb. 97]. Die Betonung liegt auf der Befreiung von Zwängen, auf den Vorzügen freier Wirtschaftsentfaltung und Eigeninitiative. Derartige Bilder wurden im Klima der voranschreitenden Teilung Deutschlands im darauffolgenden Jahr noch wichtiger, selbst die geringsten Anzeichen von Wohlstand wurden begierig als Beweis für die deutsche »Westorientierung« aufgegriffen und mit der Alternative in der sowjetischen Zone verglichen.

Der langsame und schmerzhafte Prozeß der »Normalisierung« zeigte sich in der briti-

102 »Die billigste Kohle der Welt. Land der Kohle: Das Rheinische Braunkohlerevier. In der Bessenrath-Grube bei Köln besteht die ganze Erde aus Braunkohle. Selbst die Eisenbahngleise sind darauf gebaut.«
Rheinland, Juni 1947
Fred Ramage

103 »Welche Zukunft hat das Ruhrgebiet? Die Garderobe der Bergarbeiter. Ein alter Brauch in den Ruhrzechen ist das Aufhängen der Kleidung an langen Kettenzügen, die mit der jeweiligen Nummer der Bergleute versehen sind. Vor der Einfahrt in den Schacht werden die Kleider nach oben gezogen und die Kette abgeschlossen.«
Ruhrgebiet, Juli 1947
Fred Ramage

schen Presse in Bildern von Blaskapellen, prächtigen Schaufensterauslagen und glänzenden Stoßstangen eines neuen ausländischen Autos. Das frühe Wiedererscheinen einer Lokalzeitung, der RUHR-ZEITUNG, die allerdings noch unter britischer Aufsicht stand, wurde als bedeutsame Geschichte veröffentlicht. Ähnlich war die Wiederbelebung demokratischen Lebens ein bewegendes Thema, wenn auch die Bilder von Massenkundgebungen emotional stark besetzt waren: zu Eddie Malindines Bild für einen Artikel in ILLUSTRATED vom September 1946, »Die Politik kehrt nach Deutschland zurück«, sagt der Text: »Mit Flaggen, Blättern und Blumen bedeckt, übersät mit weiß gekleideten Kindern, sah die Szene nicht anders aus als bei ähnlichen Anlässen während Hitlers Drittem Reich.« [Abb. 91]

Vorsichtigere Berichte konterkarierten jedoch diese optimistische Stimmung: ein langer Artikel in der PICTURE POST vom 13. August 1949 – am Vorabend der Wahlen zum deutschen Bundestag – nannte sich: »Die beiden Deutschlands: eine Warnung« und berichtete wie in einer Erweiterung der in Reiseführern üblichen Redewendungen: »Das heutige Deutschland ist ein Land von erschreckenden, unnatürlichen und gefährlichen Gegensätzen (...)«. Die Journalisten Lionel Birch und Robert Kee sahen eine gefährliche Selbstzufriedenheit in der gegenwärtigen »schönen neuen Warenwelt«, die eine Folge der vorjährigen Währungsreform war, eine Selbstzufriedenheit, die Gefahr läuft, die Gesellschaft zu polarisieren und zu destabilisieren. Der Artikel von Birch und Kee rief die nach wie vor gegenwärtigen physischen und menschlichen Verwüstungen der Kriegsjahre ins Bewußtsein und entdeckte unter der glatten Oberfläche materiellen Wohlstands eine tiefgreifende geistige Verarmung. Zudem brachte dieser Artikel auch die grundsätzliche Unzulänglichkeit der Politik und der Strategien der Parteien zur Sprache, die sich zu schnell nach dem Muster der Weimarer Republik wieder gegründet hatten. Artikuliert wird das Bedürfnis nach neuen Strukturen und die Forderung nach einer Politik, die nicht-nationalistisches und »europäisches« Denken fördert, ein Bedürfnis, das von den politischen Parteien bisher nicht befriedigt wurde. Die Bilder, die diese ausführliche Argumentation begleiten, sind erstklassige PICTURE POST. Sie stellen die Situation in scharfen Gegensätzen dar: Bilder von Armen und Reichen, schicken Restaurantbesuchern und heruntergekommenen Obdachlosen. Noch verstärkt durch Überschriften wie: »Süßes Leben – nicht ganz so süß«, kontrastiert die Frühstücksszene in einem mondänen Kölner Straßencafé mit dem Bild von Flüchtlingen, die bei Tagesanbruch außerhalb von Düsseldorf auf der Straße schlafen. In dieser Art geht es weiter, »Manche gewinnen – manche verlieren«, »Überfluß – Unterernährung«, »Flüchtlinge vor der Wirklichkeit – Aussteiger aus der Wirklichkeit«, »Die sich beim besten Willen nicht erinnern können, daß es einen Krieg gegeben hat – Und die, die sich permanent daran erinnern müssen (...).«

Am Umgang mit fotografischen Bildern in der britischen Presse jener Jahre wird die offenkundige Unzulänglichkeit eines einfachen Abbildes der Realität deutlich, sowohl in den Augen der Fotografen als auch der Redakteure, wenn es darum geht, die ganze Tragweite der Situation zu vermitteln. Das fotografische Bild, diese vermeintliche Fundgrube der Wahrheit, diese lebendige Form des Anschaulichen, ist, in der Art, in der es das Ruhrgebiet und die Folgen des Krieges abbildet, durchgängig manipuliert – durch den Kontext, in den es plaziert wird, und durch die Texte, die man ihm zur Seite stellt: Sie beschwichtigen und geben eine bestimmte Lesart vor. Zeitgeist gepaart mit Kunstfertigkeit gewinnt die Oberhand vor neutraler

Beobachtung. Die ganz alltägliche Szene wird mit einem heroischen Gestus befrachtet und das Banale mit symbolisches Bedeutung geschmückt. Einen passenden Schluß bietet vielleicht das Foto von einer Vignette im Garten eines Steinmetzes, das in einem ganzseitigen Artikel in der PICTURE POST vom 26. November 1949 veröffentlicht wurde. Es trägt den Titel »Das Ende Nachkriegsdeutschlands«. Das Bild stellt Fragmente zu einem Stilleben zusammen – eine barocke Putte und den Kopf des Kaisers, zwischen beiden ein Schwert mit einem gebrochenen Griff, das alles vereint unter einer Überschrift mit wunderbar unheilschwangerem Unterton: »Die deutsche Jugend betrachtet nachdenklich das Schwert, das seit der Zeit des Kaisers Wilhelm I. drei Generationen dahingerafft hat.« Was könnte gegen so übermächtigen Symbolgehalt eine dokumentarische Reportage ausrichten?

104 »Die deutsche Jugend betrachtet nachdenklich das Schwert, das seit der Zeit des Kaisers Wilhelm I. drei Generationen dahingerafft hat. Wird die deutsche Geschichte den gleichen Verlauf nehmen wie in der Vergangenheit? Dieses Mal bieten die deutschen Industriellen die Beteiligung von französischem und amerikanischem Kapital an der deutschen Industrie als Sicherheitsgarantie an. Doch der Junge auf dem Schrottplatz in Hamburg weiß nichts davon, wer Hitler zur Macht verhalf.«
Reportage in der PICTURE POST vom 26. November 1949
Fotograf unbekannt

1. *Max Kozloff, Potographers at War; in: The Privileged Eye, Albuquerque 1987.*
2. *Paul Virilio, War and Cinema; London 1984.*
3. *Victor Gollancz, In Darkest Germany; London 1947.*

Bilder einer verdrängten Welt, deren Realität überdeckt und überlagert ist von Erinnerungen an Wiederaufbau, Erfolg und Wiederaufstieg. Kabinenroller und Coca Cola, Tütenlampe und Nierentisch, der VW-Käfer, Isetta, Goggomobil, Lloyd und Goliath sind zu Ikonen einer westdeutschen Nachkriegsgesellschaft geworden, die den militärischen und politischen Zusammenbruch von 1945 als Katastrophe, die Befreiung vom Nationalsozialismus durch die Alliierten vor allem als Niederlage erlebte.

Als Sinnbilder deutscher Ohnmacht, deutschen Elends werden die durch Luftangriffe zerstörten Städte, die spätentlassenen Kriegsgefangenen, die Flüchtlingsströme und die Opfer der Vertreibung zitiert, der Alltag unter Besatzungsherrschaft bleibt dabei freilich schemenhaft, wird ungern erinnert. Die Jahre zwischen Kriegsende und der Wiederbegründung bescheidener staatlicher Existenz unter fremder Kuratel, in Gestalt der Bonner Bundesrepublik und der von Berlin-Pankow aus regierten DDR, sind Jahre der Demütigung, der Verzweiflung, der Not.

Wobei die Demütigung als selbstverursacht durchaus erkannt worden ist. Die Hinnahme der NS-Herrschaft, die lange Zeit freudige Zustimmung und Hingabe an die Ideologie, die Hitler predigte, das Entsetzen über die Verbrechen des Regimes, von denen man nicht nur ahnte, von denen eine Mehrheit wußte – damit mußten die Deutschen jetzt umgehen, das mußte gerechtfertigt oder geleugnet oder trotzig beschwiegen werden. Auch ohne die drastische Nachhilfe der Alliierten, die Deutsche in die befreiten Konzentrationslager führten, um sie angesichts der Leichenberge zum Nachdenken zu zwingen, wären die Gefühle der Demütigung entstanden.

Die stumme Verweigerung war den Offizieren der Besatzungstruppen, die schier unbegrenzte Macht über die Deutschen hatten, ganz rätselhaft. Colonel Spottiswood, Chef der britischen Militärregierung für den Regierungsbezirk Münster, machte aus seinen Beobachtungen ein Lehrstück, das er im Dezember 1945 im Bekanntmachungsblatt seines Herrschaftsgebiets drucken ließ. Es gäbe einen Mann, den die meisten Offiziere der Militärregierung gerne treffen möchten, den Nazi nämlich, der sich zu seinen Überzeugungen bekenne, der dazu stehe, daß er damals an Hitler geglaubt habe und ihm gefolgt sei. Viele frühere Parteimitglieder hätten die Besatzungsoffiziere inzwischen getroffen, »aber alle haben der Partei nur angehört, weil sie ihre Stellung behalten und ihre Familien ernähren mußten. Scheinbar hat niemand an ihre Politik geglaubt, oder sie gar gebilligt. Trotzdem aber haben alle für sie gearbeitet.« Die Flucht der Deutschen ins Unpolitische, ihr Versuch, angesichts der Katastrophe schulterzuckend unbeteiligt gewesen zu sein, machte nicht nur den britischen Oberst in Münster ratlos: »Nach all den Jahren des Kampfes gegen Deutschland hatten wir erwartet, es fest mit dem Nationalsozialismus verwachsen vorzufinden. Und was fanden wir vor? Ein deutsches Volk, das fast einstimmig irgendeine Verbindung oder eine Sympathie zum Nationalsozialismus von sich wies. Was sollen wir darüber denken? Eine fast allgemeine innere Unehrlichkeit oder Feigheit? Ein Volk, das wie eine Schafherde unfähig ist, sich ihrem Hirten und ihrem Wachhund zu widersetzen und sich keine Gedanken darüber macht, wohin sie geführt wird und sollte es selbst zum Schlachthaus sein. Oder ist es ein Volk, das ganz bewußt auf irgendeine Gelegenheit wartet, um zu seinem eigenen eingebildeten Vorteil in eine friedliche Welt einzubrechen?«

Daß Deutsche, von denen die Besatzungstruppen gehört hatten, sie würden auch nach dem Untergang des Hitlerstaats als Werwölfe fanatisch weiterkämpfen, die jetzt aber mit der Ideologie des Nationalsozialismus nichts zu tun gehabt haben wollten, die den Zweiten Weltkrieg angezettelt und als erbarmungslosen Rassen-und Weltanschauungskampf geführt hatten, daß Deutsche nun demütig gesenkten Hauptes die Zigarettenkippen der Besatzungssoldaten von den Straßen klaubten, um die Tabakreste gierig zu Ende zu rauchen, daß sie sich mit Stiefelputzen ein paar Groschen verdienten und sich vor allem elend und als Opfer fühlten, berührte die Alliierten sonderbar und den Deutschen selbst war es sehr peinlich.

Wohnungsnot, Kälte und Hunger, die Sorge um Angehörige, die aus dem Krieg noch nicht zurückgekehrt waren (das konnte Gefangenschaft bedeuten, aber auch Tod auf einem Schlachtfeld, Verwundung und Untergang irgendwo), bildeten an sich Probleme für den deutschen Alltag nach 1945 genug. Der Strom der Heimatvertriebenen und Flüchtlinge, der sich aus den verlorenen Ostgebieten und aus Ost-Mitteleuropa in das verkleinerte und in Besatzungszonen geteilte Deutschland ergoß, schuf schier unüberwindliche Schwierigkeiten. Die britische Zone hatte am 1. April 1947 einen Bevölkerungszuwachs von 3,67 Millionen (oder 18%) gegenüber 19,8 Millionen Einwohnern im Jahre 1939 zu verzeichnen. Die Einwohnerzahl der US-Zone vergrößerte sich um 3,25 Millionen (23%), die der sowjetischen Zone um 3,16 Millionen (16%), die französische Zone nahm nur ganz wenige Flüchtlinge widerwillig auf. Den größten Anteil der Wanderungsbewegung mußten die Agrarländer Mecklenburg-Vorpommern, Schleswig-Holstein, Niedersachsen und Bayern aufnehmen, weil dort die Ernährung und Behausung eher möglich war als in den Industriegebieten. Aber auch in Nordrhein-Westfalen gehörten von 100 Einwohnern 13 in die Kategorie der »Entwurzelten«, wie Vertriebene, Flüchtlinge und Evakuierte amtlich genannt wurden.

Wegen der strengen Zuzugsbeschränkung kamen jedoch verhältnismäßig wenig Flüchtlinge ins Ruhrgebiet (1946 machten sie dort 3,5% der Bevölkerung aus). Vor allem arbeitsfähige junge Männer durften ins Revier, sie waren begehrt als »Neubergleute«, und sie hatten in der Regel weniger Schwierigkeiten, akzeptiert zu werden als die Flüchtlingsfamilien auf dem Land, die als Fremde, als Störer des häuslichen Friedens, als unerwünschte arme Leute mit ungewohnten Sitten und Gebräuchen empfunden wurden. Die Einheimischen ließen die Flüchtlinge das Fremdsein spüren.

Die sozialen und ökonomischen Schwierigkeiten waren von psychologischen Problemen begleitet, die vielfältigen Niederschlag fanden. Ein neuer Beruf war bei der Betreuung der ungebetenen Neubürger entstanden, der »Wohnungseinweiser«, der im Auftrag des örtlichen Flüchtlingsamtes als eine Art Gerichtsvollzieher, notfalls unter Polizeischutz, die Flüchtlinge in die beschlagnahmten Quartiere einführte. In einer Dienstanweisung des Flüchtlingsamts Bielefeld aus dem Frühjahr 1947 heißt es einleitend, »der Wohnungseinweiser hat eine schwere, undankbare und verantwortungsvolle Aufgabe. Seine Tätigkeit unterliegt in hohem Maße der Kritik der Öffentlichkeit. Aus diesem Grunde muß er seine Pflicht tun ohne Ansehen der Person nach bestem Wissen und Gewissen. Bei der Ausübung seines Amtes muß er taktvoll, freundlich und unparteiisch vorgehen. Er muß in dieser Zeit der größten Raumnot damit rechnen, daß ihm die Wohnparteien schon bei seinem Erscheinen mit Mißtrauen und Unwillen gegenübertreten. Das verpflichtet ihn erst recht, seine Anordnungen ruhig, aber bestimmt und klar zu geben.«

Wie unerwünscht die hungernden und frierenden Eindringlinge in der vor dem Bombenkrieg bewahrten Häuslichkeit der Einheimischen waren, wie notwendig sie amtlichen Beistand hatten, steht in einem Bericht, der im Sommer 1946 in Bielefeld von einem Wohnungseinweiser verfaßt wurde: »Die Flüchtlinge finden heute oftmals einen fast oder ganz leeren Raum vor. Daß sie auf dem Fußboden schlafen müssen, ihre geringe Habe nirgends unterbringen können, nehmen sie mit Bitternis hin. Aber womit sich kaum jemand abfinden kann ist, daß man ihm nicht einmal das Kochen gestatten will. Gesetzt den Fall, es ist keine Küchenbenutzung vorgesehen, so wäre es dennoch eine moralische Pflicht des Vermieters, den Flüchtling die Zubereitung seiner kärglichen Mahlzeiten in der Küche vornehmen zu lassen, wenigstens solange, bis ein eigener Herd zur Verfügung steht. Was soll der Flüchtling denn tun? Kein Ofen, kein Herd, kein Brennmaterial ... Der Vermieter sagt dazu: Der Flüchtling verbraucht zu viel Gas und was der Dinge mehr sind«.

Die Flüchtlinge im Ruhrgebiet haben im allgemeinen positivere Erinnerungen als ihre Leidensgenossen, die in Westfalen oder im Sauerland oder sonstwo in ländlichen Gebieten untergebracht wurden. Sie berichten von toleranter Aufnahme und insgesamt geringen Schwierigkeiten. Die Gründe liegen nicht nur darin, daß viele Einheimische selbst erst seit einer Generation im Revier lebten, daß sie selbst die Erfahrung von Trennung, Entwurzelung und Heimatverlust gemacht hatten und daß die armen Zuwanderer auf Arbeiter ohne nennenswerten Besitz stießen. Die materiellen Schwierigkeiten, die Einheimische und Zugewanderte teilten, waren darüberhinaus arg genug.

Das Schlimmste war der Hunger. Der Winter 1946/47, erbarmungslos kalt und lange dauernd, hatte die letzten Reserven gekostet, die Menschen hoffnungslos gemacht und durch den Zusammenbruch der Infrastruktur in drei Frostwellen die Ernährungs- und Wirtschaftskrise zur Dauerkrise werden lassen. Bis Ende 1946 reichten die aus der Kriegszeit geretteten Vorräte an Rohstoffen für eine bescheidene Produktion noch aus. Mit dem Beginn des Winters wurde jedoch die Katastrophe sichtbar: Ernährung, Energieversorgung und Verkehr – drei voneinander abhängige, aber auch jeweils für sich allein lebenswichtige Größen – brachen zusammen. Nur das Eingreifen der Besatzungsmächte (de facto: Großbritanniens und vor allem Amerikas) verhinderte das Ärgste, aber die Hilfe blieb hinter den Notwendigkeiten und den Erwartungen der Deutschen weit zurück.

Hatte der Durchschnittskalorienverbrauch in Deutschland im Jahre 1936 mit 3113 Kalorien noch über der vom Völkerbund aufgestellten Norm von 3000 Kalorien pro Tag gelegen, so war er bis zum Frühjahr 1945 allmählich auf 2010 abgesunken. 1946 und 1947 wurde, in den einzelnen Zonen unterschiedlich, der Tiefstand erreicht. Die Militärregierungen setzten für ihren Hoheitsbereich die Kalorienzahlen amtlich fest. 1946 waren das für die US-Zone 1330, für die Sowjetzone 1083, für die französische Zone 900 und für die britische Zone 1050. Das waren die mit Lebensmittelkarten festgesetzten Rationen für den »Normalverbraucher«. Schwerarbeiter und Schwerstarbeiter, die Bergleute der Kohlezechen, erhielten Zulagen oder hatten doch wenigstens Anspruch darauf.

Oft standen die zugesicherten Lebensmittel aber nicht zur Verfügung, das Schlangestehen war vergeblich, weil Bäcker und Metzger und Händler nicht beliefert worden waren. Die Nachrichten über Rationskürzungen, etwa für Zucker oder Fett, wurden zur deprimierenden Regel. Als im Februar 1947 die Fettration für heranwachsende Jugendliche unter zwanzig Jahren von 250 auf 200 Gramm herabgesetzt wurde, protestierten die Abgeordneten der Stadtvertretung Bochum: »Die seit Mitte Oktober 1946 gewährten Kalorien haben nur einen täglichen Durchschnittssatz von 1190 statt der zugesicherten 1550 erreicht. Durch diese völlig unzureichende Ernährung und durch zahlreiche menschenunwürdige Wohnungen ist die Bochumer Bevölkerung am Ende ihrer physischen und moralischen Kräfte. Die Folgen sind in gesundheitlicher und krimineller Hinsicht unabsehbar. Täglich erhöht sich die Zahl der Unterernährten und die Zahl der zulageberechtigten Kranken, die bereits 400 überschritten hat. Ebenso vermehren sich die

Diebstähle von Lebensmittelkarten und die Einbrüche in Lebensmittelgeschäfte. Die Stadtverwaltung fordert, daß die Ernährungsorganisation unter demokratische Kontrolle gestellt wird, um die Verantwortlichkeit in jedem Falle feststellen zu können. Von allen maßgebenden Stellen fordert die Stadtvertretung sofortige Hilfe.«

Mit Lebensmittelkarten und Bezugsscheinen, Brennstoff- und Schuhbesohlungskarten wurde der Mangel bürokratisch organisiert. Rationen und Kalorien sind freilich abstrakte Chiffren, mit denen die Realität des Nachkriegsalltags kaum verdeutlicht werden kann. Ende 1947 gab es einen Prozeß, in dem Recht gesucht wurde für ein vom Hunger ausgelöstes Verbrechen: »Der 43jährige Kohlenarbeiter Erich Kramer erschlug am 5. März 1947 seinen gleichaltrigen Freund und Arbeitskameraden Paul Möller. Das Schwurgericht verurteilte ihn zu 12 Jahren Zuchthaus und 10 Jahren Ehrverlust. Mit seinen 47 kg Körpergewicht bei einer Größe von 1,70 Meter ist dieser Angeklagte eine menschliche Ruine. Er nimmt das Urteil ebenso unbeeindruckt hin, wie er den Antrag des Staatsanwalts auf Todesstrafe gehört hatte. In seinem dünnen Lazarettkittel vor Kälte zitternd, macht er vor den Geschworenen seine Aussage. Unerschöpflich ist die Geduld des Vorsitzenden, und alles scheinbar Widersinnige im Ablauf des Verbrechens wird entwirrt und erklärt durch das einzige Wort: Hunger! »Ich hatte Hunger, da ist alles so gekommen«, sagte der Angeklagte. Seit Tagen hatte er nichts als einige Scheiben trockenen Brotes zu essen. Möller hatte seine Lebensmittelkarten bei sich, er hatte auch noch Vesperbrot im Rucksack! Sie standen im Keller bei ihrer Arbeitsstelle, Möller mit Kohlenpacken beschäftigt, bückte sich, da erschlug ihn Kramer von hinten mit einer schnell ergriffenen Eisenstange. Mit beiden blutbesudelten Händen riß er das Brot aus dem Rucksack und verschlang es. Dann nahm er dem Toten die Brieftasche ab, schleifte ihn in einen Nebenkeller, verschloß die Tür und warf die Schlüssel fort. Im nächsten Restaurant verzehrte er, was er auf die Marken bekommen konnte, und hielt sich auch am folgenden Tag nur in Eßlokalen auf. Schon am Abend erfolgte seine Verhaftung.«

Zur gleichen Zeit, im Frühjahr 1947, gingen in vielen Orten die Menschen auf die Straße, um zu protestieren und zu streiken. Die größte Hungerdemonstration fand, gewerkschaftlich organisiert, mit 120.000 Teilnehmern besucht, am 9. Mai in Hamburg statt. Im Ruhrgebiet waren die Arbeiter im April in vielen Orten in Streik getreten und hatten gegen den Hunger protestiert. In Bochum forderten am 2. April 1947 die Bergarbeiter in einer Resolution die »Beseitigung all derjenigen Personen in den Ernährungs- und Wirtschaftsämtern«, »die durch Unfähigkeit oder politische Böswilligkeit zu der jetzigen Katastrophe beigetragen haben.« Sie verlangten in allen Städten und Gemeinden gewerkschaftlich kontrollierte Ausschüsse, die eine gerechte Erfassung und Verteilung der vorhandenen Lebensmittel garantieren sollten. In den ländlichen Gebieten sollten unverzüglich Hofkontrollen stattfinden, um die Bauern daran zu hindern, sich ihrer Ablieferungspflicht zu entziehen. Gegen Schwarzhändler und Schieber verlangten die Bergarbeiter, »mit schärfsten Mitteln vorzugehen«.

Das war leichter verlangt als erfüllt. Zwar gab es Hofkontrollen in vielen Dörfern und die von Gewerkschaften und städtischen Bediensteten gebildeten Kommissionen stellten auch große Mengen versteckter Kartoffeln oder gehorteten Getreides sicher, aber dem Schwarzmarkthandel war damit nicht beizukommen. Deutschland war in den archaischen Zustand der Naturalwirtschaft zurückgefallen. Waren konnten nur gegen Waren getauscht werden, das wurde Lebensprinzip, das galt auch für Industriebetriebe, die Kompensationsgeschäfte machten, denn das Geld war wertlos geworden. Deutschland war ein

Land mit drei Währungen: Staatliche Gehälter und Steuern wurden in Reichsmark gezahlt, seit August 1946 gab es für den Verkehr zwischen Alliierten und deutschen Stellen von den Siegern gedrucktes Besatzungsgeld, das nicht in Reichsmark umgewechselt werden konnte; wichtigstes Zahlungsmittel waren aber Zigaretten, für die man auf dem Schwarzen Markt so ziemlich alles erhalten konnte.

Manche Arbeiter arbeiteten nur drei Tage in der Woche, um an den übrigen Tagen ihren Lohn, der ebenfalls weitgehend aus Waren bestand, gegen Lebensmittel und andere Güter des täglichen Bedarfs einzuhandeln. »Der größte Teil der Schwarzmarktgeschäfte besteht aus Tauschhandel von Waren aus zweiter Hand, angefangen von alten kostbaren Pelzmänteln bis zu Kochtöpfen und abgelegten Schuhen und Galoschen, gegen Zigaretten, Schokolade, Kartoffeln oder Mehl. In den großen Städten besonders im Westen sind organisierte Tauschmärkte Tag und Nacht geschäftig, auf denen einfach alles gehandelt werden kann, mit Einschluß von Eisenbahnfahrkarten für Fernzüge (für die man Spezialerlaubnis braucht), interzonalen Pässen oder anderen gefälschten Papieren, die zur Erlangung amtlicher Vorteile nützlich sein könnten. Die Menschenmenge in diesen verwüsteten Städten ist ewig auf der Wanderschaft.« Der 1933 aus Deutschland in die Vereinigten Staaten emigrierte Publizist und Wirtschaftsexperte Gustav Stolper hatte nach einer Deutschlandreise im Frühjahr 1947 diese Beobachtungen und Erfahrungen unter dem Titel »German Realities« der amerikanischen Öffentlichkeit vorgelegt.

Das Zauberwort der Nachkriegszeit hieß CARE. Die meisten Deutschen konnten zwar das Kunstwort (Abkürzung für Cooperative for American Remittances to Europe) nicht richtig aussprechen, aber ein Paket mit diesem Absender gehörte zu den heißersehnten Glücksgütern. Ab Juni 1946 wurden die Lebensmittelpakete, finanziert von amerikanischen Bürgern, organisiert von der Wohlfahrts-Dachorganisation CARE, nach Deutschland geschickt. Die Hilfe war nicht anonym, den Spendern wurden die Adressen der Beschenkten mitgeteilt, die Empfänger erhielten die Namen der Absender. Damit stiftete die Hilfe auch Frieden und Verständigung. Die wirtschaftliche Bedeutung war enorm, die CARE-Mission für Deutschland dauerte bis 1960 (in den Genuß kamen zuletzt Flüchtlinge aus der Sowjetzone bzw. der DDR), der rechnerische Wert lag bei 350 Millionen DM, der moralische Wert der CARE-Pakete ist kaum hoch genug zu schätzen.

Als ärgstes Problem empfanden die Deutschen die Demontage von Industriebetrieben. Was die Sieger als Maßnahmen der Entmilitarisierung mit dem Nebenzweck von Reparationen geplant hatten, erschien den Deutschen als Racheakt. Wenn sie gegen die Vernichtung ihrer Arbeitsplätze demonstrierten – betroffen war insbesondere die Stahlindustrie, deren Kapazität vom NS-Staat für die Rüstung gewaltig erweitert worden war –, protestierten sie auch gegen die Kränkung, die sie durch die Zerstörung von Fabrikanlagen und den Abtransport der Maschinen empfanden. Rückblickend betrachtet war der psychologische Schaden größer als der ökonomische. In der britischen und amerikanischen Zone, wo nach der Demontageliste vom Oktober 1947 sechshundertzweiundachtzig Betriebe abgebaut werden sollten, überwog der Nutzen durch Modernisierung sogar den Schaden. Der Widersinn lag darin, daß die Demontagen bis 1951 andauerten, während gleichzeitig durch den Marshall-Plan Wiederaufbauhilfe geleistet wurde. Im grauen Nachkriegsalltag überwog freilich die Bitterkeit über die Zerstörung der Fabriken durch die Besatzungsmächte alle anderen Überlegungen noch lange Zeit.

Die Trümmerjahre verklärten sich mit wachsendem Abstand für viele auch als kulturelle Blütezeit, in der Theater wieder spielten, Literatur, die zwölf Jahre unterdrückt und verboten war, wieder auftauchte und in der die modernen Schriftsteller des Auslands, von denen man noch nie gehört hatte, erstmals in Deutschland erschienen. Die alliierten Kulturoffiziere wetteiferten darin, dem deutschen Publikum Filme aus den USA, Frankreich, Großbritannien, der Sowjetunion zu zeigen. Verleger machten aus der Not des Papiermangels eine Tugend wie Ernst Rowohlt, der Weltliteratur auf Zeitungspapier druckte und als »Rowohlts Rotations Romane« – rororo – verkaufte. Kulturelle, politische, literarische Zeitschriften wurden in allen Zonen in schier unübersehbarer Vielfalt gegründet. Manche, wie die »Frankfurter Hefte«, »Der Ruf«, »Ost und West«, »Die Wandlung«, wurden legendär, aber die wenigsten überlebten das Ereignis, das den meisten Deutschen als das wichtigste des ersten Nachkriegsjahrzehnts im Gedächtnis blieb: Die Währungsreform am 20. Juni 1948.

Das Datum, bis zuletzt von den drei Westalliierten, in deren ausschließlicher Zuständigkeit die Operation lag, geheimgehalten, wurde als die eigentliche Zäsur wahrgenommen, als wichtigster Wendepunkt der Nachkriegszeit. Mit der Ausgabe von 40 DM »Kopfgeld« schienen für einen Moment alle Bürger der drei Westzonen gleich.

Daß dies nicht zutraf, zeigte sich bald, als die Sachwertbesitzer trotz eines verspäteten »Lastenausgleichs« zugunsten der Besitzlosen – Ausgebombte, Flüchtlinge, Heimatvertriebene – reüssierten. Die politische Dimension des Währungsschnitts wurde den Westdeutschen durch die sowjetische Antwort auf die Währungsreform klar. Weil die Gründung der Bundesrepublik damit eingeleitet wurde, weil die westliche Währungsreform die Trennung von der Sowjetzone bedeutete, blockierten die Sowjets Berlin in der Hoffnung, den Westen zum Einlenken zu zwingen. Sie ermöglichten damit aber den Westmächten auch das Bravourstück der Luftbrücke, und sie förderten die Angst vor der Brutalität der östlichen Besatzungsmacht. Die Angst vor dem Kommunismus wurde gestärkt und blieb wesentlicher Bestandteil des Lebensgefühls der Westdeutschen weit über die 50er Jahre hinaus.

Das Jahr 1948 wurde so, nach dem deprimierenden 1947, in dem sich die Sieger über Perspektiven für das in Trümmern liegende Deutschland nicht einigen konnten, zum Jahr der Hoffnung und des Wiederaufbaus. Der Marshall-Plan verhieß die Aussicht auf die ökonomische Rehabilitierung Westdeutschlands, die Währungsreform legte den Grundstein dazu.

Der Abbau der Planwirtschaft durch den Wirtschaftsdirektor der Bi-Zone, Ludwig Erhard, der damals dafür mehr kritisiert als gelobt wurde, brachte erst einmal unerschwingliche Preise für Konsumgüter, Unruhe und Unzufriedenheit, die sich im November 1948 mit dem Streik von neun Millionen Arbeitern entlud.

Das Jedermann-Programm, das lebensnotwendige Waren, vor allem Schuhe und Kleidung in standardisierter Form, kontrollierter Qualität, zu erschwinglichen Preisen auf den Markt brachte, sollte die ärgsten Folgen des Auseinanderklaffens von Preisen und Löhnen lindern. Die Preise pendelten sich ab 1950 auf das Ausgangsniveau vom Juni 1948 ein, die Löhne kamen ab 1949 in Bewegung, die Arbeitslosigkeit stieg jedoch mit der Einführung der Sozialen Marktwirtschaft rasch an, sie erreichte ihren Höchststand im Februar 1950, um dann allmählich abzuklingen. Sie war eine der am längsten währenden Kriegsfolgen: Der Arbeitsmarkt konnte die Flüchtlinge erst allmählich absorbieren, und die vielen Kriegsversehrten bildeten noch lange ein sozial-politisches Problem, länger als die

Flüchtlinge, die überraschend reibungslos integriert wurden.

Wie die kulturelle Blüte, die zum Teil eine Illusion war – denn der Lesehunger und die Bildungslust der Deutschen erklärten sich auch daraus, daß bis zur Währungsreform dem vorhandenen Geld kein Angebot von Konsumgütern entsprach, da ging man eben ins Theater und Konzert, kaufte Bücher oder abonnierte Zeitschriften –, so stilisierte sich das Wirtschaftswunder als selbst verursachter Erfolg der Westdeutschen.

Der Anteil der beiden westlichen Großmächte wurde bald vergessen und verdrängt, die Demut und die Ohnmacht dieser Jahre verschwanden hinter der stolzen Erinnerung an die Aufbauleistung. Und der Erfolg des Wiederaufbaus wurde von vielen bald mißverstanden als Sühneleistung, die es scheinbar erlaubte, die Ursachen des Kriegs, der Zerstörung und der Not zu vergessen.

105 »Essen Altstadt nach dem ersten schweren Angriff«
1943
Albert Renger-Patzsch

106 Vom alten Rathaus auf die Innenstadt
Essen, ca. 1944/45
Willy van Heekern

107 Zerstörte Fabrikanlagen bei Krupp (Teil eines Panoramas)
Essen, 1945
Werksfotograf

108 Blick vom Viehofer Platz in Richtung Innenstadt (Montage)
Essen, März 1943
Willy van Heekern

DEUTSCHLANDHAUS

110 »Glaspassage«, Kornmarkt
Essen, 1946
Josef Stoffels

111 Marktkirche in der Innenstadt
Essen, 1947
Peter Kleu

112 Hauptbahnhof
Essen, 1947
Peter Kleu

113 Radreifenwalzwerk der Firma Krupp
Essen, 1944
Werksfotograf

(linke Seite)
109 Deutschlandhaus
Essen, 1945
Angela Milden

114 Handelshof
Essen, April 1946
Angela Milden

115 Dreilindenstraße
Essen, März 1943
Willy van Heekern

116 Steeler Straße
Essen, März 1946
Angela Milden

117 »In der Innenstadt wird aufgeräumt«, Viehofer Straße
Essen, 1946
Josef Stoffels

118
Essen, 1947
Willy van Heekern

119 Panorama der Innenstadt (Montage)
Essen, 1946
Willy van Heekern

120 »Trümmer des Klosters am Berg«
Essen, 1946
Josef Stoffels

121 »Fotografische Gesellschaft im Kruppschen Bildungsverein bei Trümmeraufnahmen im zerstörten Essen«
1946
Josef Stoffels

122 »Zerstörte und demontierte Krupp-Werke in Essen«
1947
Hilmar Pabel

123 Trümmergelände bei Krupp (Klassifizierung der Gebäudeschäden für die britischen Verwaltungsbehörden)
Essen, Dezember 1948
Werksfotograf

124 »Kruppgelände von der Schwanenkampstraße aus gesehen«
Essen, März 1951
Fotograf unbekannt

126 Kochstelle an der Freiheit
Essen, 12. März 1945
Willy van Heekern

127
Essen, 1946
Willy van Heekern

(linke Seite)
125 Holzsammlerin
Essen, 1946/47
Wolf Strache

Stig Dagermann

Nicht willkommen

Auf dem Bahngelände in Essen »steht ein Zug, der aus neunzehn Waggons zusammengesetzt ist, die hier nun schon seit einer Woche im grauen Dauerregen stehen. (...) ein paar hundert Einwohner dieser Stadt, die nach Bayern evakuiert worden waren, als sich die ersten alliierten Bombenteppiche über das Ruhrgebiet ausbreiteten, sind mit ihm heimgekehrt. Genauer gesagt, sie sind bis zum Bahnhof ihrer Heimatstadt gelangt. Das ist die vorläufige Endstation. (...)

Im Laufe der vierzehn Tage, während denen der Zug auf der Strecke unterwegs war, wurde seinen Passagieren keine offizielle Möglichkeit geboten, irgendwelche Nahrung aufzunehmen. Die Heimatstadt zeigt ihnen aber dadurch ein schwaches Entgegenkommen, daß ihnen einmal am Tag ein Teller magerer Suppe in einem kleinen Schuppen an den Gleisen angeboten wird. (...)

Die Armut des Güterwaggons drängt sich auf: Ein zerfetztes Bett längs der einen Wand, ein kleiner Haufen Kartoffeln ist in einer Ecke aufgeschichtet worden (der einzige Proviant während dieser Reise ohne Ziel), schmutziges Stroh liegt aufgehäuft in einer anderen Ecke, wo drei Personen schlafen. Und alles ist in einen beruhigenden blauen

128
Essen, undatiert
Willy van Heekern

129 Rückkehrer am Güterwagen
Essen, November 1946
Willy van Heekern

130 Hauptbahnhof
Essen, 1948
Willy van Heekern

Rauch gehüllt, der aus dem defekten Ofen drängt. Man hat ihn aus den Ruinen Essens geborgen. (...)

Mit Kreide hat man die Waggonwände verziert. Darunter die alte Anschlußparole *Heim ins Reich*. Der ironische Beiton ist dabei nicht zu überhören. Oder auch *Wir danken dem Herrn Hoegner für die freie Fahrt* (Hoegner – Bayerns sozialdemokratischer Ministerpräsident). (...)«

Auszug aus einem Text des schwedischen Journalisten und Schriftstellers S.D. in: Deutscher Herbst 1946, Köln 1981, S. 60 - 70

131 Hamsterfahrt
Essen, 1946
Peter Kleu

132 »An den Eisenbahnwagen; dem einen bringen sie etwas, an den anderen rollen sie hart und grausam vorüber, Symbole einer Zeit gottloser Technik. Und wo sie halten, fallen die Menschen sie an...«
Text: Elli van Heekern
Essen, undatiert
Willy van Heekern

(linke Seite)
133
»Essensverteilung an Bergmannskinder«
Ruhrgebiet, März 1947
Carl A. Stachelscheid

134 »Hungerschlange vor einem Brotladen in der Rellinghauser Straße«
Essen, undatiert
Willy van Heekern

135 Warten auf die Schulspeisung
Essen, Januar 1948
Willy van Heekern

137 Bäckerei Rehbein
Essen, ca. 1946
Heinrich Buhr

136 Bäckerei Rehbein im Hansa-Haus *(Ausschnitt)*
Essen, Februar 1947
Angela Milden

138 Trümmerfrauen an der Lichtburg
Essen, ca. 1946
Willy van Heekern

139 Trümmerfrauen
Essen, undatiert
Richard Mollenhauer

140 »Versperrte Straßen«, Akazienallee
Essen, April 1946
Angela Milden

141
Essen, 1946
Willy van Heekern

142 Die Marktkirche
Essen, ca. 1945
Heinrich Buhr

143 Schutträumung in der Innenstadt, Schützenbahn
Essen, ca. 1948
Willy van Heekern

144 Wiederaufbau des Polizeipräsidiums
Essen, Juli 1946
Willy van Heekern

145 Wiederaufbau des Polizeipräsidiums
Essen, Juli 1946
Willy van Heekern

146 Trümmerlok auf der Schützenbahn
Essen, 1947
Josef Stoffels

147 Vor der Reichsbank in der Lindenallee
Essen, undatiert
Willy van Heekern

148 Abbruch der Commerzbank in der Lindenallee
Essen, Mai 1946
Fotograf unbekannt

149 »Auch OB Heinemann faßt mit an«
Essen, Juni 1949
Peter Kleu

150 Trümmerbeseitigung am Westbahnhof
Essen, Dezember 1948
Willy van Heekern

151 Freiwilliger Aufräumeinsatz des Stadtrates mit Oberbürgermeister Heinemann
Essen, 1948
Willy van Heekern

Vater Kopp baut auf – nicht nur seine Körperfülle, sondern auch massive Absteigequartiere. Gerade verhandelt er mit dem Architekten über die Weiterarbeit am Grundstein eines neuen Gebäudes, das seine primitiven Nachkriegsbuden (ein Musterexemplar samt Fensterfüllung im Hintergrund) ersetzen soll. Seitdem die Arbeitslosigkeit so viele ledige Burschen zum Bergbau treibt, floriert das galante Geschäft

Scheunenviertel von Essen: Zwischen den Ruinenstümpfen des total zerstörten Segeroth schachtelt sich eine Unzahl von Trümmerlauben – Wohnrevier der bizonalen Parias: Hilfsarbeiterfamilien und Rentner, die durch die Teurung an den Bettelstab kamen, Gauner und Prostituierte, die dorthin ihr „Arbeitsfeld" verlegten

Wann kommt endlich der Friede . . . Vor Monaten ist diese Frage an eine rissige Hauswand der Segerothstr. geschrieben worden. Jetzt jährt sich die Kapitulation zum viertenmal, noch immer ist die Antwort fern, und stärker denn je spricht aus den Schriftzeichen der Widerwille gegen den faden Friedens-Ersatz des von den Westmächten diktierten Besatzungsstatutes und die Sehnsucht nach echtem Frieden in einem einheitlichen, freien Deutschland

ES

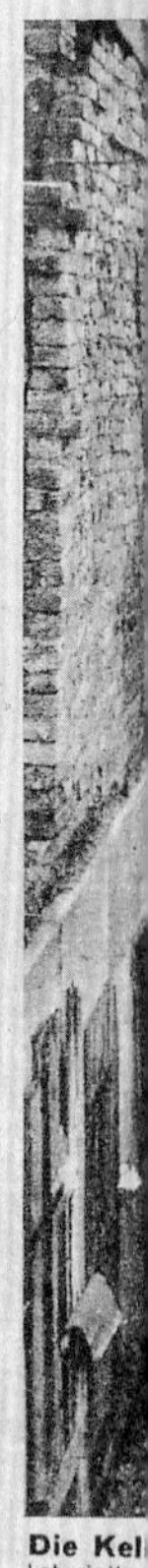

Die Kel
Labyrinth.
70jähriger

4

152 »Essen-Segeroth«
NEUE BERLINER ILLUSTRIERTE,
Nr. 19, Mai 1949, S. 4, 5
Gerhard Gronefeld

SEN – SEGEROTH

e Stadtviertel **Deutschlands in seiner reichsten Provinz: dem Ruhrgebiet**

Nirgends scheint Deutschland so grau und trüb wie in Segeroth. Und nirgends wird der Existenzkampf um das tägliche Stück Brot so zäh und verbissen geführt wie dort in den verschütteten Straßen und zusammengebastelten Bruchbuden: in Segeroth wohnen jene, die unter dem Durchschnitt verdienen, jene mit dem Stundenlohn von 70 Pfennigen, mit dem Stempelgeld von 12 Mark wöchentlich oder mit der Rente von 49 Mark für 30 lange Tage. Sie sind die Ärmsten der Trizone, wenn nicht von ganz Europa, denn die Teuerung trieb die Preise im Ruhrgebiet weit höher als sonstwo in ganz Deutschland

„Na, Kleiner?" Meister Kopps Damen schwärmen wie die Bienen aus. Kein haltendes Auto, kein Passant ist vor ihren Aufforderungen sicher

jeroth gleicht einem
n Loch verbringt ein
seinen Lebensabend

Maßstab des Lebensstandards: Schuhe. Die Segerother können trotz Währungsreform keine kaufen

Nebenverdienst. In jeder Freistunde putzen Frauen und Kinder Ziegel. Für 1000 Stück zahlen die Baufirmen 15 DM

Bizonale Wohnbauten: selbsterrichtete Lauben. Die neuen Geschäftshäuser im Stadtzentrum sind eleganter

153 & 154 »Kriegswohnung« in der Brunnenstraße
Essen, 1945/46
Willy van Heekern

155 II. Hagen
Essen, undatiert
Angela Milden

156 Notunterkunft neben einer Halde in Borbeck
Essen, ca. 1949
Willy van Heekern

157 Notunterkunft in Altenessen
Essen, 1948
Peter Kleu

158 »Wohnungen unter Tage«
Essen, 1946
Josef Stoffels

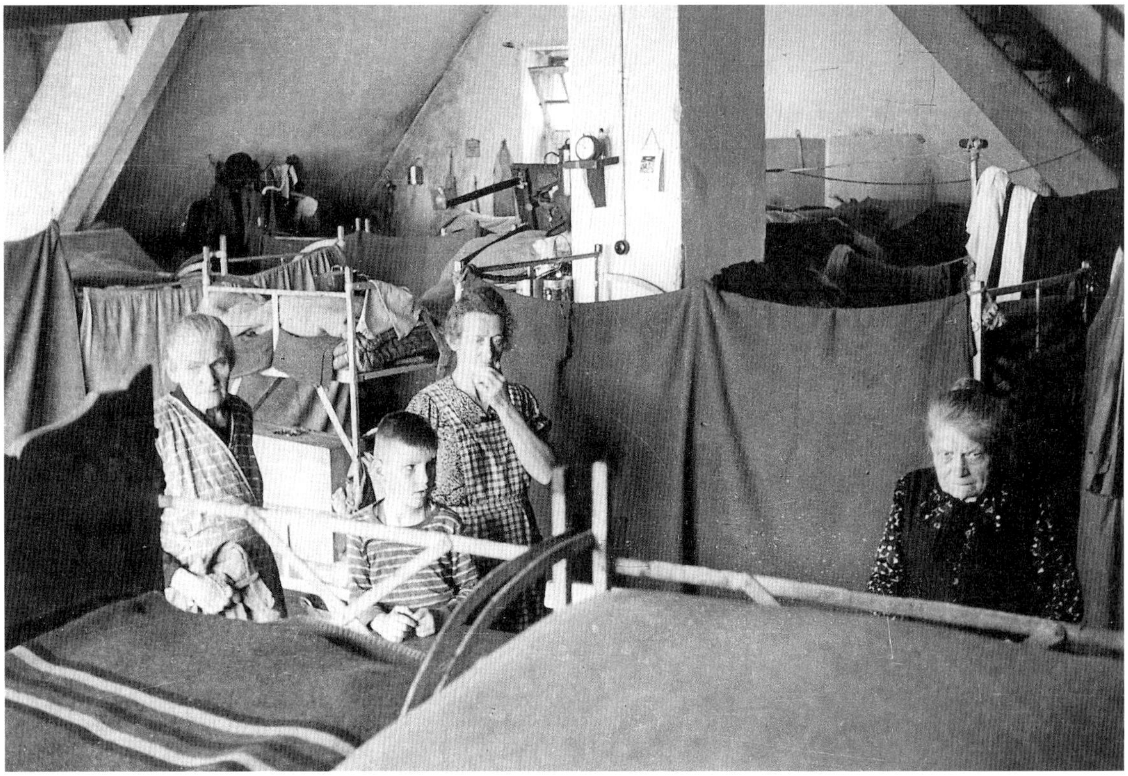

159 Notunterkunft im Ruhrgebiet
September 1947
Carl A. Stachelscheid

160 Notquartier in einer Turnhalle
September 1947
Carl A. Stachelscheid

161 Notunterkunft
Essen, März 1946
Willy van Heekern

162 Essen
ca. 1949
Willy van Heekern

163 Nissenhütten
Essen, undatiert
Willy van Heekern

164 »Von Engländern erstellte Nissenhütte für Flüchtlinge«
Essen, 1946
Gerhard Gronefeld

165
Straßenbahn mit Anhänger, Pferdemarkt
Essen, Februar 1948
Willy van Heekern

31
Essener Strassenbahnen

167 Schwarzmarkt, Kastanienallee
Essen, undatiert
Willy van Heekern

168 & 169 »Schwarzer Markt. Eine Zigarette RM 5,-« Kettwiger Tor
Essen, 1948
Josef Stoffels

(linke Seite)
166 »Schwarzmarkt in Essen«
Februar 1947
Erich Andres

170 Bismarckplatz
links im Bild der NRZ-Fotograf
Werner Ebeler
Essen, Januar 1948
Peter Kleu

171 Marktstand mit Rüben
Essen, Oktober 1946
Willy van Heekern

172 Kopstadtplatz
Essen, 1945/47
Heinrich Buhr

173 Hungrige Bevölkerung am Rande eines noch nicht ganz abgeernteten Kartoffelackers
September 1947
Carl A. Stachelscheid

174 & 175
Kopstadtplatz
Essen, undatiert
Willy van Heekern

176 Stand an der Marktkirche
Essen, 1945/46
Willy van Heekern

177 & 178
Ärztliche Untersuchung von Kindern in der Tegelschule in Kray
Essen, undatiert
Willy van Heekern

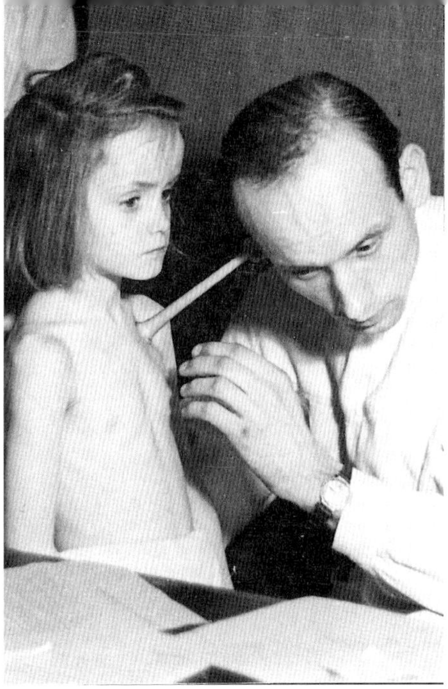

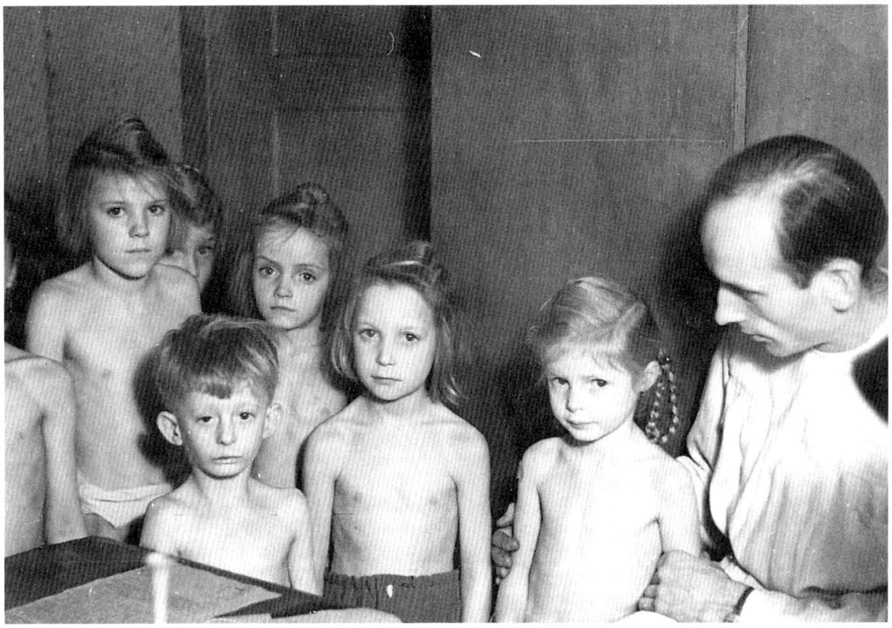

179 - 182
Behördlich angeordnete Reihenuntersuchungen im Ruhrgebiet
Juni 1946
Carl A. Stachelscheid

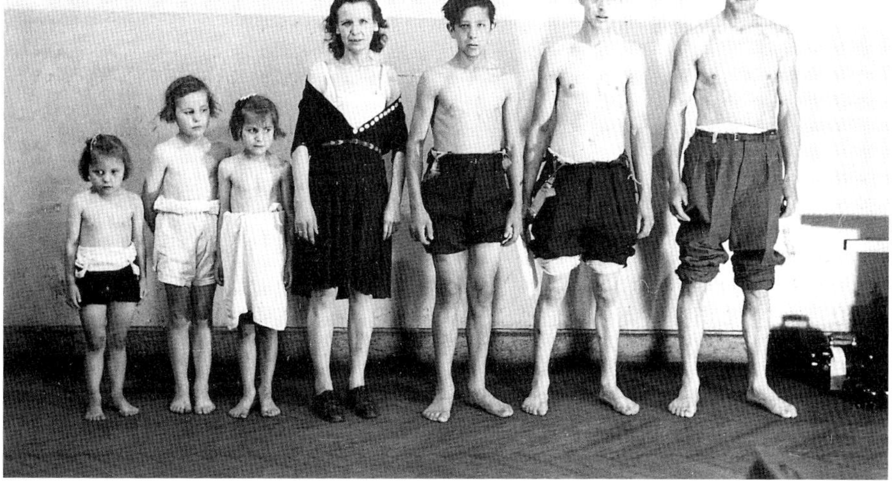

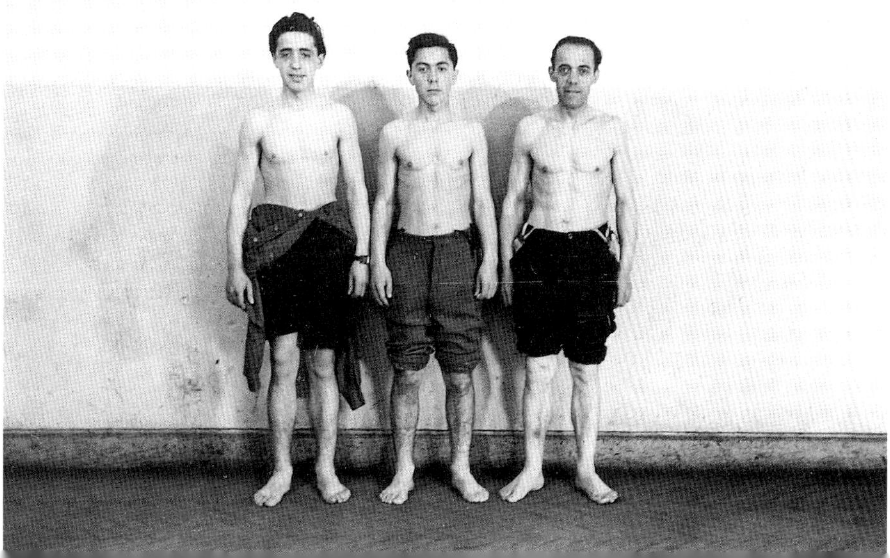

DR. WOLF STRACHE

ZUKUNFT OHNE KANONEN: ES

Ich entsinne mich noch deutlich des ersten Eindrucks, den nach anstrengender Wagenfahrt durch das Industriegebiet die Stadt Essen auf uns machte: eine unerhört moderne, ganz und gar lebendige Großstadt mit blendenden Hochhäusern, engen aber schönen Straßen, ausgezeichneten Kaufhäusern und schönen Cafés, umgeben von den grünen Hügeln des Ruhrtales und von der atmenden drängenden Welt des Industriegebietes, — das Musterbeispiel einer zielstrebigen, neuen Stadt, ein greifbares Stück 20. Jahrhundert.

Auf diese Stadt sind 884 Fliegerangriffe geflogen worden. Ihr industrieller Kern, die Krupp-Werke, erlitt allein 55 schwere Bombenangriffe. Die Zahl schwerster Sprengbomben, die auf diese Stadt niedergingen, war größer als in irgendeiner anderen Stadt. Hier wurden wirklich die Fundamente aufgewühlt, hier ging die Vernichtung bis in die Keller, die Bunker, die Kanalisationen.

Es gibt darum kaum eine größere Überraschung als heute wieder nach Essen zu kommen: die Innenstadt steht! Das helle Hochhaus des Deutschlandhauses ragt noch immer über die Stadt. Der schöne Klinkerbau der Sparkasse, das repräsentative Bädekerhaus, das Geschäftshaus von C. u. A. Brenninkmeyer mit seinen Glasfronten, die Dresdner Bank, das DEFAKA-Kaufhaus, alles ist da und steht, wenn auch nicht mehr in alter Frische und Sauberkeit, aber doch erkennbar und benutzbar über den bevölkerten Straßen der Stadt. Ein paar andere Hochhäuser wie die Postdirektion und das Haus der Technik sind zwar in einzelnen Teilen schwer getroffen, aber auch sie werden schon wieder benutzt. Von der Ufa-Lichtburg steht noch die Fassade, aber das Theater ist verbrannt. Im Café „Ruhrland" im Bädekerhaus drängen sich die eiligen Besucher um ein paar freie Plätze. An den Straßenbahnhaltestellen herrscht lebensgefährliche Betriebsamkeit. Essen lebt und arbeitet. Aber man frage nicht: wie? Die gigantische Zerstörung beginnt unmittelbar hinter dem Münster, am Bahnhof, am Deutschlandhaus, an allen Rändern der City.

Von einstmals 185 000
62 000 total zerstört, 3
52 000 mittelschwer und
Das heißt, daß heute i
5 Quadratmeter Wohn
Menschen verfügbar sin
enge Quadratmeter zun
700 000 Einwohnern de
ende weniger als die Häl
es schon wieder 550 000
Diese halbe Million leb
Kohle. Der Krieg hatte
der Schwerindustrie g
Kanonen. Trotzdem ist
wichtiger als Stahl. El
letzten anderthalb Jah
Essen doppelt soviel B
Arbeiter. Heute ist es
des Kontinents: auf I
22 Kohlenschächte in Bo
Das heißt, daß das Pr
noch vordringlicher ist
Deutschland. Die Kohle

183 »Zukunft ohne Kanonen: Essen«
in: *STUTTGARTER RUNDSCHAU*, Nr. 2, Februar 1947, S. 16/17
Wolf Strache

SEN

:n wurden
demoliert,
beschädigt.
t mehr als
1 einzelnen
bgemessene
n den fast
am Kriegs-
heute sind

et für die
ie Kapitale
Stadt der
Essen noch
üstung der
ann, hatte
vie Krupp-
Kohlenstadt
gebiet sind

e in Essen
sonst in
r die ande-

ren Wärme, Licht, Industrie. Für Essen bedeutet sie zusätzlich: Brot. Und es ist die Tragik dieser Stadt, daß nicht nur das Problem Krupp unendlich schwierig ist, sondern daß, schlimmer noch, auch das Problem Kohle unlösbar erscheint. Die Schwierigkeiten der Stadt sind in verstärktem Maße die Schwierigkeiten der Bergleute: keine Wohnungen! Mehr als die übrigen Wohnviertel sind die Bergarbeiter-Siedlungen getroffen. Und ein bescheidenes eigenes Heim, ein Stückchen Gartenland und ein bißchen Wiese für die Bergmannskuh, die eigene Ziege, sind doch die allerersten Voraussetzungen für ein erträgliches Leben. — Hunger! Es gibt zwar Schwerarbeiter- und Bergarbeiter-Zulagen. Aber das alles reicht dennoch nicht aus, um den angestrengt arbeitenden, durch jahrelange Entbehrungen geschwächten Männern Kraft und Lust zur Arbeit zu geben. Täglich kippen welche bei der Arbeit unter Tage um und werden hinausgetragen. Kartoffeln sind im ganzen Industriegebiet knapp und kaum zu bekommen. Mehl und Nährmittel bleiben oft monatelang aus, und wenn sie dann verteilt werden, gibt es endlose Schlangen und erbitterten Kampf. — Keine ausreichenden Verkehrsmittel! An jeder Straßenbahnhaltestelle entwickelt sich eine Schlacht. Die Stärksten erringen einen Platz, die Schwächeren bleiben auf der Strecke und warten apathisch auf die nächste Bahn. Die Wagen haben keine Fensterscheiben, nicht einmal Bretter oder Pappen vor den Öffnungen. Die Fahrer stehen vielfach im eiskalten Luftzug, unge-

Bild links: Rwe-Zeche (eine der 22 Kohlenzechen im Stadtgebiet. Rechts: Münster. Unten links: Am Bahnhof Essen-Nord (typisches Stadtbild). Unten rechts: Verkehr bei Althoff.

184 Hachestraße am Hauptbahnhof
Essen, September 1949
Peter Kleu

185 Baustelle
Essen, ca. 1949
Werner Ebeler

186 Baustelle, Hachestraße
Essen, September 1949
Peter Kleu

187 Richtfest, Limbecker Straße
Essen, ca. 1947
Heinrich Buhr

188 Bauzaun am Keramikhaus
Essen, undatiert
Willy van Heekern

189 Wiederaufbau, Rellinghauser Straße
Essen, Juli 1950
Angela Milden

190 Blick von der Marktkirche zur Synagoge
Essen, April 1949
Angela Milden

191 Synagoge
Essen, ca. 1950
Josef Stoffels

192 Synagoge, durch die zerstörte Münsterkirche gesehen
Essen, undatiert
Willy van Heekern

193 Auf dem Haus der Technik
Essen, Februar 1951
Willy van Heekern

194 Blick auf das Haus der Technik
Essen, September/Oktober 1949
Willy van Heekern

195 Kettwiger Straße am Hauptbahnhof
Essen, undatiert
Willy van Heekern

196 »Verkehr am Hauptbahnhof Essen«
1948
Josef Stoffels

197 »Menschen vor dem Hauptbahnhof, aus der Reihe 'Volk und Land an der Ruhr. Stimmungsbilder nach dem Krieg.'«
Essen, 1948
Josef Stoffels

198 Arens-Haus
Essen, 1946
Willy van Heekern

199 Blick aus der zerstörten Marktkirche
Essen, 1948
Willy van Heekern

200 Vom Rathaus in Richtung Kopstadtplatz
Essen, 1949
Willy van Heekern

201 »Für Fußgänger gesperrt«
Essen, 1945
Willy van Heekern

202 Limbecker Straße
Essen, September 1949
Peter Kleu

203 Vom Rathaus in Richtung Kopstadtplatz
Essen, ca. 1950
Willy van Heekern

204 Blick auf den Rathausturm
Essen, undatiert
Willy van Heekern

205
Essen, undatiert
Willy van Heekern

206 Blick auf die Johanniskirche
Essen, 1949
Willy van Heekern

207 »I. Hagen, '49«
Essen, 1949
Josef Stoffels

208 Vor der Sparkasse in der Kapuzinergasse
Essen, 20. Juni 1948
Peter Kleu

209 »Am Tage X wird die DM unter polizeilicher Aufsicht und Bewachung bündelweise zu den Verteilerstellen transportiert«
Essen, 20. Juni 1948
Peter Kleu

210 Blick auf die Wartenden
Essen, 20. Juni 1948
Peter Kleu

211 »Je Person = 40 DM«
Essen, 20. Juni 1948
Peter Kleu

212 »Alte und gebrechliche Personen, denen das Treppensteigen und lange Warten schwerfiel, wurden vor den Diensträumen abgefertigt«
Essen, 20. Juni 1948
Peter Kleu

213 »Nach der Währungsreform, Rellinghauser Straße«
Essen, Juni 1948
Willy van Heekern

214 »Womit man der Männerwelt die DM aus der Tasche lockte. Gleich am Tage X waren die Schaufenster wie verwandelt.«
Essen, 21. Juni 1948
Peter Kleu

215 »Ansturm der Hausfrauen auf Haushaltsgeräte. Eimer und Weckkessel waren sehr gefragt«
Essen, 21. Juni 1948
Peter Kleu

216
Essen, 21. Juni 1948
Peter Kleu

217 Kettwiger Straße
Essen, undatiert
Willy van Heekern

218 Firma Rauchholz in der Limbecker Straße
Essen, ca. 1949
Fotograf unbekannt

219 Kettwiger Straße bei Wolsdorff
Essen, Juni 1950
Angela Milden

220 Limbecker Straße
Essen, Mai 1949
H. Sauerland

221 Limbecker Straße
Essen, Juli 1949
Peter Kleu

222 Kettwiger Straße
Essen, November 1949
Peter Kleu

223 Ladenstraße in der Brandstraße
Essen, 1949
Willy van Heekern

224 Passanten vor einem Schuhgeschäft in der Kettwiger Straße
Essen, November 1949
Peter Kleu

225 Kettwiger Straße am Hauptbahnhof
Essen, undatiert
Willy van Heekern

226
Essen, ca. 1948
Willy van Heekern

227 Andrang beim Kaufhaus Althoff
Essen, 1948
Willy van Heekern

228 Ansturm beim Schlußverkauf
Essen, 1949
Willy van Heekern

229
Essen, 1949
Willy van Heekern

230
Essen, 1949
Willy van Heekern

231 Putzkolonne im Kaufhaus
Essen, September 1949
Willy van Heekern

232 Ladenstraße
Essen, undatiert
Willy van Heekern

233 Geschäft Arnold Müller, Ladenstraße
Essen, ca. 1950
Josef Stoffels

234 Hollestraße
Essen, *April* 1948
Peter Kleu

235 Möbelmesse
Essen, 1949
Josef Stoffels

236 Privatwohnung
Essen, 1947
Peter Kleu

237 Neueröffnung Kaufhaus Loosen, vorm. Gustav Blum
Essen, undatiert
Josef Stoffels

238 C&A, Kurienplatz
Essen, 1949
Willy van Heekern

239 Fernmeldezentrale
Essen, August 1949
Peter Kleu

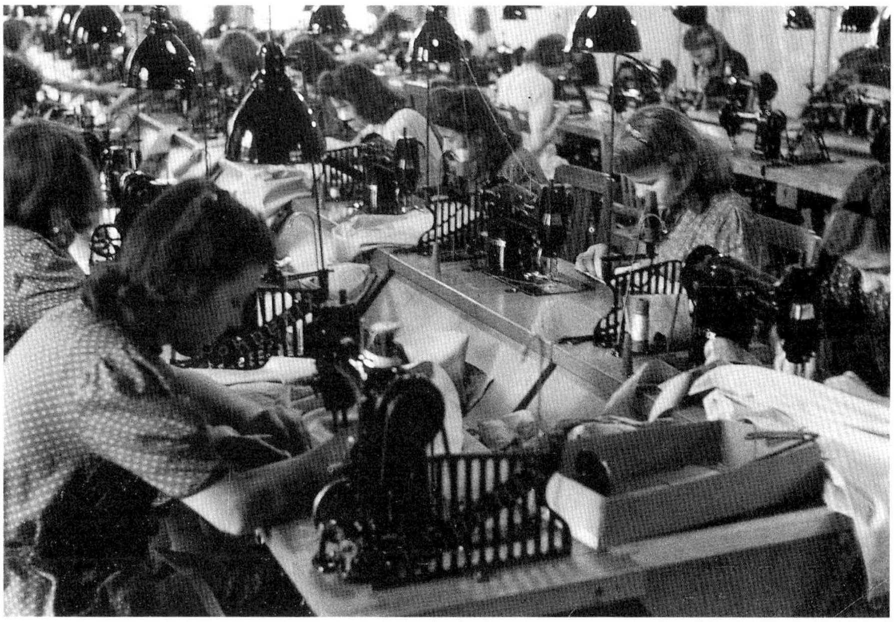

240 Näherinnen
Essen, Dezember 1948
Willy van Heekern

241 Lokomotivreparatur bei Krupp-Lowa
Essen, 1947
Peter Kleu

242 Richtfest in einer Neubausiedlung
Essen, ca. 1949
Willy van Heekern

243 Dachkonstruktion
Essen, ca. 1949
Willy van Heekern

244 Neubausiedlung
Essen, 1949
Willy van Heekern

245 Britische und niederländische Besucher der Messe »Dach und Fach«
Essen, *August* 1949
Peter Kleu

246 »Versuchssiedlung«, Lührmannstraße, für die Messe für neuzeitliches Bauen, »Dach und Fach«
Essen, 1949
Josef Stoffels

247 Parkplatz an der Ladenstraße
Essen, ca. 1947
Josef Stoffels

248 Autoausstellung in der Gruga
Essen, November 1949
Willy van Heekern

249 Kurienplatz
Essen, 1949
Willy van Heekern

250 Verkaufsschau der Firma Opel
Essen, August 1949
Peter Kleu

251 Arbeiter mit VW-Käfer
Essen, 1947
Peter Kleu

252
Essen, Juni 1948
Peter Kleu

254
Essen, Oktober 1947
Willy van Heekern

256 »Peterfahrer«
Essen, Mai 1948
Peter Kleu

257 »Essener Polizei trägt wieder Tschakos«
März 1948
Peter Kleu

253 Britische Offiziere inspizieren eine Hundestaffel der deutschen Polizei (links mit Hut: Hugo Rosendahl)
Essen, 1946
Willy van Heekern

255 Entschärfung einer Fliegerbombe
Essen, ca. 1950
Fritz Tillner

Bombenkrieg »Deutsche Hörer! Zum ersten Mal jährt sich der Tag der Zerstörung von Coventry durch Görings Flieger, – einer der schauderhaftesten Leistungen, mit denen Hitler-Deutschland die Welt belehrte, was der totale Krieg ist und wie man sich in ihm aufführt. In Spanien fing's an, wo die Maschinisten des Todes, diese nationalsozialistisch erzogene Rasse mit den leeren, entmenschten Gesichtern, sich vorübten für den Krieg. Welch ein Sport, wo es gar keine Gegenwehr gibt, im Tiefflug in flüchtende Zivilistenmassen hineinzupfeffern, – frisch und fröhlich! Das Gedenken an die Massaker in Polen ist auch unsterblich, – genau das, was man ein

DER FLUCH DER BÖSEN TAT

Fotos aus dem besiegten Essen

Detlef Hoffmann

Ruhmesblatt nennt. Und Rotterdam, wo in zwanzig Minuten dreißigtausend Menschen den Tod fanden dank einer Bravour, die von moralischem Irresein zu unterscheiden nicht leichtfällt. Der Edle von Ribbentrop verhüllte sein Angesicht und schluchzte: *Das haben wir nicht gewollt!* Es waren gute Zeiten, wo es nur zu schluchzen gab über das, was man andern zufügte. Die Zeit kommt und ist schon da, wo Deutschland zu schluchzen hat auch über das, was es erleidet, und dieses Rührungsmotiv wird überhandnehmen in dem Maß, wie eine Welt, die von solcher Art Dienst an der Menschheit nichts hatte wissen wollen und nicht darauf vorbereitet war, in ihre Verteidigungsaufgabe hineinwächst und den Lehrling abgibt, der den Meister überflügelt. Hat Deutschland geglaubt, es werde für die Untaten, die sein Vorsprung in die Barbarei ihm gestattete, niemals zu zahlen haben? Es hat kaum zu zahlen begonnen – über dem Kanal und in Rußland. Auch was die Royal Air Force in Köln, Düsseldorf, Essen, Hamburg und anderen Städten bis heute zuwege gebracht hat, ist nur ein Anfang. Hitler prahlt, sein Reich sei bereit zu einem zehn- ja zwanzigjährigen Kriege. Ich nehme an, daß ihr Deutsche euch euer Teil dabei denkt – zum Beispiel, daß in Deutschland nach einem Bruchteil dieser Zeit kein Stein mehr auf dem andern wäre.«[1]

Als Thomas Mann im April 1942 diese Sätze über die BBC nach Deutschland hinein sprach, siegte die Wehrmacht noch an allen Fronten. In der Luftschlacht um England war sie allerdings erfolglos geblieben. 57 Nächte lang – vom September 1940 bis Frühling 1941 – waren London und 15 andere britische Städte bombardiert worden, das von Thomas Mann erwähnte Coventry glich einer Steinwüste. Die Angriffe töteten mehr als 41.000 Zivilisten, verletzten 137.000. Die englische Propaganda an der Heimatfront hatte die Abwehrkraft der Bevölkerung mit Bildern deutscher Grausamkeiten gestärkt. 1941 veröffentlichte der DAILY MIRROR die Fotografie einer weinenden Frau und zweier ermordeter Russen unter der Überschrift »Her Hate Must Be Yours, Too« und mit der Warnung »If invasion ever succeded in Britain, you'd see these pictures in reality!« Im Februar 1942 veröffentlichte der DAILY SKETCH »War pictures we have to point of Russians being hanged«. Deutsche Soldaten hatten diese Fotos gemacht.[2]

Thomas Mann kommt in all seinen Reden an »Deutsche Hörer!« immer wieder auf eine Warnung zurück: Je länger die deutsche Bevölkerung Hitler und seinen Anhang unterstützt, um so grausamer wird das Ende sein. Schon im April 1942 geht er auf den Januskopf der Zerstörungen ein: Es wird auch Gewohntes, Geliebtes, Schönes in Schutt und Asche gelegt. So fährt er in seiner Rede fort: »Beim jüngsten britischen Raid über Hitlerland hat das alte Lübeck zu leiden gehabt. Das geht mich an, es ist meine Vaterstadt (...) Lieb ist es mir nicht, zu denken, daß die Marienkirche, das herrliche Renaissance-Rathaus oder das Haus der Schiffer-Gesellschaft sollten Schaden gelitten haben. Aber ich denke an Coventry – und ich habe nichts einzuwenden gegen die Lehre, daß alles bezahlt werden muß«.[3] Die Erfahrung des vertriebenen und geschmähten Dichters, der seine Vaterstadt schon verloren hat, ist sicher nicht die gleiche wie die der im Luftschutzkeller sitzenden Lübeckerinnen und Lübecker; sie denken an ihr Leben, ihre Wohnung, ihre Verwandten – sie denken nicht an Coventry. Deswegen irrt sich Thomas Mann in seinem nächsten Satz: »Es wird mehr Lübecker geben, mehr Hamburger, Kölner und Düsseldorfer, die dagegen auch nichts einzuwenden haben und, wenn sie das Dröhnen der RAF über ihren Köpfen hören, ihr guten Erfolg wünschen.«[4] Im April 1942 wollte noch mancher Deutsche denken, er nehme an einem normalen Krieg teil, es ginge um Deutschland. Doch schon viel früher waren Nachbarn diskriminiert worden, weil sie Juden waren. 1942 im April waren diese Juden nicht mehr Nachbarn. Noch reichte die Phantasie nicht aus, sich die Mordfabriken von Belzec, Sobibor, Auschwitz oder Treblinka vorzustellen, aber daß von Deutschen schwere Verbrechen begangen wurden, das war jedem bewußt (oder unbewußt). Kleine Eliten haben schon in den dreißiger Jahren versucht zu widerstehen, die überwältigende Mehrheit stand hinter Hitler und seiner Politik und nach der Niederlage plädierten alle auf »nicht schuldig«, von den Angeklagten in Nürnberg bis hin zum kleinen Mitläufer.

Als sich Thomas Mann am 8. November 1945 noch einmal zu Wort meldet, muß er sich schon gegen den Vorwurf, in die Emigration gegangen zu sein, wehren. Noch einmal formuliert er in dieser Rede seine wichtigste Botschaft: »Wem es längst vor den Bergen von Haß gegraut hat, die rings um Deutschland sich auftürmten, wer längst in schlaflosen Nächten sich ausgemalt hat, wie furchtbar das entmenschte Tun der Nazis auf Deutschland werde zurückschlagen müssen, der kann jetzt mit Erbarmen in dem, was Deutschen von Russen, Polen und Tschechen geschieht, nichts anderes sehen als die mechanische und unvermeidliche Reaktion auf Untaten, die ein Volk als Ganzes übt, bei der es leider nicht nach individueller Gerechtigkeit, nicht nach Schuld und Unschuld des Einzelnen geht.«[5]

Innerhalb der »Berge von Haß« Wenn wir die Fotos von Willy van Heekern, Josef Stoffels und Peter Kleu ansehen, dann geben wir den hier über Texte vermittelten Blick von außen auf, treten in die Welt innerhalb der »Berge von Haß« ein. Die ersten Fotografien von Zerstörungen wurden schon während des Krieges aufgenommen. 1943 erhielt Willy van Heekern vom Reichsministerium für Volksaufklärung und Propaganda den Auftrag, »Farbdokumentationen der Deckengemälde und Wandmalerei in historischen Baudenkmälern der Rheinprovinz zu erstellen«. Vom Luftgaukommando Münster war er aufgefordert worden, die Bombenzerstörungen zu dokumentieren. Um 4.000 Fotos sind in diesem Motivbereich entstanden.[6] Auch Josef Stoffels, der seit 1937 Fotograf in der Graphischen Anstalt der Firma Fried. Krupp AG war, erhielt 1940 einen Auftrag, Trümmer zu fotografieren. Das Heereswaffenamt und die Fried. Krupp AG schickten ihn an die von den Deutschen zerstörte Maginot-Linie, um militärische Einrichtungen der Franzosen zu fotografieren. »Von besonderem Interesse waren Detailfotos französischer Geschütze.«[7] Da jedoch sein gesamtes Negativarchiv 1944 verbrannte, kennen wir kaum Bilder aus der Kriegszeit.

Willy van Heekern ist nicht der einzige Fotograf, der den Auftrag bekam, die Zerstörungen festzuhalten. Die dokumentierenden Bilder von Wandmalereien, die ja nicht ausgelagert werden konnten, sollten in der Zeit nach dem Kriege beim Wiederaufbau, bei Rekonstruktionen helfen. »Wiederaufbau« ist ein Wort der NS-Verwaltung. Er wurde seit Sommer 1940 für die Zeit nach dem Kriegsende geplant, »das in der Euphorie der erfolgreichen *Blitzkriege* für 1942 angenommen wurde.«[8] Der Architekturhistoriker Werner Durth, der sehr sorgfältig und beharrlich auf die Kontinuität der Wiederaufbau-Planung von 1940 an hinweist, macht auf den Wechsel der Konzeption mit dem »Wie-

258

259

260

deraufbau-Erlaßentwurf« vom März 1943 aufmerksam. Stand bisher die Reparatur des Zerstörten im Vordergrund, so ging die Stadtplanung nun zu »monumentalen Neugestaltungen« mit »höchster funktioneller Infrastruktur und rationalisierter Massenfertigung von Wohnungen über.«[9] Hatte die offizielle Trümmerfotografie zuerst den Auftrag, Rekonstruktionen zu ermöglichen, so hielt sie zunehmend einen Zustand fest, der nicht rückgängig gemacht werden konnte. Durch ihre Bombardements hatten die Alliierten den Funktionalisten überzeugende Argumente gegeben. Sie konnten die alten Aufbaupläne dann in den Westzonen nach der Währungsreform realisieren.

Die NSDAP erlaubte, ja förderte Fotos, die die Wirkung der englischen Bombenangriffe zeigten, weil sie in die Propaganda, die Briten seien »Luftpiraten«, »Luftgangster« und »Mordbrenner«, paßte, eine Propaganda, die Haß und damit Mut und Einsatz fördern sollte. In diesen Zusammenhang gehören die Fotos Willy van Heekerns nach dem Luftangriff in der Nacht vom 13. auf den 14. Februar 1942. Die Bombeneinschläge in den Städtischen Krankenanstalten belegen, daß der Gegner nicht einmal die Kranken verschont. In der Broschüre »Bombers over Merseyside«, die 1943 in Liverpool erschien, wird ebenfalls ein Krankenhaus gezeigt, das Ziel der Luftwaffe gewesen sei: »Luftwaffe Target-Mill Road Hospital, Liverpool«. Die Broschüre stellt mehrere Propaganda-Formeln zur Ansicht, die die deutsche Publizistik 1943 und später (als die alliierten Luftangriffe intensiviert werden) ebenfalls verwendet: »The Attack on Culture. The gutted City Museum, a victim of Nazi Vandalism« zeigt einen Luftschutzhelfer, der eine ägyptische Mumie aus einer klassizistischen Ruine birgt. Nicht nur den Kranken und der Kultur gilt die Zerstörungswut des ruchlosen Feindes, auch vor der Wissenschaft macht er nicht halt. Ein zerbombter Ziegelbau ist mit der Unterschrift versehen: »Senseless Destruction at the University. This was the Engineering Department.«[10]

Die besten Fotos, im Sinne eines Einsatzes für Propagandazwecke, sind die, die keine Unterschrift brauchen, die von jedem sofort als Zeichen »sinnloser Zerstörung« gewertet werden können, die Beschädigungen des privaten Lebensraumes, von Wohnungen, von Geschäften – Wohnquartieren. Ein zerbombter Kaufladen ist leicht für jedermann zu identifizieren, und wenn »Kaiser´s Kaffee Geschäft« raucht, dann verbrennt auch die

261

262

begehrte Ware. Nicht nur die Bewohnerinnen und Bewohner von Essen, jeder sieht, daß hier der Feind Orte privaten Lebens zerstört hat. Auch die Broschüre aus Liverpool veröffentlicht eine ganze Serie solcher Fotos, hier geht – im Rückblick – die Interpretation noch ein wenig weiter: »When The Front Line Was in Your Street«.[11] Voraussetzung für derartige Fotos ist, daß die Zerstörungen sich in Grenzen halten: eine Wohnung muß noch als Wohnung, ein Geschäft noch als Geschäft zu erkennen sein. Mit den großen Flächenbombardements ab 1943 stellt sich auch für den Fotografen ein neues Problem: es gibt keine Bezugspunkte mehr, keine Ruhe, gegen die sich die »Störung« absetzen kann. Soweit das Auge blickt: Trümmerberge und Häuserreste. Leonard Sempolinskis Bildband über die Schuttberge, die einmal Warschau waren, ist das beeindruckendste Beispiel dafür.[12] Auch Willy van Heekern macht derartige Fotos, in denen sich Anklage und Entsetzen verbinden.

Rückblick: Trümmerwüsten in Frankreich

Schon einmal vollzogen staunende Augen den Weg von der lokalen Beschädigung zur endlosen, unbegrenzten Trümmerwüste: im Ersten Weltkrieg. Was den Soldaten mehr und mehr zur Gewohnheit wurde, fixierte die Fotografie, so daß Anfangs- und Endpunkt als gleichzeitige Ungleichzeitigkeit nebeneinander gelegt werden können. Anfangs nehmen die Fotografen die Zerstörungen noch mit einer naiven Faszination wahr. Ruinen, Löcher in Hauswänden, herumliegende Balken erscheinen als etwas Bizarres, Ungewöhnliches, Kurioses. Die bürgerlichen Zerstörer lieben es, sich vor den Früchten ihrer Arbeit fotografieren zu lassen.[13] Während der Kriegsfotograf Hermann Rex 1914 die »Interessante Wirkung der ersten im Priesterwald einschlagenden Granaten« – so der Bilduntertitel – festhielt, streift wenige Jahre später seine Kamera über die Kraterlandschaften der Westfront, ohne einen Haltepunkt finden zu können. Ernst Jünger hat den an diese Landschaft gewöhnten Blick des Soldaten beschrieben und zum Mythos erhoben: in dieser Landschaft wurde ein neues Geschlecht geboren.[14]

Die Trümmerfotos der Zeit bis 1945 bleiben nicht bei der Heroisierung des Überlebenswillens in einem Landstrich menschlicher Destruktionslust stehen, sie thematisieren auch Muster des Überlebens, auf die dann nach der »Stunde Null« zurückgegriffen werden kann – aus diesem Grunde sollte die Stunde auch besser »Fünf nach Zwölf« genannt werden. Der erste Bildtypus ist der Kampf gegen das Feuer, ein Typus, der eine lange Tradition hat, die der brennenden Stadt, die entweder verlassen wird – wie beispielsweise Troja – oder wo das Feuer bekämpft wird. Dabei spielt das Feuer als jenes Element, das die Hölle beherrscht, eine hervorragende Rolle. Nicht zufällig hat uns Jan Brueghel d. J. mit Höllen und mit brennenden Städten gleichermaßen beglückt.[15]

Bildern und Texten, die zu Beginn der Industrialisierung entstanden sind, ist die Faszination anzumerken, daß es die schwarzen Männer verstehen, so nah am Feuer zu leben, mit der riesigen Flamme umzugehen. Sie sind entweder besonders mächtige Männer oder Teufel. Die voranschreitende Säkularisierung hat das Paradigma des Teufels beseitigt, und so kämpfen auch auf den Fotos Willy van Heekerns starke Luftschutzmänner gegen die feindlichen Flammen.[16]

Aufräumarbeiten Der zweite Bildtypus sind die Aufräumarbeiten. Die Welt kann nach der Katastrophe wieder behaglich werden – das ist die Botschaft dieser Fotos, das ist aber auch die Botschaft der späteren Fotos, beginnend 1946 und endend 1949. Das Leben gewinnt wieder die Oberhand. Die Menschen leben in ihrem Quartier, die Zeiten werden gefährlicher, es verschont niemanden. Wer jedoch einen Bombenangriff überstanden hat (und sowohl vor als auch hinter der Kamera sind Überlebende) muß an den nächsten Tag denken. Also wird aufgeräumt, bis wieder ein erträglicher Zustand erreicht ist.

Unser emotionaler Haushalt verkraftet keine schnellen Veränderungen unserer gesamten direkten Umgebung. Veränderung, Wechsel ist nur in der Beziehung zu Stabilem, Gleichbleibendem erträglich. Das Beharrungsvermögen vieler Menschen, die Schwerfälligkeit, Veränderungen zu akzeptieren, hängt mit dem Symptom der westlichen Zivilisation zusammen, das wir mit Ich-Identität bezeichnen.

Wie die Umgebung gleich bleibt, so bleibt man auch in sich selber gleich. Dem Gefühl der eigenen Gleichheit und Kontinuität entspricht die tagtägliche Gleichheit der Wohnung, in der dann die Veränderungen ihren Platz haben: Kinder werden älter, alte Menschen sterben.

Für diese beruhigende Gleichheit ist mir vor einiger Zeit ein Dokument in die Hand gefallen: Zehn Kalender, von 1942 - 1952, in denen meine Tante (geb. 1882) ihre täglichen Eintragungen gemacht hat. Der erste Schnee wird in jedem Jahr notiert, es wird eingekocht, Besuch kommt, sie notiert, welche Bücher sie liest, sie geht zur Italienisch-Stunde, zur Gymnastik. Erkältungen werden eingetragen, Sterbefälle. Doch nur ganz selten merkt man, daß man sich bei der Lektüre zwischen dem 1. Januar 1942 und dem 31. Dezember 1952 bewegt. Obwohl meine Tante als Halbjüdin – das geht aus anderen Papieren hervor – bedroht war, gibt es keine Eintragung zur Politik, mit einer einzigen Ausnahme: Am 3. Februar 1943 notiert sie: »K. ... noch zu Hause. Stalingrad gefallen. Entsetzliches Unglück für uns«. Während Stalingrad meine Tante nur einen Tag beschäftigte, fand sie nach dem Bombardement Münchens erst nach sechs Tagen wieder ihre Ruhe.

9. März 1943
In der Nacht zum Mittwoch Großangriff auf München. Wir sind gnädig vor Schlimmstem bewahrt geblieben. In der nächsten Nähe Brände und Hauseinstürze.
10. März
Arbeit von früh bis spät. Berge von Glas. Karl nagelt Pappe anstatt der fehlenden Fensterscheiben. Fräulein Leseynsky hilft. Die ganze Stadt ist ohne Glas. Ich koche auf einer elektrischen Heizplatte und hole heißes Wasser bei Brarens (Maria krank im Bett)«. – [Längster Eintrag in allen Kalendern]
11. März
Viel Arbeit, um einigermaßen wieder in Ordnung zu kommen.
12. März
Viel Arbeit, aber langsam wird es wieder behaglich.
13. März
Fast alles wieder in Ordnung.
14. März (Sonntag)
In der sauberen Wohnung zum Tee Herr H. ...

Was bedeutet diese Eintragung in unserem Zusammenhang? Der Bombenangriff hatte die immer gleiche Umgebung schlagartig verändert. Alle Arbeiten richten sich darauf, die verlorene Harmonie innen und außen wiederzugewinnen. Vier Tage nach dem Großangriff ist »fast alles wieder in Ordnung«. Diese festgefügte Ordnung, in der die Veränderungen sich deswegen ertragen lassen, weil das meiste sich gleichbleibt, benutzte meine Tante gemeinsam mit ihrer Straße, mit ihrem Wohnviertel. Sie verlieh den Nachbarn gleichermaßen historische wie soziale Identität.[17]

Sowohl die Fotos von den Aufräumarbeiten als auch die aufgeräumter Straßen signalisieren diese Sehnsucht, daß »fast alles wieder in Ordnung sei«. Vielleicht ist das Bild eines Trümmerfrühlings von der Hoffnung geprägt, daß die Natur doch stärker sei, daß nichts die Ankunft des Frühlings aufhalten könne. Anders als Josef Stoffels, der – wie wir sehen werden – eine heftige Neigung zum Symbol entwickelt, bleibt van Heekern immer der nüchterne Lokalreporter, der um die Verkäuflichkeit von Fotos weiß, deren außergewöhnliches Aussehen durch ein Skandalon begründet wird. In einem Interview berichtet er Ute Eskildsen, daß er seine erste wichtige Veröffentlichung einem schrecklichen Unglück verdanke, »das mehrere hundert Opfer forderte.« Er habe seine Fotos machen können, bevor der Unglücksort abgesperrt worden sei. »Die meisten Reporter kamen nicht mehr durch die spätere Absperrung und waren ganz wild auf die Fotos.«[18] Inzwischen – 1943 – war das »schreckliche Unglück« nicht mehr außergewöhnlich, mittlerweile hatte der blühende Baum die Rolle des besonderen eingenommen.

263

264

265

In der Zeit vor der Befreiung durften die Fotografen nicht aufnehmen, was sie wollten – sie mußten auch Filmmaterial zugeteilt bekommen. Die Veröffentlichung war zudem der Zensur unterworfen. Industrieanlagen durften nicht fotografiert werden. Die Gründe legt die Essener Bürgerin Carola Reissner schon am 30. Oktober 1940 ihren Verwandten dar: » ... Es hat diverse Tote gegeben während meines Fortseins, und es war auch Großfeuer bei Krupp. Achtzehn gebündelte Brandbomben legten die Modellhalle in Schutt und Asche. Der Himmel sei ganz hell gewesen, aber die Löschmannschaften sind

266

267

auf dem Posten. Natürlich darf das Radio so etwas nicht sagen, sonst wüßten die Tommys ja Bescheid, wo sie ihre Bomben hinzuschmeissen haben.«[19] 1944 waren die Kruppwerke so zerstört, daß van Heekern sie fotografierte (ob offiziell oder für das Archiv, ist nicht bekannt). Anders als die Trümmerlandschaften wirkt dieses Werk wie das Skelett eines Körpers. Was noch steht, signalisiert, was einmal gewesen war. Die Gerippe zeichnen die Form des Verlorenen in die Luft. Die enge Verbindung der Stadt Essen mit dieser berühmten wie berüchtigten Firma thematisiert sich in dem Foto in besonderer Weise. Das Herz der Stadt ist entmaterialisiert, ein Schatten, ein Umriß seiner selbst. Bilder wie dieses sind aus den genannten Gründen selten in Willy van Heekerns Nachlaß aus der Kriegszeit, die brennenden und dann wieder aufgeräumten Straßen und Häuser dominieren.

So selten, wie Willy van Heekern sich zu Symbolen verleiten läßt, so selten signalisiert er mit seinen Fotos eine Interpretation der Ereignisse. Er bleibt Reporter, der das Außergewöhnliche sieht, den es aber zunehmend irritieren muß, daß Katastrophen die Norm werden. Nicht mehr das zerstörte Haus ist bemerkenswert, sondern das heile. Auf einem Foto, das eine zerbombte Straße in Essen-Bergeborbeck zeigt, ist links an einem Haus die zweite Hälfte einer Parole zu lesen »... für den Sieg!« Nebeneinander und miteinander stehen Menschen in der Straße, sie stehen herum, schauen die beschädigten Häuser an. Man gewinnt den Eindruck, die Bewohner seien nach einer Bombennacht aus dem Luftschutzkeller in ihre Straße zurückgekehrt und nun sehen sie, was aus ihren Wohnungen geworden ist. In diese allgemeine Ratlosigkeit ragt die Zeile »..für den Sieg!«

Kurz vor dem Ende des Krieges wird Essen mehrfach bombardiert und beschossen. Bei dem schwersten Luftangriff am 11. März 1945 wird die städtische Infrastruktur völlig zerstört. Doch es dauert noch einen Monat, bis endlich, am 10. April, amerikanische Verbände die Essener Innenstadt besetzen. Dem Dreischritt Erschrecken – Aufräumen – Sich Einrichten folgt nun nach der Währungsreform ein vierter, der Wiederaufbau. Sieht man sich das gesamte Fotomaterial an, dann scheint es, als ob zwischen 1945 und 1947 die Kamera einen Trümmerberg nach dem anderen einfängt, verzweifelt eine visuelle Struktur in dem Chaos zu entdecken versucht. 1949 kommen die Fotografen dem Tempo des Wiederaufbaus nicht mehr nach, ein Neubau nach dem anderen wird fotografiert, bis auch das redundant geworden ist. Mit zwei Bildern [Abb. 201 & 202] läßt sich Anfang und Ende dieser Abfolge anschaulich markieren; sie zeigen beide die Limbecker Straße in der Stadtmitte von Essen. Willy van Heekern nahm diese Straße bald nach dem Ende des Krieges auf. Der Schutt, der aus den Häusern quillt, bedeckt das Pflaster. Die Loren und die Schienen einer Trümmerbahn (vielleicht für Aufräumarbeiten nach den Angriffen 1943 installiert) versperren ebenfalls den Weg. Das Schild »Gesperrt für Fußgänger« erhält in dieser Einkaufsstraße eine besondere Bedeutung, wie auch der Passant, der beweist, daß

268 & 269

Verbote nicht mehr greifen. Wenige Jahre später, im Juli 1949, hat Peter Kleu von ungefähr der gleichen Stelle aus die Limbecker Straße fotografiert [Abb. 202]. Die Häuser sind noch nicht verputzt, das Pflaster läßt noch zu wünschen übrig. Die Menschen bewegen sich mit einer unübersehbaren Dynamik zwischen den Geschäften, blicken in die Schaufenster – die Bundesrepublik hat begonnen.

Einen Augenblick müssen wir uns noch die Bilder des Entsetzens anschauen, jene, die lediglich Trümmer zeigen. Auf einem Bild [Abb. 111] sehen wir, daß Peter Kleu 1947 die Kamera in das Tohuwabohu aus Steinen, Eisenstangen und Geröll gehalten hat. Die wenigen ausgebrannten, aber aufrecht stehenden Gebäude rahmen dieses Durcheinander lediglich ein, ermöglichen dem Mann hinter der Kamera ein wenig Komposition – und ein wenig Lokalisierung: die Reste der Marktkirche beweisen dem kenntnisreichen Blick, daß sich dieses Trümmerfeld in der Essener Innenstadt befindet. Josef Stoffels hält in vielen Aufnahmen das zerstörte Gelände der Gruga fest, ein Ort, an dem man es sich einstmals wohl sein ließ. Die zerstörte »Säulenhalle am Hauptrestaurant«, 1946 aufgenommen, kündet von dem, was einmal war. Nur die wenigsten Fotos aus den Jahren 1945 und 1946 zeigen den Zustand der Zerstörung pur, immer drängen schon die Aufräumarbeiten ins Bild, seit 1942 waren sie zur Gewohnheit geworden. Das trotzige »Wir lassen uns nicht unterkriegen« scheint mir viel weniger das Motiv für die große Aktivität als jene Sehnsucht, es wieder behaglich zu haben. Wenn ich mir die Fotos aus diesen Jahren anschaue – und die Essener Sammlung besitzt große Mengen – dann erstaunt immer wieder, wie betriebsam die Menschen (oft mit Aktentaschen) zwischen den Trümmerbergen umherlaufen. Mir drängt sich das Bild eines Ameisenhaufens auf, in den jemand einen zerstörerischen Stock gesteckt hat. Im Nu ist alles auf den Beinen, um den Schaden zu reparieren. So wirken die Männer auf einem Foto von Josef Stoffels, aus dem Jahre 1946. Zielstrebig schreiten sie zwischen Schutthaufen und Rathaus. Auch die Ruine an der Ecke von Krupp- und Friedrichstraße, aufgenommen 1946, wirkt bewohnt, das Auto am Ende der Treppe signalisiert genauso Geschäftigkeit wie die kuriose Treppenanlage, mit der auch die oberen Stockwerke erreichbar sind. Das setzt sich in Gegensatz zu der nun als »Fassade« fungierenden, stark beschädigten Wand, an der noch die ehemaligen Fußböden herabhängen.

Sinnsuche Anders als seine Kollegen hat Josef Stoffels eine Neigung zu Aufnahmen, die stark mit Bedeutung gesättigt sind. Sie sei-

270

en hier – wie in einem Exkurs – eingeschoben. Das Bild einer Ruine in Holsterhausen, die gegen einen dramatisch bewölkten Himmel, aus dem das Sonnenlicht bricht, fotografiert ist, hat er selber mit dem Titel »Ernste Stimmungen in schwerer Zeit« versehen. Dieser Bedeutung suchende Blick auf Ruinen war durchaus üblich in der Zeit nach der Kapitulation. Ein Augenzeuge schrieb 1946 über einen Gang durch die Ruinen Münchens, das Gerippe des Domes erinnere ihn an die winterliche Wehmut einer Kirchenruine von Caspar David Friedrich, der Glockenturm der Herzogs-Spitalkirche scheine als heiliger Zeuge des Gewesenen und schließlich müsse man sich auch eingestehen, daß Klenzes Anteil an

271

der Residenz und sein Marstall als Ruinen den Grad antiker Würde und Einfalt erreichten.[20]

Günter Anders, fern von solchem Tiefsinn und Innerlichkeit, erinnert sich im ruinierten Berlin der Todesmythologie der Ideologen der NSDAP. Sie thematisiert sich in der Vorstellung, daß die Ruine die historische Würde erbringt. Günter Anders überläßt diese Interpretation jedoch nicht sich selbst, er entkleidet sie ihres Mythos. Was übrig bleibt, ist kleinbürgerliche Zerstörungswut. »In der Biographie von Görlitz und Quint lesen wir, daß Hitler, noch ehe die riesigen Parteibauten in Nürnberg fertig gestellt waren, Order gegeben habe, sie so zu zeichnen, wie sie einmal als Ruinen aussehen würden. Er bereitete also seine Akropolis vor oder seine Engelsburg. Und daß diese Bauten, ehe sie als große zerschlagene Monumente die Jahrtausende überdauern und von ihm zeugen würden, auch unversehrt stehen müßten, empfand er gewiß als peinliches Provisorium, das abzukürzen er kein Mittel scheute. Was er entwarf, entwarf er bereits als Torso von übermorgen; und in dem *Heil*, das er Millionen zurief, war das Unheil nicht nur bereits beschworen, sondern heimlich schon von ihm erhofft.«[21] Diese Ruinen-Mythologie wurde nicht erst durch die zerstörten deutschen Städte erschaffen, sie stand zur Bearbeitung schon bereit, teils als Selbstinterpretation der Eliten des Dritten Reiches, teils schon seit der Romantik. Nicht umsonst hatten sich Caspar David Friedrichs Bilder als Inkunabeln des Deutschtums vor 1945 großer Popularität erfreut. Doch diese Friedrichschen Ruinen thematisieren nicht nur Deutschland in seiner Unvollkommenheit, sie verbinden sich auch mit aus der Ewigkeit hereinbrechendem Licht, Strahlen der Hoffnung, die auch Josef Stoffels' Foto aus Holsterhausen erhellen.[22]

Von geheimnisvollem Licht erhellt ist auch eine Ruine in der Rolandstraße aus dem Jahre 1948, das Haus Nummer 24. Schatten deuten Mauern und Balken an, das erleuchtete

272

273

274

Fenster signalisiert, daß jemand zu Hause ist; das Licht im Vorraum – im Treppenhaus, wie uns die Spuren an der rechten Wand diagnostizieren lassen – dramatisiert die Szene. Signale der Anklage und Signale der Geborgenheit werden gemeinsam gesendet. Auch die Ruine des »Klosters am Berg« [Abb. 120] hat das anklagende Pathos expressionistischer Bühnenbilder; wie die Finger einer verstümmelten Hand strecken sich die Mauerreste zum Himmel. Wo ein so starker Bedeutungsdrang besteht, kann ein Kreuz nicht fehlen. Josef Stoffels fotografiert das am Burgplatz aufgestellte im Jahre 1947, er vollzieht damit die Absicht der Installation. Dies ist kein gewöhnliches Kreuz am Wege, es wurde nicht sehr professionell aufgebaut. Mit Steinen und Brettern und Balken, wie sie in der Trümmerlandschaft reichlich vorhanden sind, haben einige fromme Christen das Kreuz als Zeichen in das Chaos gestellt. Josef Stoffels unterstützt den Charakter der Installation, indem er sie von der Seite aufnimmt, der wackeligen Stellage den gleichen bildlichen Raum wie dem Corpus gibt. Das Muster im Hintergrund trägt das Seine zur Komposition und Bedeutung bei. Josef Stoffels schließt sich hier einer Tradition an, die ihre spezifische Ausformung im Ersten Weltkrieg erhält: Wo Granaten und Geschosse alles niederrissen, bleibt verheißungsvoll ein Kruzifix aufrecht stehen.[23]

Diese Bildformel erfreut sich in der Nachkriegszeit großer Beliebtheit, Hilmar Pabel, Wolf Strache,[24] aber vor allem Hermann Claasen in seinem Buch über die Trümmer Kölns seien als Autoren solcher Bilder genannt. Claasens Buch trägt den tiefsinnigen Titel »Gesang im Feuerofen«.[25] Mit der gleichen Beharrlichkeit wie das Kreuz stellt Josef Stoffels auf einem Foto von 1946 einen Verkehrsschutzmann in den Mittelpunkt. Hier an der Post beginnt wieder städtische Kommunikation, die nationale Ordnungsmacht ist präsent, das öffentliche Leben gewinnt Struktur.

275

Mit drei Fotos in Josef Stoffels bedeutungsvoller Bildkonzeption sollen drei große Themen der Nachkriegszeit angesprochen werden: Vergangenheitsbewältigung, Not und Wirtschaftswunder. 1946 fotografierte Josef Stoffels das, was noch vom Denkmal des Handgranatenwerfers an der Bahnhofsstraße übrig geblieben war. Deutlicher als die alte Inschrift »1914« »Reserveregiment ...« kann man ein Plakat lesen, dem der Sockel als Säule dient: »Max Reimann spricht ...«. Rechts am Podest sind einige Spolien aufgestapelt, unübersehbar in hohen klassizistischen Formen gehalten. Über all dem sind noch die zwei Füße des ehemals vorwärts stürmenden Frontsoldaten erhalten. Die erste – relativ simple – Bedeutung dieses Fotos ist, daß der Krieg sein eigenes Denkmal gestürzt hat: » Wer das Schwert ergreift, wird durch das Schwert umkommen«. Doch das Bild leistet mehr: Nicht nur, daß die Hoheitsform des Sockels aufs Vielfältigste gestört wird (große Spolien, gesammelte Pflastersteine, herabrinnender Kleister), auch die eigenwillige Verbindung, die der entlaubte Baum mit dem vorrückenden (nun abwesenden) Frontsoldaten eingeht, sowie der trotzig aufrechte Schatten des Kirchtums verleihen dem Foto einen Hintersinn, der es aus aller Plattheit befreit. Aus welchen Gründen auch immer hat der Fotograf über den bewegten Füßen für die abwesende Figur nicht ausreichend Platz gelassen. Damit konzentriert er das Interesse auf den Steinhaufen, der nun, dem begehrlichen Blick der Nachkriegszeit folgend, zu einem Haufen durchaus brauchbaren Baumaterials werden kann. Vergleicht man ein Foto Hennig Langenheims, das er 1993 in Maly Trostenez bei Minsk in Weißrußland machte, wird deutlich, wie ein durchaus vergleichbares Motiv zu einem völlig anderen Foto werden kann. Auch hier ist Bedeutung intendiert. Durch das Blitzlicht wird das abgebrochene Denkmal aber, wie meine Kinder sagten, gespensterlich, gleichermaßen komisch und bedrohlich.

276

Das zweite Foto zeigt einen jungen Mann. Er sitzt auf einem Baumstamm und hat den Kopf über den gefalteten Händen auf das angezogene Knie gestützt: eine Variante des uralten Melancholiegestus, den schon das Gilgamesch-Epos erwähnt. Ein Foto von Hilmar Pabel, das einen jungen Soldaten wiedergibt, der vor sich hinbrütet, war zur Ikone der Flakhelfergeneration geworden. Ein anders Bild hatte Bert Brecht in seine Kriegsfibel geklebt und mit einem Gedicht kommentiert: »Hier sitz ich, haltend meinen armen Kopf: Der Irreführer über alle Berge. Die Körnlein hat das Huhn im Kropf: Die kriegen die Zwerge«.[26]

Josef Stoffels hat sein Foto im Februar 1948 im Stadtgarten gemacht. Wir wissen nicht, wie er zu der Beschriftung »obdachlos«, »ausgebombt« gekommen ist, ob er mit dem jungen Mann gesprochen hat. Vielleicht hatte der Liebeskummer und zog sich deswegen in den Stadtwald zurück. Zwei erhaltene Versionen legen nahe, daß die Szene gestellt

277 & 278

ist und so eine Essener Variante des Pabelschen Melancholiegestus entstand.

Das dritte Foto wurde 1950 in einer »Ladenstraße« aufgenommen [Abb. 247]. Den Einbruch des Wirtschaftswunders in die inzwischen recht geputzte Trümmerwelt thematisiert Josef Stoffels mit vier Autos, vom hochherrschaftlichen BMW über den Volkswagen bis zum recht versteckten Dreirad der Firma Tempo. Straße und Erdgeschoß, eine Zone mit Kaufladen, sind schon vom Boom erfaßt, die Ruinen im Hintergrund wirken transparent, sie haben ihren Wiederaufbau noch vor sich. Das Bild ist durchaus augenzwinkernd fotografiert, der Gegensatz von Karosse und leerem Trümmergebäude ist mit Witz beobachtet.

Der deutliche Wille, das Foto zu gestalten, mit Bedeutung zu versehen, wird auf einem Bild der »Fotografischen Gesellschaft im Kruppschen Bildungsverein« anschaulich. Das Gruppenbild mit Dame zeigt die Fotografen, die sich zu gemeinsamer Lichtbildarbeit in einem malerischen Trümmerfeld eingefunden haben. Nicht ganz ohne Selbstironie haben sich die Herren vor der Kamera aufgebaut, während Fräulein Peters – die Hand am Blick – die Lichtverhältnisse studiert. Ein anderes Foto [Abb. 121] zeigt die Herren bei der Arbeit im Gelände. »Essen in Trümmern« hat Josef Stoffels die Aufnahme der Akazienallee getauft. Sie verfügt über eine poetische Kraft, die an Einstellungen in Jean Cocteaus »Orphée« erinnert. Hier ist die Unterwelt eine Trümmerlandschaft, durch die verirrte Gestalten ziehen.

Das Gros der Aufnahmen der Stadt scheint eher auf Anmutungen zurückzugehen; die Fotografen hielten dies oder jenes für wichtig. Ein solches gewöhnliches Bild nahm Willy van Heekern im Januar 1948 auf. Bis zur Währungsreform am 20. Juni 1948 wird aufgeräumt, 1949 beginnt dann der – 1940 geplante – Wiederaufbau. Eine solchermaßen in Ordnung gebrachte Straße

279

280

sehen wir auf dem Foto vom Januar 1948. Die Straße ist befahrbar. Schienen und Oberleitung signalisieren, daß die Straßenbahn wieder im Einsatz ist. Der Schutt wurde in gleichmäßig am Rand aufgereihten Haufen zusammengeführt, er steht zum Abtransport bereit. Fast will es scheinen, als ob die Stadt auf den Tag X warte. Doch vielleicht interessierte den Fotografen lediglich die aufragende Hauswand, vielleicht haben ihn ähnliche Gedanken beschäftigt, wie Günther Anders am 21. Juni 1953 in Berlin: »Das Haus, in dem R. R. gewohnt hatte. Damals. Damals? Vor dem Jahr Null, 1924. Vor dreißig Jahren. Siebzehn war sie. Wäre jetzt also sechsundvierzig. Beinahe fünfzig. Unvorstellbar. Wo ist sie? Ist sie noch? Nein. Nicht das Haus. Eine kulissenartige Mauer. Aber die Etagen sind abzählbar, mindestens die Tapeten-Rechtecke, die die ehemaligen Stockwerke anzeigen. Im dritten Stock wohnte sie. Ja, diese Tapete kenne ich, diese großspurig gefleckte Tapete. Gladiolen oder so. Gegen diese Tapete lehnte sie damals mit nach hinten geworfenem Kopf, wenn sie trotzte. Und weiterzureden, hatte dann keinen Zweck mehr. Da oben schwebt sie.«[27]

281

282

Die Reinigung der Trümmerlandschaft bedeutet oft auch einen endgültigen Abschied von dem, was einmal war. Beseitigt man den Schutt, dann wird es noch nicht spürbar, dann ist auf einmal an der Stelle ein leerer Platz, wo vorher viele Häuser gestanden haben. Nur Gebäude, die ihre spezifische Form bewahren konnten, orientieren noch. Daß ein solches Gebäude in Essen die Synagoge ist, mag wie eine Parodie erscheinen, die die Geschichte selbst schrieb. Für sie trifft in besonderer Weise eine Überlegung von Günther Anders zu: »Wo etwas fehlt, da fehlt bald auch das Fehlen des Fehlenden. Wo etwas nicht mehr da ist, ist bald auch dessen Nichtmehrdasein nicht mehr da. Jedes Gewesene stirbt so zum zweiten Male. Und gäbe es nicht dieses zweite Sterben, über kein unwiederbringlich Vergangenes kämen wir hinweg. Die Ruinen aber verhindern dieses zweite Sterben. Oder schieben es auf. Denn sie sind Nichtdaseiendes in der Form von Daseiendem; nicht mehr Gegenwärtiges in der Form von Gegenwärtigem. Das ist es, was sie unfaßbar macht und unertragbar.«[28]

Was hier über die Ruinen gesagt wird, trifft eine Stufe weiter für die Fotografie zu: wenn die Ruinen Nichtdaseiendes in der Form von Daseiendem sind, dann sind die Fotos von Ruinen, die fixierten, verewigten Schatten von Nichtdaseiendem in der Form von Daseiendem. Am Ende einer langen Kette, von der unser Denken, unsere Vorstellungskraft kein Glied überspringen sollte, war etwas gewesen. Die Fotografie kann unserer Phantasie und unserem Denken die Anstrengung der Rekonstruktion abverlangen. Sie zeigt, was einmal gewesen sein könnte.

Diesen kontemplativen Umgang mit der Kamera finden wir auf Fotos von Elisabeth Altenhoff. Die in der Sachfotografie erfahrene

Absolventin der Kunstgewerbeschule hat vor und nach Kriegsende die Straße und die Wohnung, in der sie lebt, mit der Kamera festgehalten. Nicht das außergewöhnliche Motiv ist Anlaß, auf den Auslöser zu drücken, sondern spezifische Orte, die von Bedeutung sind und die 1947 anders aussahen als vor der Bombardierung. Jedes dieser stillen Bilder scheint zu sondieren, was von dem, was einmal war, noch sichtbar ist. Wir, die wir durch einen Zufall der Überlieferung an diesem Vorgang teilhaben können, spüren die Intensität der Beobachtung, können den Unterschied von »Ist« und »War« phantasieren [Abb. 423].

Wiederaufbau Elisabeth Altenhoffs Sequenz aus dem Stadtteil, in dem sie lebt, prägt eine besondere Stille und Konzentration. Doch wenn wir zu den Bildern des Wiederaufbaues und des Wirtschaftswunders übergehen, dann fällt die Unruhe und das hohe Tempo auf, das diese Fotos erfüllt. Ein Vergleich zweier Arbeiten Willy van Heekerns soll dies veranschaulichen. Das Hochformat von 1946/47 setzt die Trümmerwand, die nach oben hin immer dünner wird, bis dann auf einem Eisenstab ein Stein zu balancieren scheint, zu dem Rathausturm in Bezug. Das Foto will angesehen werden wie das Kunststück eines Seiltänzers – Labilität ist das Thema. Ganz anders das Querformat, in dem der Rathausturm an den Rand rückt, Frauen rennen, bei Textil-Wilhelm mag Schlußverkauf sein [Abb. 232]. Die Jagd nach den Schnäppchen hält Willy van Heekern gerne fest. Auf diesem Foto, auf dem die Welt des Kaufens alles in seinen Bann zieht, wird ein Gegengewicht zur Stadt und ihrer Trümmerwelt aufgebaut. Während Hamsterer und Schwarzmarkthändler, selbst die geschäftigen Herren, die durch die geräumten Straßen eilen, Teil der zerstörten Welt sind, entsteht jetzt sichtbar etwas Neues, etwas Anderes, das mit der Trümmerwelt nichts mehr gemein hat. Es sind die ersten Schritte in unsere Gegenwart zu Ende des Jahrhunderts. Daran ändert auch das in unseren Augen altertümliche Design wenig: van Heekerns Foto zeigt die intensive Präsenz dessen, was wir »Fünfziger Jahre« nennen. Um das tagtägliche Leben festzuhalten, benutzen die Fotografen viel weniger tradierte Bildmuster als für die Trümmerwelt. Die Fußgängerzonen und Kaufläden, die Schaufenster und die Reklameschilder geben ihre Inszenierung schon vor. Peter Kleu und Willy van Heekern halten auf jede dieser Neuheiten ihre Kamera. Es mag sein, daß sie den Geschäftseignern Abzüge ihrer Fotos verkaufen wollten, aber das erklärt nicht die Beharrlichkeit, mit der Baustellen und Neubauten festgehalten werden. Noch vor der Eröffnung hat Peter Kleu im Juli 1949 Textil-Wilhelm fotografiert. Die Einkaufszone an der Brandstraße nimmt er nicht nur von der Straße aus auf, er steigt auch in das oberste Stockwerk des benachbarten Hauses, um so zu zeigen, wie sich die geraden Linien und die schlanken Säulen, die

283

284

eleganten vorkragenden Dächer und die nun wieder klar begrenzten Gehwege gegen das Trümmerchaos absetzen, wie eine neue Welt entsteht, gegen die das Alte keine Chance mehr hat. Selbst die triste Welt des Bahnhofs und seiner Umgebung, die seit 1945 immer wieder fotografiert worden war (Hamsterer, Kohlenklauer und Schwarzhändler waren hier tätig), wird vom Neuen erfaßt. Wie um das, was er sieht, noch einmal unmißverständlich ins Bild zu setzen, fotografiert Peter Kleu im September 1949 die Reklame eines Lampengeschäftes [Abb. 184], das sich selbst mit dem Schlagwort »Wiederaufbau« zum Aufschein bringt. Aus der noch im Dunkel der Vor-Wiederaufbauzeit verharrenden Bahnhofsarchitektur hebt sich diese helle Botschaft hervor.

285

286

Wie sich das Stadtbild verändert, wie die Reinheit und Sauberkeit von Architektur und Auslagen, von Arrangements und zunehmend auch der Menschen selbst das Chaos und den Dreck der Trümmerzeit verdrängen, so sind auch wieder Dinge, Waren zu sehen, die man vergessen hatte. Im Juni 1949 fotografiert Willy van Heekern einen Obststand, weil dort drei riesige Bananenstauden hängen. Coca-Cola will auch in diesem Punkt keine Mißverständnisse aufkommen lassen. Auf den Lastwagen, die Flaschen transportieren, ist in lustvoller Tautologie zu lesen: »Coca Cola ist wieder da« und – so könnte man anfügen – die Fotografie ist dabei [Abb. 226]. Coca-Cola, Bananen, Autos gewinnen die Deutschen für die Demokratie, Hitler und das »Dritte Reich« versinken hinter und mit den Trümmerbergen.

Doch sollte man den Zeitraffer nicht vergessen, dessen sich meine Darstellung bedient. Ich möchte nicht übersehen, daß vieles weiter besteht: Menschen leben oft bis in die sechziger Jahre in Notunterkünften, aber während solche Wohnungen, von denen wir sehr viele Fotos besitzen, 1945 und 1946 die Norm waren, waren sie Anfang der sechziger Jahre die Ausnahme. Lange nach dem »Glückauf zum Start« von Coca-Cola konnte Willy van Heekern im September 1949 eine Puppe, die einen englischen Soldaten darstellte, an einem Galgen fotografieren. Wenn auch die Aufnahme mit dem Graffito »go home Tommy« [Abb. 349] von 1947 stammt, so söhnt sich die aus NS-Deutschland hervorgegangene Republik nur langsam mit ihrem neuen Partner aus. Graffito und gehängte Puppe gehören in den Bereich des Verbotenen, in der Zeitung hätten solche Fotos nur mit Texten des Abscheus abgedruckt werden können.

Vielleicht verdankt ein Verkehrsunfall dieser latenten Animosität seine große – nach der Anzahl der Fotos – Beachtung [Abb. 362]. Natürlich waren die Menschen 1948 noch nicht wie wir am Ende des Jahrtausends an Verkehrsunfälle gewöhnt. Aber dem Zusammenstoß eines englischen »Militärlastwagen« in der Frankenstraße und einer Straßenbahn mit Ziel Heisingen hatte Schaulust, die kleine und große Katastrophen stimulieren, noch eine symbolische Bedeutung abgewinnen können: einmal durfte in diesem verordneten einsichtigen Miteinander von Besatzungstruppen und Deutschen präsent sein, daß es Zusammenstöße gibt – und sichtlich hat es die deutsche Straßenbahn nicht aus dem Gleis geworfen. Ein anderes Foto der Straßenbahn [Abb. 165] vom Februar 1948 zeigt, wie vergnüglich dieses improvisierte Fortkommen sein kann – von einem überfüllten Güterwagenanhänger lachen die männlichen Passagiere den Frauen am Straßenrand (und vielleicht auch dem Fotografen) zu. Wie auch immer, es geht voran.

Das Rohr von Sewastopol Aus dem reichen Bildmaterial habe ich in meine Überlegungen keine Darstellungen von Ereignissen einbezogen: die ersten Partei-, Gewerkschafts- und Kirchenveranstaltungen, die Reden berühmter Männer, die Ankunft der Ostflüchtlinge und Rußlandheimkehrer, die Versorgung der Bevölkerung mit CARE-Paketen. Die fotografischen Bilder stellen sich in ihre jeweilige Tradition der Großkundgebungen und der Spendenverteilung, der Heimkehr und der Nächstenliebe. Mit nur einem für Essen sehr wichtigen und die Gefühle aufmischenden Beispiel will ich mich diesen Bildern zuwenden: der Demontage der Firma Krupp, hier der Zerlegung des Rohrs des Sewastopolgeschützes [Abb. 326] [29] . Man muß die ungehemmte Lust in Erinnerung haben, mit der die DEUTSCHE WOCHENSCHAU den Einsatz dieses extrem langen Rohrs bei der Beschießung von Sewastopol im Sommer 1942 feierte. Die gesamte Erhebung einer Nation nach den erfolgreichen Blitzkriegen geht in die pathetische Aufrichtung des Rohrs ein, der Kommentator verstummt, um die Musik aus Franz Liszts »Mazeppa« anschwellen zu lassen, bis dann dieses Vorspiel in rhythmischen Schüssen endet, untermalt von der Rußlandfanfare, einer Sequenz aus den Préludes von Franz Liszt. Über die Melodie Liszts war die Beschießung Sewastopols mit dem Riesenrohr zum vorläufigen Höhepunkt der Blitz-Kriegund Sieges-Euphorie geworden.[30] Und jetzt mußten die Kruppianer dieses stolze Gebilde in kleine Teile zerlegen. Die vier Stücke dominieren das Foto wie verstreute Glieder, die doch zusammen gehörten. Josef Stoffels, der selber Kruppianer war, formuliert seine Trauer über den Verlust, als den die Demontage empfunden wurde, mit einer intensiven Nahsicht auf das leere Gelände [Abb. 336].[31]

Ein Foto Willy van Heekerns von 1949 soll am Schluß dieses Essays stehen, weil auch jener gedacht werden soll, für die das Ende der Trümmerzeit ein Verlust war, jene, die Krupp keine Träne nachweinten, die nichts gegen die Engländer hatten und die in Trümmern gerne als Höhlenmenschen lebten, die Kinder. Hinter malerischen Notunterkünften im Segeroth ragen schon die intakten Schornsteine der Wiederaufbauzeit. Die Kinder im Vordergrund sammeln sich, um gemeinsam zum Badesee zu ziehen. Sie sind mit dieser Nachkriegszeit zufrieden.

287

1 Thomas Mann: Deutsche Hörer! Radiosendungen nach Deutschland aus den Jahren 1940-1945, Frankfurt/M. 1987, S. 58 f. Erste Ausgabe 1942, erweiterte zweite 1945 im Bermann-Fischer Verlag, Stockholm.
2 John Taylor: War Photography. Realism in the British Press. London and New York 1991, S. 63 f. Die Texte lauten im Deutschen: »Ihr Haß muß auch Eurer sein«, »Wenn die Invasion Englands jemals erfolgreich wäre, würden Sie diese Bilder in Wirklichkeit sehen« sowie »Kriegsbilder von erhängten Russen, die wir zeigen müssen«.
3 Mann 1987 (wie Anm. 1), S. 59.
4 Ebenda.
5 Ebenda S. 155.
6 Nach: Ute Eskildsen: Überarbeitete Zusammenfassung mehrerer Gespräche mit Willy van Heekern, in: Willy van Heekern. 50 Jahre Lokalreporter im Revier 1920-1970, Essen (Fotografisches Kabinett Museum Folkwang) 1985, S. 4-10, Zitat S. 9. Auch Peter Kleu war während des Krieges mit der Dokumentation von Luftangriffen und Kriegsschäden beauftragt.
7 Joachim Brohm: Josef Stoffels – 70 Jahre Fotograf, in: Josef Stoffels: Bergwerke. Industriefotografie aus der Mitte des 20. Jahrhunderts, Essen (Ruhrlandmuseum) 1990, S. 6-10, Zitat S. 7.
8 Werner Durth: Utopia im Niemandsland, in: Hermann Glaser, Lutz von Rufendorf, Michael Schoneich (Hrsg.): So viel Anfang war nie. Deutsche Städte 1945-1949, Berlin 1989, S. 214-223, Zitat S. 223. Das Weitere nach diesem Text, der auch die weiterführende Literatur zum Wiederaufbau nachweist.
9 Ebenda.
10 Bombers over Merseyside. This was Merseyside's Finest Hour': The Authoritative Record of the Blitz, 1940-1941, Liverpool 1943, Reprint Liverpool 1983. Die erwähnten Fotos befinden sich auf den Seiten 20, 18 und 19; der Artikel, der Seite 17 beginnt, hat den Titel »Unforgettable Pictures.« Die Übersetzung ins Deutsche lautet: »Ziel der Luftwaffe – das Mill Road Krankenhaus, Liverpool«, »Angriff auf Kultur. Das geplünderte Stadtmuseum, ein Opfer des Nazi-Vandalismus«, und »Sinnlose Zerstörung an der Universität. Das war die Abteilung für Maschinenbau«.
11 Ebenda S. 6/7. »Als die Front durch ihre Straße führte«.
12 Leonard Sempolinski: Emilia Borecka: Warszawa 1945, Panstwowe Wydawnictwo Naukowe, Warschau 1945.
13 Ausstellungskatalog: Ein Krieg wird ausgestellt, Die Weltkriegssammlung des Historischen Museums (1914-1918), Frankfurt 1976; Bodo von Dewitz: »So wird bei uns Krieg geführt!«, Amateurfotografie im Ersten Weltkrieg, München 1989.
14 Detlef Hoffmann: Der Mann mit dem Stahlhelm vor Verdun, Fritz Erlers Plakat zur sechsten Kriegsanleihe 1917, in: Bittinzna (Hrsg.): Die Dekoration der Gewalt, Kunst und Medien im Faschismus, Gießen 1979, S. 101-114, bes. S. 108. Vgl. Auch Hermann Rex: Der Weltkrieg 1914-1918 in seiner rauhen Wirklichkeit »Das Frontkämpferwerk«, München o.J. (1926).
15 Vgl. hierzu Rolf Engelsing: »Wie Sodom und Gomorrha...«. Die Zerstörung der Städte, Berlin 1979, bes. S. 29-36.
16 Natürlich gibt es viele Fotos, die vor allem die Macht des Infernos, der Hölle zeigen. In einem Bild von dem 1943 brennenden Hamburg wirkt der Feuerwehrmann mit seinem Wasserstrahl lächerlich, siehe: Das Gesicht der Hansestadt Hamburg im Wandel der Jahre 1939-1945, Hamburg 1951, Seiten nicht paginiert.
17 Vgl. Detlef Hoffmann: Kulturelle Identifikation, in Jutta Held (Hrg): Kunst und Alltagskultur, Köln 1981, S. 122-131, Zitat S. 126.
18 Eskildsen 1985/ S. 7, (Anm. 6).
19 Nach Norbert Krüger: Die Bombenangriffe auf das Ruhrgebiet im Frühjahr 1943, in: Ulrich Borsdorf, Mathilde Jamin (Hrsg.): Überleben im Krieg, Kriegserfahrungen in einer Industrieregion 1939-1945, Reinbek bei Hamburg 1989, S. 88-100, Zitat S. 92.
20 Fritz Knöller: Winterliche Wehmut – Ein Gang durch die Ruinen, in: Die Kameltränke, Ein Kulturgeschichtliches Jahrbuch 1946/47, 1950, S. 47f; zitiert nach Nina A. Krieg: München, leuchtend und ausgebrannt ... Denkmalpflege und Wiederaufbau in den Nachkriegsjahren, in: Friedrich Prinz (Hrsg.): Trümmerzeit in München. Kultur und Gesellschaft einer deutschen Großstadt im Aufbruch 1945-1949, München 1984, S. 69-87, Zitat S. 69.
21 Günther Anders: Die Schrift an der Wand, Tagebücher 1941-1966, München 1967, S. 240. Hans-Ernst Mittig hat sich in: NS-Architektur für uns, Nürnberg 1991 (=Beiträge zur politischen Bildung Nr. 10/1991) S. 17-20 mit der von Albert Speer so genannten »Ruinenwert-Theorie« auseinandergesetzt. Sie hat die NS-Bauten nicht geprägt. Als Phantasma der NS-Eliten ist sie jedoch wirksam, auch post festum.
22 Vergleichsmaterial ist schnell zur Hand bei Jeannot Simmen: Ruinen-Faszination in der Graphik vom 16. Jahrhundert bis in die Gegenwart, Dortmund 1980.
23 Vgl. Detlef Hoffmann, Bodo von Dewitz: Christus in aktualisierter Gestalt. Über ein Motiv der Kriegsfotografie von 1914 bis 1954, in Fotogeschichte 1, Heft 2, 1981, S. 45-58, Fortsetzung »Herzliche Grüße aus Frankreich«, 2, Heft 2, 1982, S 63 f.
24 Hilmar Pabel: Jahre unseres Lebens, Stuttgart 1954. Untertitel: Deutsche Schicksalsbilder. Wolf Strache: Zukunft ohne Kanonen, in: »Stuttgarter Rundschau«, Nr. 2 vom Febr. 1947, S. 17.
25 Hermann Claasen: Gesang im Feuerofen. Köln, Überreste einer Deutschen Stadt, Düsseldorf 1947. – Vgl. zu diesem Thema ausführlicher meinen Aufsatz: Deutsche Ruinenfotos. Bearbeitung oder Verdrängung eines unvermeidlichen Endes?, in: Kairos, Mitteilungen des österreichischen Fotoarchivs, 3., Nr. 1 & 2, 1980, S. 26, 32.
26 Bert Brecht: Kriegsfibel, Berlin 1955, 2. Auflage, 1968, S. 59.
27 Anders 1967 (in Anm. 22), S. 237.
28 Ebenda. Die wörtliche Übersetzung des griechischen Satzes lautet: »Es wird sein das Nicht-Sein«. Mein Kollege Burkhard Gladigow machte mich darauf aufmerksam, daß Anders ein Zitat des Philosophen Parmenides (geb. um 540 vor unserer Zeitrechnung) verändert: »Parmenides hämmert seinen Hörern als Quintessenz seiner Ontologie ein, daß Ist ist, und Nicht ist nicht ist. Die zweite, komplementäre Komponente dieser Ontologie kehrt Anders programmatisch um.«
29 Auch wenn die Bildunterschriften der im April 1947 in der »Neuen Ruhr Zeitung«, der »Rheinischen Post« und der »Rhein-Ruhr-Zeitung« veröffentlichten Fotos das Gegenteil behaupten: Die Fotos zei-

gen nicht das im Sommer 1942 vor Sewastopol eingesetzte Eisenbahngeschütz »Dora«, sondern ein nicht mehr fertiggestelltes ähnlichen Typs. Das »echte« Sewastopol-Geschütz stand noch im Sommer 1949 vollkommen unversehrt auf einem toten Eisenbahngleis im Bayerischen Wald. (Vgl. Foto in »Der Stern« Nr. 31 vom 31. Juli 1949, S. 22). Diesen Hinweis verdanke ich Thomas Morlang, Ruhrlandmuseum Essen.

30 Die Hinweise auf die musikalische Ausstattung der Sewastopol-Wochenschau verdanke ich meinem Kollegen Fred Ritzel, Oldenburg.

31 Vgl. auch die Abb. [336] im Bildteil des Kataloges.

Bildunterschriften zu den Abbildungen 258 - 287:

258 »Bombeneinschläge in den Städtischen Krankenanstalten in der Nacht vom 13./14. Februar 1942.«
Essen, 14. Februar 1942
Willy van Heekern

259 »Bombenschäden in der Nacht vom 8. auf den 9. März 1942, Bruno-/Ecke Holsterhauserstraße.«
Essen, 9. März 1942
Willy van Heekern

260 »Großangriff auf die Stadt Essen am 5. März 1943, Kopstadtplatz.«
5./6. März 1943
Willy van Heekern

261
Essen, 1943
Willy van Heekern

262 Löscharbeiten nach einem Bombenangriff
Essen, 1943
Willy van Heekern

263 »Altenessen, Johanneskirchstraße.«
Essen, 1943
Willy van Heekern

264 »Steinplatz«
Essen, 1943
Willy van Heekern

265
Essen, 1943
Willy van Heekern

266 »Kruppwerke«
Essen, ca. 1944
Willy van Heekern

267
Essen, 1943
Willy van Heekern

268 »Säulenhalle am Hauptrestaurant der Gruga.«
Essen, 1946
Josef Stoffels

269 »Am Rathaus.«
Essen, 1946
Josef Stoffels

270 Notwohnung in der Kruppstraße
Essen, 1946
Josef Stoffels

271 »Holsterhausen. Ernste Stimmung in schwerer Zeit.«
Essen, undatiert
Josef Stoffels

272 »Rolandstraße«
Essen, 1948
Josef Stoffels

273 »Kreuz am Burgplatz.«
Essen, 1948
Josef Stoffels

274 »An der Post«
Essen, 1946
Josef Stoffels

275 »Sockel vom Denkmal des Handgranatenwerfers an der Bahnhofstraße vor dem Heimatmuseum.«
Essen, 1946
Josef Stoffels

276 »Maly Trostenez 1993« Abgeräumtes Denkmal auf dem Gelände des ehemaligen Vernichtungslagers Maly Trostenez bei Minsk/Weißrussland
Henning Langenheim

277 »Obdachlos, ausgebombt. Aufnahmen aus dem zerstörten Essen.«
Februar 1948
Josef Stoffels

278 »Obdachlos, ausgebombt. Aufnahmen aus dem zerstörten Essen.«
Februar 1948
Josef Stoffels

279 »Fotografische Gesellschaft im Kruppschen Bildungsverein macht Aufnahmen im zerstörten Essen», Akazienallee.
1946
Josef Stoffels

280
Essen, Januar 1948
Willy van Heekern

281 »1945. Vor dem Kriegsende.«
Essen
Willy van Heekern

282
Essen, 1942
Elisabeth Altenhoff

283 Rathausturm
Essen, undatiert
Willy van Heekern

284 »Ladenstraße«
Essen, 1947
Peter Kleu
285 Marktstand
Essen, Juni 1949
Willy van Heekern

286 Puppe mit britischer Uniform an einem Galgen, Werden
Protestaktion
gegen die Demontage
Essen, September 1949
Willy van Heekern

287 Segeroth
Essen, 1949
Willy van Heekern

288 Aufbruch zum Hungermarsch, Gildehofstraße
Essen, ca. 1947
Willy van Heekern

289 »Demonstranten der Krupp-Betriebe auf dem Wege zur Militärregierung«, Huyssenallee
Essen, 3. Februar 1947
Willy van Heekern

290 Hungerdemonstration vor dem Glückaufhaus, Rüttenscheider Straße, Sitz der britischen Militärregierung
Essen, 3. Februar 1947
Fotograf unbekannt

291 »Hungerdemonstration auf dem Burgplatz/Essen, Pawlik (links) spricht zu den Massen«
(Montage von zwei Schauplätzen, links Burgplatz, rechts Porscheplatz)
9. Januar 1948
Peter Kleu

292 Hungerdemonstration auf dem Burgplatz
Essen, 3. April 1947
Werner Ebeler

293 Hungerdemonstration am Haus der Technik
Essen, 1946/47
Willy van Heekern

294 Hungerdemonstration auf dem Burgplatz
Essen, 3. Februar 1947
Carl A. Stachelscheid

295 Eine Kommission der britischen Militärregierung besichtigt die Krupp-Werke
Essen, 1947
Carl A. Stachelscheid

296 Die beiden Militärgouverneure Brian Robertson (GB) und Lucius D. Clay (USA) am Hafen
Essen (?), Oktober 1948
Willy van Heekern

297 Die britischen Bevollmächtigten für Nordrhein-Westfalen, Bishop und Asbury, mit dem ernannten Oberbürgermeister Heinz Renner
Essen, 1946
Ernst Lerche

298 Einführung des neuen Stadtkommandanten Acworth im Rat der Stadt, rechts Heinz Renner, links die Dolmetscherin Lotte Büschges
Essen, 17. Juli 1946
Willy van Heekern

299 Eröffnung des ernannten Landtages im Düsseldorfer Opernhaus
2. Oktober 1946
Fotograf unbekannt

300 Gruppenportrait des 1. Kabinetts Arnold
Düsseldorf, 1947
Richard Gerling

301 Konrad Adenauer (CDU)
Düsseldorf, Mai 1948
Peter Kleu

302 Karl Arnold (CDU)
Düsseldorf, Mai 1948
Peter Kleu

303 Rudolf Amelunxen (Zentrum)
Düsseldorf, Mai 1948
Peter Kleu

304 Heinrich Weitz (CDU)
Düsseldorf, Mai 1948
Peter Kleu

305 Heinz Renner (KPD)
Düsseldorf, Mai 1948
Peter Kleu

306 Carl Severing (SPD)
Düsseldorf, Mai 1948
Peter Kleu

307 Fritz Henßler (SPD)
Düsseldorf, Mai 1948
Peter Kleu

308 n. b.
Düsseldorf, Mai 1948
Peter Kleu

309 Walter Menzel (SPD)
Düsseldorf, Mai 1948
Peter Kleu

310 CDU-Kundgebung auf dem Burgplatz
Essen, 1. April 1946
Willy van Heekern

311 Wahlkundgebung mit Konrad Adenauer auf dem Burgplatz
Essen, 24. August 1946
Willy van Heekern

312 Wahlkampf in Essen, Kurt Schumacher
11. August 1946
Willy van Heekern

313 Kurt Schumacher und Wilhelm Nieswandt
Essen, September 1949
Peter Kleu

314 Erste KPD-Kundgebung, Burgplatz
Essen, 27. Januar 1946
verm. Ernst Lerche

315 Max Reimann (KPD)
Dortmund, 1949
Ernst Lerche

316 »Einheitskundgebung« mit Wilhelm Pieck und Otto Grotewohl (SED)
Essen, 20. Juli 1946
Ernst Lerche

317 & 318 Katholikentag in Bochum
September 1949
Willy van Heekern

319 Männerwallfahrt, Burgplatz
Essen, 1947
Willy van Heekern

320 Der neugewählte Bundespräsident Theodor Heuss (FDP) wird eskortiert
Bonn, September 1949
Peter Kleu

321 »Mit verbissenem Gesicht zieht OB Heinemann, Bürgermeister Aust lacht, dahinter die Ratsherrn Wahrendorf und Lipa«
Essen, Juni 1949
Willy van Heekern

322 Artillerie-Museum der Fried. Krupp AG
Essen, 7./8. August 1941
Werksfotograf

323 Das zerstörte Stammhaus der Firma Krupp
Essen, 23./25. Oktober 1944
Werksfotograf

324 Geschützrohre bei Krupp
Essen, April 1947
Erwin Erlenkämper

325 Zerstörung des sogenannten Sewastopol-Geschützes
Essen, April 1947
Erwin Erlenkämper

326 Zerstörung des sogenannten Sewastopol-Geschützes
Essen, April 1947
Willy van Heekern

Achtung!
Abbrucharbeiten
Gefahr durch abstürzende eile
Kein Zutritt für Unbefugte

327 (linke Seite)
Essen, undatiert
Werner Ebeler

328 Russische Journalisten besichtigen Demontage des Krupp-Stahlwerks in Borbeck
Essen, 1947
Peter Kleu

330 »...und Kruppsche Arbeiter schauen zu...!«
Essen, 27. Januar 1948
Peter Kleu

329 Vorbereitungen für eine Sprengung
Essen, 27. Januar 1948
Peter Kleu

„ICH WAR DABEI!“

Unser Sonderberichterstatter Hilmar Pabel machte den ersten Bildbericht von der Demontage in den „Chemischen Betrieben der Essener Steinkohlenwerke“, Bergkamen

1 BEI DEM VERSUCH UNSERES BERICHTERSTATTERS, zusammen mit einer deutschen Journalistin den Direktor des Werkes zu interviewen, stießen sie vor dem Fabriktor auf einen belgischen Posten. „Weg hier!“ befahl der Soldat. Rund um die Fabrik waren Truppen mit Panzern und MGs postiert, um „Zwischenfälle“ zu verhüten.

2 LÄCHELND wendet sich der englische Kreiskommandant, Oberstleutnant Baker, von der gleichen Journalistin und Hilmar Pabel ab, die fünf Stunden lang versucht hatten, von dem Offizier neues über die Demontage zu erfahren. „Weshalb hat England die Demontage befohlen? Dürfen wir das Werk besichtigen?“ — „Sorry, es ist mir nicht erlaubt, vor der Presse zu sprechen.“

3 DIE VERBOTENE ZONE. Das Schild „Militärisches Sperrgebiet, Lebensgefahr!“ warnt Neugierige vor dem Betreten der Fischer-Tropsch-Anlagen des Werkes. Die beiden Deutschen, die gerade das Tor passieren, müssen Sonderausweise vorzeigen. Einer von ihnen arbeitet in einer Werkstatt, die zu dem Teil der Fabrik gehört, der nicht demontiert wird. Der andere ist unser Sonderberichterstatter Hilmar Pabel, der sich, als Arbeiter verkleidet, durch die Kontrolle schmuggelt. — Die Anlagen des Kohle-Veredelungswerkes, die gerade in Betrieb genommen werden sollten, liegen jetzt still. Kohlenwasserstoffe, Benzin, Rohstoffe für Seife. Öle. Paraffin und Nahrungsfette für fast fünf Millionen Mark hätten darin hergestellt werden können. 1,5 Millionen Mark nur kosteten die Ausgangsstoffe dazu. „Deutschland spart, wenn es die Stoffe alle einführt“, stellten dagegen einige britische und amerikanische Ingenieure fest.

DAS SAGTEN WERKSANGEHÖRIGE UNSEREM MITARBEITER:

„Wo liegt der Unsicherheitsfaktor für England?“ fragte Hilmar Pabel einen Werkdirektor. — „Das kann niemand sagen. Alle deutschen Fischer-Tropsch-Werke haben nur 1,5 Millionen Tonnen Benzin im Jahr hergestellt. Das sind 2,5 Prozent des Kraftstoffes, den die deutsche Kriegführung brauchte.“

Fast eine Woche lang hatten diese Arbeiter zusammen mit ihren Kollegen alle Wege zu dem Werk blockiert und den deutschen Demontagekolonnen den Zutritt verwehrt. Unter Schmähworten gaben sie ihnen den Weg frei, als Militär ihre Fabrik besetzte. „Diese Demontierer sollen uns nicht unter die Finger kommen. Sie hätten bei uns Arbeit gefunden. Achtundsechzig Pfennige Stundenlohn waren ihnen aber zu wenig, die Engländer geben eine Mark siebzig!“

„ACHTHUNDERT MANN könnten wir beschäftigen“, erklärte der Betriebsrats-Vorsitzende Wehner. „Goebbels hat einmal gesagt, wir hier an der Ruhr seien der Kern der Sozialdemokratie und würden die Nazis verraten, weil wir mit den englischen Gewerkschaften so gut stünden. Was sollen wir also davon halten, wenn die Engländer jetzt, vier Jahre nach dem Kriege, plötzlich unser Werk abbauen?“

4 DAS ERSTE BILD AUS DEM SPERRGEBIET: Unser Berichterstatter fotografierte diese Kolonne, die unter dem Schutze der belgischen Soldaten mit der Demontage begonnen hatte, unerkannt durch das Fenster einer Reparaturwerkstatt im Sperrgebiet. — Nur langsam gehen die Abbauarbeiten vor sich, denn der Betriebsrat des Werkes hat sich geweigert, Werkzeuge zur Verfügung zu stellen. — Nicht nur deutsche Stellen versuchen noch heute, die Zurückziehung des Demontagebefehls zu erreichen. Kirchliche Würdenträger, Politiker und Gewerkschaftler aus ganz Europa und Amerika setzen sich dafür ein. Der englische Außenminister, Ernest Bevin, erklärte dazu, daß die Einrichtungen zur synthetischen Benzinherstellung aus Sicherheitsgründen unbedingt demontiert werden müssen. — Indessen erwägt man in Amerika, die Investierung von Marshallplangeldern in die deutsche Industrie so lange zu sperren, bis keine Demontagen mehr zu befürchten sind.

5 IN DIESER STILECHTEN VERKLEIDUNG, die Kamera unter der weiten Jacke verborgen, gelangte Hilmar Pabel fast unbehelligt in das hermetisch abgeschlossene Gebiet des Werkes. Die Maschine, zwischen der er sich von einem eingeweihten Arbeiter fotografieren ließ, ist die erste, die demontiert wurde.

„WAS DENKEN SICH DIE ENGLÄNDER, wenn sie jetzt Demontagen anordnen?" Mit dieser Frage sprach der erste Vorsitzende der SPD, Kurt Schumacher, während einer Rede im Ruhrgebiet aus, was nicht nur Deutschland, sondern die ganze demokratische Welt bewegt.

EINE FRAU, die ihren Mann bei einem Grubenunglück verloren und bis zur Demontage am Wiederaufbau des Kohleveredelungswerkes gearbeitet hat: „Das ist doch alles Blödsinn," die Rede von Sicherheit und so. Wenn die Sicherheit sagen, denken sie bloß ans Geschäft. — Und was aus uns wird, ist ganz egal. Mit uns können sie's ja machen!"

„ÜBER TAUSEND ARBEITER haben von dem Werk gelebt. Seit 1945 arbeiteten wir am Wiederaufbau. Und jetzt, wo das Werk wieder eingeschaltet werden sollte ... Sie sollten sich mal den Leipziger Sender anhören: die ausgebeuteten Werktätigen an der Ruhr ... Kein Wunder, wenn unter unseren Arbeitern jemand darauf hereinfällt."

DIE TRAGÖDIE DER GEMEINDE BERGKAMEN. Dicht nebeneinander liegen die Gräber der Einwohner, die für das Werk gearbeitet hatten und in den Kriegs- und Nachkriegsjahren ums Leben gekommen waren. 1944: 107 Tote bei einem Grubenunglück. 1945: 509 Tote durch Bombenangriffe; achtzig Prozent der Wohnhäuser wurden zerstört. 1946: 404 Tote durch ein zweites Grubenunglück. 1949: Demontage. Mühsam wurde das Chemische Werk wieder aufgebaut. Mit den Geldmitteln, die durch die Fabrik verdient würden, könnte man die schwergetroffene Stadt wieder aufbauen.

3

(vorhergehende Doppelseite)
331 & 332 »Ich war dabei«
in: QUICK, Nr. 28,
10. Juli 1949, Seite 2/3
Hilmar Pabel

333 Sprengung auf dem Gelände der Krupp-Werke
Essen, 1947
Hilmar Pabel

334
Essen, 1947
Hilmar Pabel

335 Maschinen-Demontage
Essen, 1948
Josef Stoffels

336 »Nach der Demontage wird das Gelände eingeebnet (Krupp-Essen)«
1947
Josef Stoffels

337-344 *Reportage über eine Protestaktion gegen die Demontage der Fischer-Tropsch-Anlage bei der Ruhrchemie AG Oberhausen, 31. August 1949*
Carl A. Stachelscheid

337 Zufahrt zum Werk,

338 Der umgeworfene Wagen der britischen Militärbehörde vor dem Werkstor

339 Der Demontageunternehmer vor dem umgestürzten Auto

340 Rangeleien zwischen protestierenden Arbeitern und dem Demontageunternehmer

341 Ein weiteres Fahrzeug der britischen Militärregierung wird am Werkstor angehalten.

342 Ankunft der Demontagearbeiter

343 Zuschauer vor dem Werkstor

344 Der Zugang zum Werk bleibt blockiert. Wenige Tage darauf besetzen britische Truppen die Anlagen und sichern die Demontagearbeiten.

345 Bergkamen
Juni 1949
Carl A. Stachelscheid

346 »Ein Demontagetrupp begibt sich im Inneren des Werkes an seinen Arbeitsplatz«
Oberhausen, 5. September 1949
Fotograf unbekannt

347 Kurzzeitige Besetzung des Werkes
Oberhausen, 1. September 1949
Fotograf unbekannt

348 Britische Truppen sichern die Demontage bei der Ruhrchemie
Oberhausen, 5. September 1949
Peter Kleu

349 Glückaufhaus, Sitz der Militärregierung
Essen, 1947
Willy van Heekern

350 »Capt. U.S.A.«
Essen, 1946
Josef Stoffels

351 »Oberst Irvin, Engl.«
Essen, Juni 1946
Josef Stoffels

352 »Louis, U.S.A.«
Essen, 1946
Josef Stoffels

353 »Miss Jeffers, Engl.«
Essen, 1946
Josef Stoffels

354 »Capt. Moreau, France«
Essen, September 1946
Josef Stoffels

355 »Capt. Skaggs, U.S.A.«
Essen, 1946
Josef Stoffels

356 »Franzose in Essen«
1946
Josef Stoffels

357 »Engländerin, Sekretärin von Oberst Arnold Irvin«
Essen, 1946
Josef Stoffels

358 »Monsieur Ellis, France«
Essen, 1946
Josef Stoffels

359 Brite vor Villa Hügel
Essen, 1946
Josef Stoffels

361 »Engländer im Speisesaal der Villa Hügel«
Essen, 1945
Josef Stoffels

360 »Engländer in Villa Hügel«
Essen, 1945
Josef Stoffels

362 Unfall mit britischem Militärfahrzeug, Frankenstraße, Rellinghausen
Essen, 1948
Willy van Heekern

363 »Deutsches Mädel vom Engländer geküßt«
Essen, 1946
Josef Stoffels

364 »Engländer in Essen (Secret Service), Stocksiepen«
1946
Josef Stoffels

365 Paar, Stocksiepen
Essen, 1946
Josef Stoffels

366 & 367
Mr. Flenn mit Braut
Essen, 1946
Josef Stoffels

368 Verteilung von CARE-Paketen an Bergleute auf der Zeche »Minister Achenbach«
Lünen, August 1947
Carl A. Stachelscheid

369 Verteilung von CARE-Paketen an Bergleute auf der Zeche »Minister Achenbach«
Lünen, August 1947
Peter Kleu

370 Amerikanische Lebensmittelspende für kinderreiche Bergarbeiterfamilie
Essen, 1947
Peter Kleu

371 & 372 Vor einer Verkaufsstelle für Bergleute
Essen, 12. April 1948
Carl A. Stachelscheid

373 Britische Waren für Bergmannspunkte
Essen, 12. April 1948
Carl A. Stachelscheid

Die einen kommen, die anderen gehen. An der Straßenbahnhaltestelle am Viehofer Platz in Essen treffen sich alle Wege des Schwarzen Geldes. Das junge Ehepaar hat eben Kartoffeln aus Westfalen geholt und ist am Nordbahnhof ausgestiegen. Die Frau im Vordergrund wird morgen für ihre Wanne Kartoffeln heimbringen.

Luftschlösser aus Punkten: „Wenn ich mir für 8 Punkte die Socken kaufe . . .“ – „Nee, Oskar, erst brauchst du eine Unterhose!“ – „Aber die kostet doch 18!“ – „Dann lassen wir eben diese Woche den Eimer und holen ihn nächste Woche.“ – „Ja, aber du wolltest doch ein bißchen Obst dafür besorgen . . . . .“

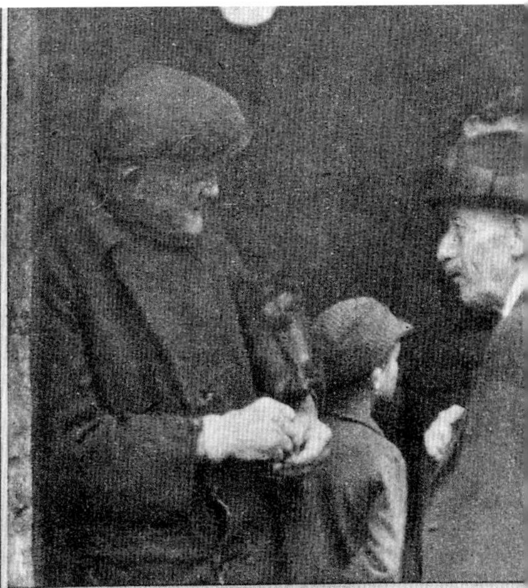

„8 Mark für den Punkt? Nee, dann behalte ich ihn lieber selber

als über Bergarbeiter-Punkte. Er muß also, ob er will oder nicht, Samen oder Gemüse gegen Punkte tauschen, um seine Gießkanne zu kriegen. Das gleiche gilt für Pullover, Unterwäsche, Socken, für Teller und Tassen, für Bügeleisen und Kochplatten, für Messer, Scheren, Wecker oder Büchsenöffner. Alles ist gegen Punkte zu haben, aber nur gegen Punkte.

Ein Sonderkapitel ist die Verteilung der Punkte auch an das Angestelltenpersonal der Zechen. Die Sondervergünstigung, die den Bergarbeitern gelten soll, fällt auch den Direktoren und Sekretärinnen, den Buchhaltern und Lageristen in den Schoß. Was tut die Sekretärin einer Zeche mehr als irgendeine Sekretärin in der Stadt, daß man sie mit „Punkten“ belohnt?

Die Bergarbeiter-Punkte waren ein Ausweg. Aber wo führt er hin?

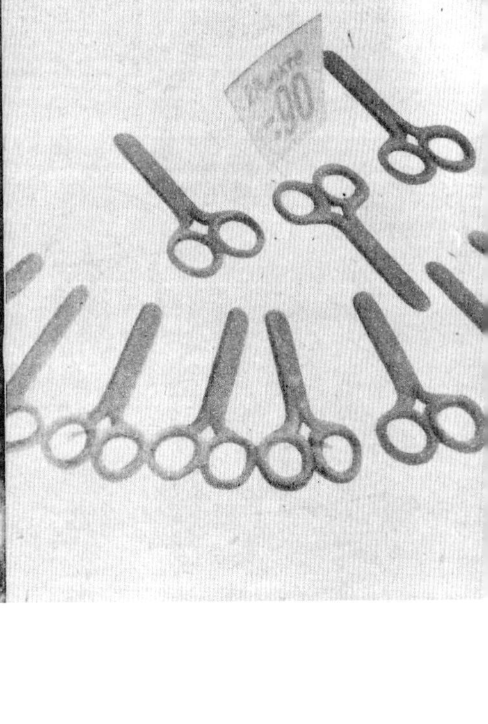

374 »Das schwarze Geld des Ruhrgebietes«
in: STUTTGARTER RUNDSCHAU, Nr. 1, Januar 1948, Seite 14/15
Wolf Strache

nen Wintermantel!"

gelohnt? In sieben
eit fördert ein Kum-
en Kohle. Dafür be-
schnitt zwei bis drei
n er sich eine kleine
Reibe kaufen, viel-
ller oder eine Tasse.
?

Die Mühe hat si[illegible] gegen H[illegible]shaltware e[illegible]handelt wurde, wird in den Essener Zug verladen. Aus Kohle wurden Punkte, aus Punkten wurden Teller, [illegible]ssen, Eimer. Aus Tellern, Tassen, [illegible] wurden Kartoffeln, Äpfel und Fett: das Schwarze Geld kursiert.

60 RM für 6 Punkte. Der Durchschnittspreis für einen Bergarbeiterpunkt ist 10 RM. Er schwankt zwischen 8 und 12 RM. Am Viehofer Platz in Essen kann man unter Aufsicht der Polizei jederzeit Punkte kaufen.

375 Essenszubereitung im Zuge der »Schwedenhilfe« in der Kruppschen Zentralküche
Essen, 1946
Willy van Heekern

376 Essensauslieferung
Essen, 1948
Willy van Heekern

377 Schulspeisung in Altenessen
Essen, undatiert
Fotograf unbekannt

378 Volksschule in Schonnebeck, Heißener Straße
Essen, März 1947
Fotograf unbekannt

379
Essen, November 1948
Peter Kleu

380 Lebertranabgabe im Kindergarten Weserstraße
Essen, 1946/47
Fotograf unbekannt

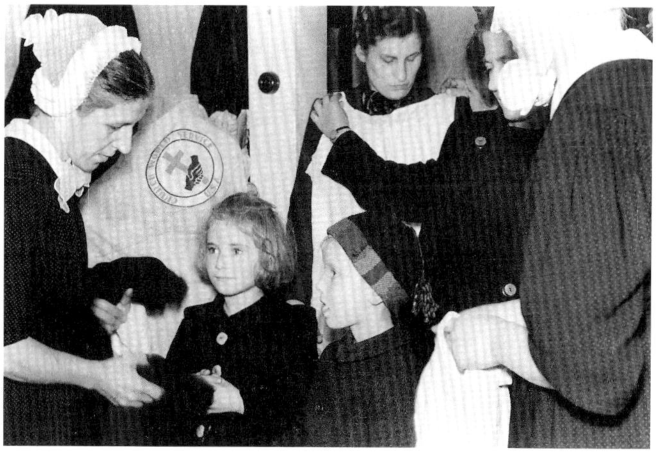

382 Spendenverteilung
Essen, 1947
Willy van Heekern

381 Kleiderkammer der Arbeiterwohlfahrt
Essen, 1948
Fotograf unbekannt

384 Mädchen vor der Abfahrt nach Schweden
Essen, 1946/47
Willy van Heekern

383 Erholungsferien für Essener Kinder in der Schweiz
Essen, 1947
Willy van Heekern

385 »Kinder in Not«
Essen, undatiert
Werner Ebeler

386 & 387 Heimkehrer, Hauptbahnhof
Essen, 31. August 1949
Peter Kleu

388 Empfang für Heimkehrer, Hauptbahnhof
Essen, 31. August 1949
Peter Kleu

Die Ereignisse des Kriegsendes und der Besatzungszeit boten vielfältige nachrichtenrelevante Fotomotive – aber wo konnten diese veröffentlicht werden bzw. welche Zeitungen und Zeitschriften erschienen überhaupt, und wer waren die Fotografen?[1] Die ersten Monate des Jahres 1945 zeigten eine widersprüchliche Situation. Während die Truppen im Westen und Osten bereits die Grenzen des Deutschen Reiches überschritten hatten, lief die Pressepropagandamaschine der Nazis noch auf vollen Touren. So erschien in München und Berlin noch der nationalsozialistische VÖLKISCHE BEOBACHTER mit Durchhalteparolen, als bereits am 24. Januar 1945 die erste Nummer der von der Presseabteilung des Alliierten Hauptquartiers der amerikanischen und britischen Truppen herausgegebenen AACHENER NACHRICHTEN gedruckt wurde.[2]

Das Ende der NS-Presse Als letzte reichsweite nationalsozialistische Tageszeitung erschien der VÖLKISCHE BEOBACHTER mit der Norddeutschen Ausgabe am 27. April 1945. Die Illustrierten erlebten teilweise schon viele Monate früher ihr Ende, z.B. die KÖLNISCHE ILLUSTRIERTE bereits 1939, die HAMBURGER ILLUSTRIERTE 1944, während die BERLINER ILLUSTRIRTE ZEITUNG (BIZ) erst am 22. April 1945 ihr Erscheinen einstellte. Die Nationalsozialisten hatten während ihrer zwölfjährigen Herrschaft nicht nur fast sämtliche Tageszeitungen und Zeitschriften einschließlich der Verlage in den Besitz der par-

»UNDER CONTROL«

Zur Situation der Pressefotografie nach 1945

Bernd Weise

teieigenen Verlagsgesellschaften gebracht, sondern durch das Schriftleitergesetz und Reichskulturkammergesetz vom September und Oktober 1933 auch die Verleger, Journalisten und Pressefotografen in das Presselenkungssystem des NS-Propangandaministeriums eingebunden. Wieviele von den bis 1935 im Deutschen Reich zugelassenen 444 (davon 13 in Westfalen) sogenannten »Bildberichterstattern« den Krieg überlebt haben, ist nicht bekannt. Mit der sogenannten »Neuordnung der Presse«, die nur noch »arische Pressefotografen« duldete, wurden die jüdischen Fotografen, zu denen bis zum Ende der Weimarer Republik die namhaftesten Vertreter dieses journalistischen Berufs zählten, von den Nazis bereits im ersten Jahr der Machtübernahme 1933 mit Berufsverbot belegt. Viele wurden verfolgt, verhaftet und mit den Pogromen von 1938 deportiert oder in den Tod getrieben, wie beispielsweise Erich Salomon, der 1944 im Konzentrationslager ermordet wurde. Dieses tyrannische System, das nicht zuletzt auch den Berufszweig des Bildjournalismus mit Schuld belegt hat, wurde erst mit dem Einmarsch der alliierten Truppen in Deutschland beendet. Eine Erinnerung an diese Ereignisse findet sich in den frühen Foto- und Pressefachpublikationen der Nachkriegszeit jedoch nicht, und bis heute ist dieses Kapitel auch in der Fotogeschichte nur unzureichend aufgearbeitet.

Keine Zeitungen, keine Bilder Zwischen den letzten Ausgaben der NS-Zeitungen und den ersten Ausgaben der alliierten Militärzeitungen gab es einen kurzen Zeitraum, in dem praktisch keine Zeitungen erschienen, womit auch für die Pressefotografen keine Möglichkeit zur Veröffentlichung ihrer Fotos gegeben war. Mit dem Einmarsch der alliierten Truppen wurde am 24. November 1944 durch das Alliierten-Gesetz Nr. 191 für die besetzten Gebiete im Westen ein totales Verbot für deutsche Publikationen ausgesprochen. Als Ersatz für Zeitungen erfolgten Mitteilungen zunächst nur über Maueranschläge. Nachdem das gesamte Deutschland besetzt und die deutschen Streitkräfte am 8. Mai 1945 endgültig kapituliert hatten, wurde am 12. Mai von den Alliierten das Gesetz Nr. 191 in geänderter und erweiterter Fassung in Verbindung mit der Nachrichtenkontroll-Vorschrift Nr. 1 erlassen. Für den Einflußbereich der sowjetischen Truppen wurde eine dem Alliierten-Gesetz entsprechende Anordnung erst am 2. August mit dem Befehl Nr. 19 der Sowjetischen Militäradministration (SMA) erlassen. Zwischenzeitlich wurde mit der »Berliner Deklaration« vom 5. Juni, durch die die vier Oberbefehlshaber der Siegermächte die oberste Gewalt in Deutschland übernommen hatten, außerdem ein allgemeines Verbot des Nachrichtenverkehrs bis zur Installation einer Aufsicht ausgesprochen. Dies bedeutete u.a., daß der Telefonverkehr eingeschränkt und selbst der Kauf von ausländischen Zeitungen verboten war. Beschlüsse, die für alle vier Zonen Gültigkeit hatten, faßte der am 30. Juli 1945 konstituierte »Alliierte Kontrollrat«.[3]

389

Erste Zeitungen der Militärregierungen und Beginn der Lizenzpresse In allen Besatzungszonen wurden zunächst Zeitungen von den Militärs herausgegeben. Im Gebiet des Rheinlandes und Westfalens, das zuerst von den Amerikanern besetzt war, erschienen in den größeren Städten zwischen April und August 1945 mehrere amerikanische Heeresgruppenblätter, die neben wenigen Lokalnachrichten alle die gleichen Mitteilungen enthielten. Als erste neue Zeitungen gründeten die Amerikaner am 2. April den KÖLNISCHEN KURIER und am 12. Mai 1945 die RUHR-ZEITUNG in Mülheim. Nach Festlegung der Besatzungszonen im Juni 1945 wurden diese beiden Zeitungen sowie die AACHENER NACHRICHTEN, die jetzt in der britischen Zone lagen, von den Briten übernommen. Die weitere Entwicklung der Presse verlief hier jedoch etwas langsamer als in der amerikanischen und der sowjetischen Zone, so daß Ende November 1945 in der britischen Zone immer noch nur 18 Blätter der Militärregierung erschienen. Zur Gründung neuer Zeitungen kam es erst im folgenden Jahr.

Während die sowjetische Militärregierung beim Neuaufbau des Pressewesens eine eigene Linie verfolgte, ergab sich in den Westzonen eine vergleichbare Vorgehensweise. Schon im Mai 1945 hatten die Alliierten mit der Nachrichten-Kontrollvorschrift Nr. 1 (12. Mai 1945) Regeln für die Presselizenzierung in den Westzonen aufgestellt. Danach sollten vertrauenswürdige Persönlichkeiten, die nicht durch eine nationalsozialistische Vergangenheit belastet waren, zu Herausgebern berufen werden. Zum Interessentenkreis an Zeitungslizenzen gehörten jedoch auch die politischen Parteien, die in den Westzonen erst im August/September 1945 wieder zugelassen wurden. Während die Amerikaner in ihrer Zone sogenannte »Gruppenzeitungen« förderten, indem sie die Lizenz jeweils an mehrere Personen erteilten, die als Chefredaktion unterschiedliche politische Positionen vertraten, wurden dagegen in der britischen Zone »Parteirichtungszeitungen« lizenziert, d. h. Zeitungen, die Parteien nahestanden, ohne jedoch von ihnen abhängig zu sein. Zunächst hatten die Briten jedoch kein klares Konzept für die Presselizenzierung. Erst Ende des Jahres 1945 kamen sie zu dem Ergebnis, in den regionalen Zentren drei oder mehr Zeitungen zuzulassen, die das politische Spektrum widerspiegeln sollten. Die erste von den Briten zugelassene Lizenz-Zeitung war die BRAUNSCHWEIGER ZEITUNG (8. Januar 1946). Jeder Lizenzbewerber mußte bereits seinem Antrag eine Null-Nummer seines geplanten Blattes beifügen. Die genehmigten Zeitungen unterlagen der Vorzensur, die allerdings meist schon nach wenigen Ausgaben in eine Nachzensur geändert wurde.

390

Im Land Nordrhein-Westfalen, das zum 23. August 1946 gegründet wurde, wurden bis Ende des Jahres 1946 insgesamt 19 Zeitungen lizenziert, davon fünf im Ruhrgebiet (WESTFÄLISCHE RUNDSCHAU, 20. März 1946, WESTDEUTSCHES VOLKS-ECHO, 7. Mai sowie das WESTDEUTSCHE TAGEBLATT, 24. August in Dortmund, RHEIN-RUHR-ZEITUNG, 14. April und NEUE RUHR-ZEITUNG, 13. Juli in Essen). In der gesamten britischen Zone erscheinen bis zu diesem Zeitpunkt 42 Zeitungen, von denen 13 der SPD, zehn der CDU, sieben der KPD, drei der FDP, zwei dem Zentrum nahe standen und sieben als überparteiliche Blätter galten.[4] Außerdem erschien als Wochenzeitung DIE ZEIT seit dem 21. Februar 1946, zunächst allerdings nur vierzehntägig. Am 2. April 1946 gaben die Briten als überparteilich und überregional konzipierte Zonenzeitung DIE WELT in Hamburg heraus. Der allgemeine Papiermangel verhinderte einerseits die Zulassung weiterer Pressepublikationen und bedingte, daß diese Tageszeitungen bis zur Währungsreform 1948 nur zweimal wöchentlich erschienen.

Mit der vom »Alliierten Kontrollrat« herausgegebenen Direktive Nr. 40 (12. Oktober 1946) durften die Parteien politische Probleme nunmehr frei diskutieren. Gleichzeitig wurde auch die Lizenzierung politischer Zeitungen zugelassen sowie die Vorzensur abgeschafft – eine Nachzensur blieb aber weiterhin bestehen.

391

392

393

Die »Bizone« und die Teilung in West und Ost

Obwohl Deutschland nach den Grundsätzen der »Potsdamer Konferenz« als wirtschaftliche Einheit betrachtet werden sollte, bildeten die Zonen nach einem Jahr Besatzung noch immer abgeschlossene Gebiete nahezu ohne Austausch von Informationen. Statt einer Annäherung führten die wachsenden Konflikte zwischen der westlichen und sowjetischen Seite, u. a. über den Austausch von Reparationslieferungen und Lebensmitteln, zunehmend zu der Tendenz eines wirtschaftlichen Zusammenschlusses der Westzonen, der mit Bildung der britisch-amerikanischen »Bizone« am 1. Januar 1947 zum Teil vollzogen wurde. Zwar wurde der Zeitungsaustausch zwischen den Zonen am 25. Juni 1947 mit der Direktive Nr. 54 des »Alliierten Kontrollrats« geregelt, die gegenseitige Verbreitung von Zeitungen blieb aber ein Dauerproblem. Die fortschreitende Auseinandersetzung der Westalliierten mit dem Kommunismus beantwortete die sowjetische Militärregierung Ende 1947 letztendlich mit der Konfiszierung aller westlichen Zeitungen. Diese Propagandakampagnen waren die Vorstufe zum Kalten Krieg.

Nachdem sich die Westmächte auf der »Londoner Konferenz« im Februar/März 1948 für die Förderung eines demokratischen Staates in Westdeutschland (Bildung der »Trizone«) ausgesprochen hatten, verließen die Sowjets den Kontrollrat und stellten die Mitarbeit in der Berliner Kommandantur ein. Mit den folgenden, getrennten Währungsreformen in den Westzonen und der Ostzone im Juni 1948 begann mit der Berlin-Blockade, die bis Mai 1949 dauerte, die Teilung Deutschlands.

Im Zuge des Propagandakrieges um Berlin veränderten die Briten ihre Pressepolitik zugunsten überparteilicher Zeitungen und lizenzierten die NORDDEUTSCHE ZEITUNG ab 2. Februar 1948 in Hannover, die WESTDEUTSCHE ALLGEMEINE ZEITUNG ab

3. April in Bochum, die WESTDEUTSCHE ZEITUNG ab 2. Juli in Düsseldorf und das HAMBURGER ABENDBLATT ab 14. Oktober 1948. Mit der Bildung des »Zonenpresserates« am 22. Mai 1948 begann in der britischen Zone zudem die Überleitung der Medienverantwortung in deutsche Hände, d. h. dieses mit deutschen Vertretern besetzte Gremium durfte nunmehr nach einem vorgegebenen Verfahren selbst Pressepublikationen lizenzieren. Am 10. November 1948 wurde in der britischen Zone die Einfuhr sowjetzonaler Blätter endgültig untersagt.[5] Insgesamt erschienen bis Anfang 1949 in der britischen Zone 49 Zeitungen sowie fünf im britischen Sektor in Berlin.[6]

394

NEUE RUHR-ZEITUNG

Protestaktion gegen die ausweglose Not

SPD stellt zehn Forderungen

In Moskau sind noch immer alle Fragen offen

Senats-Ausschuß billigt die Truman-Hilfe

395

Fotos in den Lizenz-Zeitungen Beim Blick in einige Zeitungen des Rhein-Ruhr-Raumes zeigt sich, daß die RUHR-ZEITUNG, die nur von Mai 1945 bis Februar 1946 existierte, sehr wenige Fotos zu Nachrichten aus Berlin, London und Washington auf der ersten Seite veröffentlichte. Ganz selten gab es auch Fotos im Lokalteil. Die seit März 1946 erscheinende RHEINISCHE POST brachte zu Beginn fast nur Fotos von Personen oder Konferenzen auf der ersten Seite. Ein Foto zeigte der Lokalteil, selten war dagegen auch ein Bild im Kulturteil zu finden. Erst ab 1949 war das Blatt durchgehend mit Pressefotos illustriert. In der WESTFÄLISCHEN RUNDSCHAU (ab März 1946) erschienen über mehrere Ausgaben überhaupt keine Fotos, wenn aber, dann jedoch nur ein bis zwei im Politikteil, die von internationalen Bildagenturen stammten. Ab Sommer 1948 gab es eine stärkere Präsenz von zwei bis fünf Bildern im Lokalteil. In der seit Mai 1946 erscheinenden WESTDEUTSCHEN RUNDSCHAU gab es bis Anfang Januar 1947 kein einziges Foto. Die RHEIN-RUHR-ZEITUNG brachte in den ersten beiden Jahrgängen ebenfalls fast keine Fotos; erst ab Herbst 1948 kamen zu Topmeldungen Sport- oder Porträtfotos. Im RHEIN-ECHO und in der NEUEN RUHR-ZEITUNG dominierten anfangs Portäts auf Seite eins und zwei. Zum Standard wurde zusätzlich ein Sportfoto entweder auf der ersten oder der zweiten Seite. Während die Seite drei öfter bebildert wurde, blieb der Lokalteil wiederum meist ohne Fotos. In dem nur vier Seiten umfassenden Blatt erschienen in der Regel sechs Fotos. Mitte des Jahres 1947, als die wirtschaftliche Lage äußerst schlecht war, verringerte sich der Anteil der Bilder auffällig bis auf maximal drei. Erst ab Sommer 1948 wurden wieder insgesamt weit mehr Fotos als vorher veröffentlicht.

Allgemein ist feststellbar, daß die Bilder nur einspaltig, auf der Titelseite auch zweispaltig, in durchweg schlechter Druckqualität erschienen. Porträts hatten vielfach sogar nur Briefmarkengröße. In allen Zeitungen wurden Fotografennamen an den Bildern nur sehr selten genannt. Nur in der NEUEN RUHR-ZEITUNG erschienen Bildquellenhinweise, hauptsächlich auf den Fotografen Carl A. Stachelscheid sowie auf »Schirner, Berlin«. Sehr häufig waren die Bilder mit »NRZ-Bilderdienst«, überwiegend aber mit »DPD« gekennzeichnet. »DPD« hieß »Deutscher Presse Dienst« und war die von den Engländern im August 1946 zunächst unter der Bezeichnung »German News Service« gegründete Agentur mit Sitz in Hamburg. Sie war eine der drei von den West-Besatzungsmächten jeweils für ihre Zone eingerichteten Nachrichtenagenturen, die die Zeitungen sowohl mit aktuellen Textnachrichten als auch mit Bildmaterial versorgten. Die Agenturen der Briten, der Amerikaner (»Deutsche Nachrichtenagentur – DENA«) und der Franzosen (»Südena«) fusionierten nach Gründung der Bundesrepublik zur »Deutschen Presse-Agentur (dpa)«, die ab 1. September 1949 ihren Dienst aufnahm.

Arbeitsbeschränkungen der Pressefotografen und Kontrollvorschriften für die Presse

In den von den westalliierten Truppen besetzten deutschen Gebieten war anfangs »jegliches Photographieren« verboten. Dieses Verbot war Teil einer ersten »Bekanntmachung an die Zivilbevölkerung«, welche die Militärregierung in allen gerade eroberten Städten aushängen ließ.[7] Darüber hinaus befahl die Militärregierung am 20. April 1945, neben der Abgabe von Waffen, Munition und Ferngläsern, auch noch die Ablieferung aller Fotoapparate.[8] Nicht wenige Fotografen hatten in Voraussicht solcher Beschlagnahmungen, aber auch Plünderungen, ihr wertvolles Arbeitsgerät vorübergehend an einem als sicher vermuteten Platz versteckt oder vergraben[9], um es zu einem späteren, geeigneten Zeitpunkt sofort wieder einsetzen zu können. Dieser Augenblick war in der britischen Zone im Juni 1945 gekommen, als die Militärregierung »das Mitführen« und den »Gebrauch von Film- und Photographenapparaten« wieder gestattete, allerdings nur mit einem »besonderen Erlaubnisschein« der Militärregierung. Auch für »das Entwickeln, die weitere Behandlung und das Fertigen von Abzügen von Negativen oder Positiven photographischer Filme oder Platten« benötigte jeder Fotograf vorerst noch eine ausdrückliche Genehmigung. »Wachen und Streifen« waren angewiesen, »die dieser Bekanntmachung Zuwiderhandelnden zu verhaften und militärgerichtlich zu verfolgen«.[10]

Wie für alle anderen galt es nun für die Fotografen, wieder zu einem »normalen Leben« zurückzufinden – aber wie konnte ein Fotograf wieder Arbeit finden? Vielen kam die von den Besatzungsbehörden bereits in den letzten Apriltagen 1945 erlassene Verfügung zugute, daß jeder Erwachsene einen Ausweis mit Lichtbild bei sich tragen müsse. Damit tat sich unverhofft ein Bedarf an Paßfotos auf, der den Fotografen wieder ein erstes einträgliches Geschäft versprach. Es war vorerst sogar die nahezu einzige amtlich gebilligte Form fotografischer Berufstätigkeit.[11] Vom Hauptquartier der britischen Militärregierung wurden dafür spezielle Zertifikate, sogenannte »permits«, für Fotografen ausgestellt, die Ausrüstung und Zweck der Aufnahmen festhielten. Der Essener Fotograf Josef Stoffels

396

397

erhielt eine solche Genehmigung am 7. August 1945, in der es hieß: »The above named firm is hereby authorised to carry on business of a photographer in passports and portraits only«[12] (Die oben genannte Firma ist hiermit autorisiert, ausschließlich das Geschäft eines Fotografen für Passbilder und Porträtfotos zu betreiben); jede andere darüber hinausgehende Aufnahme war damit verboten bzw. mußte ebenfalls erst genehmigt werden.

Mit dem Militärregierungsgesetz Nr. 191 vom 12. Mai 1945, das für alle drei Westzonen galt, und die gleichzeitig erlassene Nachrichtenkontroll-Vorschrift Nr. 1 durfte jegliches publizistisches Gewerbe, z. B. auch der Betrieb einer Bildagentur, nur nach schriftlicher Zulassung und Registrierung bei der zuständigen Dienststelle der Militärregierung ausgeübt werden. Zeitungsherausgeber hatten darüber hinaus die umfassende »Betriebsanweisung für die Presse Nr. 1« vom Sommer 1945 zu beachten, die unter Punkt 8 auch eine Vorschrift im Hinblick auf Bilder enthielt. Danach wurde die Erlaubnis zur Belieferung der Zeitungen mit Fotos allein auf die bei den Zeitungen beschäftigten Pressefotografen und die von den Alliierten eingerichteten Presseagenturen beschränkt. Überdies waren Bilder, wie alle redaktionellen Beiträge, in objektiver und den Tatsachen entsprechender Weise und ohne Beimischung redaktionellen Kommentars abzufassen bzw. zu veröffentlichen.[13]

Eine im Herbst 1946 in der HANNOVERSCHEN PRESSE erschienene Fotoserie mit der Überschrift »Verstehen Sie das?« über von den Briten beschlagnahmte, aber leerstehende Häuser sorgte zwar bei der britischen Informationskontrolle für Aufregung; mit dem Hinweis auf »Pressefreiheit« wurde die Angelegenheit jedoch nicht weiter verfolgt.[14]

Lizenzierungen von illustrierten Zeitschriften

Da die Zeitungen im allgemeinen nicht sehr viele Fotos veröffentlichten, brachte erst das

398

399

400

401

Neuerscheinen von Illustrierten die Absatzmöglichkeiten von Pressefotos und Fotoreportagen wieder in Schwung. Die ersten illustrierten Zeitschriften wurden direkt von den Militärregierungen gegründet. Den Anfang machte im September 1945 die 14-tägig erscheinende Illustrierte HEUTE, die im Münchner Verlagshaus der US-Armee erschien. Die erste Illustrierte der britischen Zone war die seit März 1946 zunächst monatlich vom »I.S.C. Branch Control Commission for Germany« in Bünde herausgebene BLICK IN DIE WELT.

In der britischen Zone wurden außerdem folgende Illustrierten lizenziert: ab 1. Juni 1946 die NORDWESTDEUTSCHEN HEFTE in Hamburg, die ab 1948 14-tägig unter dem Titel KRISTALL erschienen; die NEUE ILLUSTRIERTE ab 5. September 1946 in Köln (14-täg., Auflage: 250.000 /1947). Zunächst in Duisburg, später in Hamburg erschien am 1. August 1948 DER STERN in einer wöchentlichen Auflage von 207.000 Heften.

In der amerikanischen Zone kam es zur Gründung von fünf, in der französischen Zone sechs und in der sowjetische Zonen (SBZ) zwei Illustrierten. Neben diesen 18 auflagenstärksten Illustrierten erschienen bis zur Gründung der Bundesrepublik und der Deutschen Demokratischen Republik (DDR) im Mai und Oktober 1949 weitere Titel, so daß bis dahin insgesamt ein Bestand von rund 50 illustrierten Zeitschriften zu verzeichnen war.[15]

Trotz der anschaulichen Zahlen blieb bei der Knappheit der für die Zeitschriften erforderlichen besseren Papiersorten eine Erhöhung der Auflagen für längere Zeit unmöglich. Insgesamt reichte das Angebot im Verhältnis zum Interesse noch nicht aus. So spielten für den Leser auch beim Kauf der Illustrierten gute Beziehungen zum Kiosk eine wichtige Rolle. Das Niveau der Zeitschriften wurde insgesamt jedoch im Vergleich zu den internationalen Blättern eher niedrig eingeschätzt. Einzig die in der britischen Zone erscheinende BLICK IN DIE WELT und die in der US-Zone herausgegebene HEUTE konnten diesbezüglich wegen ihrer internationalen Nachrichtenverbindungen in der Qualität mithalten.[16]

Diese jungen illustrierten Zeitschriften waren, obwohl es wieder eine große Zahl von Fotoreportern gab, ständig auf der Suche nach Fotos. Eine laufende Rubrik im FOTO-SPIEGEL machte 1947/48 darauf aufmerksam.[17]

Arbeitsmarktprobleme und die Organisierung der Pressefotografen Das Ende des Krieges hatte, wie viele andere Menschen, so auch die Fotografen entweder als Wehrdienstleistende oder Vertriebene an Orte verschlagen, die nicht immer auch ihre früheren Arbeitsorte waren. Die alten Verbindungen waren abgebrochen, und neue mußten erst wieder hergestellt werden. Eine der ersten Fotozeitschriften, der FOTO-SPIEGEL, veröffentlichte deshalb in einer laufenden Rubrik »Wer? Wo?« Adressenhinweise über den derzeitigen Aufenthalt[18] oder auch Suchmeldungen[19].

Die Pressefotografen, die Ende der Weimarer Republik in drei selbständigen Verbänden organisiert und anschließend in der Nazi-Diktatur als »Reichsverband der Bildberichterstatter« zusammen mit den Verbänden der Schriftleiter und Verleger Teil der »Reichspressekammer« gewesen waren, standen nach Kriegsende ohne eigene Organisation da. Die Neubildung und Zulassung von Interessenvertretungen der Journalisten, Zeitungsverleger und Zeitschriftenverleger verlief in den Zonen ebenfalls etwas unterschiedlich. Verbände der Presse entstanden in der britischen und amerikanischen Zone zunächst nicht für die jeweilige gesamte Zone, sondern nur getrennt in den einzelnen Ländern oder Regionen. Erst 1947/48 konnten Arbeitsgemeinschaften zwischen den drei Westzonen gebildet werden.

In der britischen Zone gründete sich z. B. bereits im November 1945 die »Berufsvereinigung Hamburger Journalisten«, zu der auch Hamburger Bildreporter zählten. Diese vereinigten sich jedoch im August 1948 mit dem am 21. April 1948 in Hamburg neu gebildeten »Verband Deutscher Pressebildreporter«[20]. Weitere eigene Interessenorganisationen der Pressefotografen an anderen Orten

402

gab es nicht. Die übrigen Fotoreporter schlossen sich den in den Regionen und Ländern gegründeten Journalistenverbänden an. Über die Anzahl der in den einzelnen Verbänden organisierten Fotografen und deren Namen gibt es keine umfassenden Angaben, nur regional lassen sich einige Hinweise ermitteln. So waren im Ruhrgebiet in der frühen Nachkriegszeit u. a. folgende Fotografen tätig: Willy van Heekern, Peter Kleu, Wulfram Hagemann, Werner Ebeler, Carl August Stachelscheid und Ernst Lerche.[21]

Material- und Existenzsorgen der Bildreporter

Ein wesentlicher Grund für einen speziellen Zusammenschluß der Pressefotografen war neben einer grundsätzlichen Interessenvertretung und den schon angesprochenen arbeitsorganisatorischen und -technischen Problemen die mit Kriegsende sehr schwierige Versorgungssituation mit Arbeitsmaterial. Ebenso wie sich Zeitungsredaktionen um die Bereitstellung funktionsfähiger Schreibmaschinen bemühen mußten, galt es für die Fotografen, brauchbares und funktionierendes Fotogerät zu beschaffen. Nicht wenige Pressefotografen hatten durch die Kriegswirren den Verlust oder die Beschädigung ihres Arbeitsgerätes beklagen müssen. Bei der britischen Besatzungsmacht gab es sogenannte Beschaffungsoffiziere, die für die Zeitungen Kameras von Rollei, dem ersten Fotogerätehersteller, der in der britischen Zone wieder arbeitete, besorgten.[22] Der Essener Pressefotograf Werner Ebeler konnte die erste Leica 1946 für den Verlag der NEUEN RUHR-ZEITUNG nur über den Schwarzmarkt erwerben.[23] Dort wurden von den »leica-tollen« Amerikanern für eine Leica 5.000 bis 6.000 Zigaretten geboten, die in Hamburg 30.000 bis 36.000 Mark wert waren. Einen GI kosteten 5.000 Zigaretten allerdings nur 22 Dollar 50 Cent, dagegen konnte er die Leica in Amerika wieder für 600 Dollar verkaufen.[24]

»Warum bekommen wir keinen Film?« hieß die Überschrift zu einem Artikel in einer Fotofachzeitschrift 1947. Das Problem war, daß die noch vorhandenen Produktionsstätten für Fotopapier in den Westzonen, die für Filmmaterial primär in der Ostzone lagen. Auch Fotochemikalien wie Entwickler und Fixierbad gehörten zur Mangelware.[25] Fotomaterial war demnach ebenfalls fast nur über verschlungene Wege zu erhalten. Höchstpreise verlangten z. B. Kameramänner der damaligen Wochenschauen, die ihr Material aus den USA bekamen. In der britischen Zone ergaben sich Verbindungen zwischen der Presse und ehemaligen Mitarbeitern des Agfa-Werkes aus Wolfen in der sowjetischen Zone, die in Leverkusen eine neue Fabrikation aufbauten und so die Lieferung von Filmmaterial und Fotopapier möglich machten.[26] In Hannover soll es sogenannte »Stafettenläufer« gegeben haben, die aus der sowjetischen Zone Filme für 5 Mark pro Meter mitbrachten. Auf dem Schwarzmarkt kostete ein Leica–Film etwa 30 Mark.[27] Eine geregelte Versorgung mit Fotomaterial war in der britischen Zone selbst im Januar 1948 noch nicht in Gang gekommen.[28]

Obwohl nicht für alle Zonen verläßliche Zahlen über die genaue Anzahl der Fotoreporter vorliegen, waren 1947/48 offenbar insgesamt schon wieder mindestens so viele in diesem Beruf tätig wie vor dem Krieg –

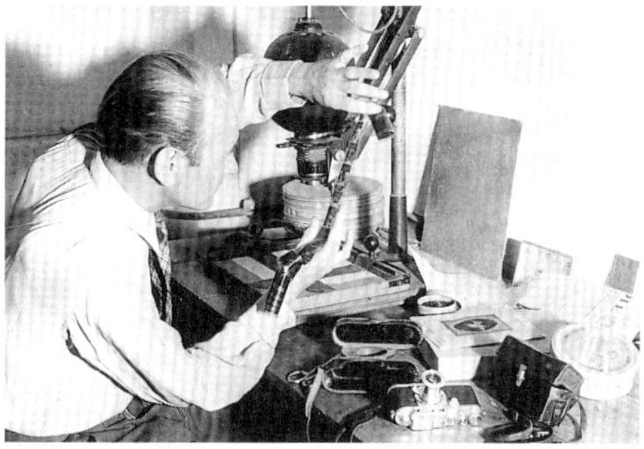

403

obwohl die Bildpresse nach Umfang und Erscheinungshäufigkeit nur einen Bruchteil früherer Veröffentlichungsmöglichkeiten bot. Dies hatte auch Auswirkungen auf die Verdienstmöglichkeiten. Bei der geringen Zahl an großen und wenigen mittleren Illustrierten sowie den gezahlten Honoraren, die nur wenig über den früheren lagen, bestand insbesondere für die freiberuflichen Bildreporter unter Berücksichtigung der Produktionskosten kaum eine Möglichkeit, wirklich etwas zu verdienen. Die Situation war jedoch in den Zonen sehr verschieden. Einerseits konnte in Berlin die Nachfrage nach Bildern von den dort tätigen 130 Bildreportern (1947) nicht befriedigt werden[29], andererseits bestand in Bayern ein großes Mißverhältnis zwischen den 80 Bildreportern (1948) und nur einer erscheinenden größeren Illustrierten.[30]

Nach der Währungsreform verschärfte sich die Einkommenssituation der Bildreporter, da mit der neuen Währung die Zeitungen und Zeitschriften die Honorare willkürlich bis zu 50% gekürzt hatten. Ohne vertragliche Geschäftsgrundlagen konzentrierten sich die Forderungen der Pressefotografen darauf, Mindesthonorare von 20 bis 25 DM durchzusetzen und eine einheitliche Verwendung eines inzwischen erarbeiteten Vordrucks für den Pressebildversand zu organisieren.[31] Um diesen Forderungen mehr Nachdruck zu verleihen, fanden sich kurz vor der Gründung des »Deutschen Journalisten-Verbandes« (DJV, am 10. Dezember 1949) die in den Landesverbänden organisierten Bildreporter zusammen, um am 21. Oktober 1949 das »Referat Bild« mit Sitz in Frankfurt zu bilden. Von dort sollten die Interessen der Pressefotografen koordiniert vertreten werden. Bis zu einer tariflichen Vereinbarung mit den Verlegern vergingen jedoch noch ein paar Jahre. Insgesamt gab es in den ersten Jahren der Besatzungszeit also enorme Schwierigkeiten, die die Bildreporter zu überwinden hatten, und trotzdem konnten sie es bewerkstelligen, daß die Ereignisse dieser Zeit ihren dokumentarischen Niederschlag in der Presse fanden.

1949 – Ende der Lizenzpflicht – Presse weiterhin unter Kontrolle Nachdem das Grundgesetz der Bundesrepublik Deutschland am 23. Mai 1949 in Kraft getreten war, das in Artikel 5 auch die Pressefreiheit und das Recht auf freie Meinungsäußerung garantierte, wurde durch das Gesetz Nr. 5 der Alliierten Hohen Kommission am 21. September 1949 die Lizenzpflicht in allen drei westlichen Zonen aufgehoben. Mit diesem Gesetz und der gleichzeitigen Proklamation des Besatzungsstatuts behielten sich die Alliierten jedoch vor, weiterhin die Kontrolle auszuüben und mögliche Verbote zu verhängen. In der Folgezeit wurden von der amerikanischen Hohen Kommission in Vierteljahresberichten Einschätzungen über die Entwicklung in Deutschland erstellt. Im Bericht über den Zeitraum April bis Juni 1951 heißt es über das Pressewesen: »Das Bild der deutschen Zeitungsstände wird von einer Vielzahl von Illustrierten beherrscht. Einige unter ihnen sind führenden deutschen Demokraten und alliierten Vertretern wegen ihrer unverantwortlichen und oft krassen Sensationsberichterstattung eine Quelle ernster Besorgnis. Bilder von Adolf Hitler und Eva Braun, von Hermann Göring in prachtvollen Uniformen, von Empfängen und Paraden während der Glanzzeit des Nationalsozialismus standen im Wettbewerb mit den üblichen Nuditäten, die man gewöhnlich in dieser Art Zeitschriften findet. Der sehnsüchtigen Erinnerung an die nazistische Vergangenheit schien kein Ende zu sein, und praktisch alle diese Zeitschriften überboten sich mit immer neuen 'Enthül-

404

lungen' über das Privatleben irgendeines großen Nazis – häufig nur mit schlecht verhüllter Sympathie. Seit kurzem ist hier jedoch eine Wendung zum Guten zu bemerken. Während eine Anzahl von Illustrierten sich auch weiterhin in erster Linie mit dem Nazismus beschäftigt, haben doch die Versuche, prominente Nazis als Heroen hinzustellen, einer sachlicheren Darstellung Platz gemacht.«[32] Verboten wurde für 14 Tage als einzige dieser Illustrierten DER STERN wegen der Bildreportage »Hoppla wir leben! (auf Besatzungkosten)«, die in der Nr. 53 vom 31. Dezember 1950 erschienen war und das *Luxus-Leben* der Alliierten anprangerte.[33]

Erst mit dem Deutschlandvertrag von 5. Mai 1955 wurde das solchen Eingriffsmöglichkeiten zugrundeliegende Besatzungsstatut aufgehoben. Damit einerseits die Beschränkungen beseitigt, andererseits aber auch die volle Verantwortung für die Bildpublizistik in die Hände der deutschen Redakteure und Pressefotografen gelegt.

1 Quellenmaterial über die Pressefotografie während der Besatzungszeit ist sehr wenig vorhanden. Es gibt dazu weder ausführliche Aufzeichnungen noch diesbezüglich aufgearbeitete Nachlässe von Pressefotografen. Zudem können nur noch wenige Pressefotografen als Zeitzeugen darüber Auskunft geben. Auch die Literatur zur Fotografie– und Pressegeschichte berücksichtigt diesen Bereich des Journalismus, wenn überhaupt, nur am Rande. Eine umfassende Gesamtdarstellung dieses Themas ist vom Autor in Vorbereitung.
2 Vgl. Norbert Frei, Die Presse, in: Wolfgang Benz (Hg.), Die Geschichte der Bundesrepublik Deutschland, Frankfurt a. M. 1989, Band 3: Kultur, S. 370ff.
3 Vgl. Die Deutsche Presse im Neuaufbau, dargestellt an der Entwicklung ihrer Rechtsgrundlagen, hg. vom Sekretariat des Zonenpresserates, Bielefeld [1949]; Rüdiger Liedtke, Die verschenkte Presse. Die Geschichte der Lizenzierung von Zeitungen nach 1945, Berlin 1982, S. 47ff.; Wolfgang Benz, Von der Besatzungsherrschaft zur Bundesrepublik – Stationen einer Staatsgründung 1946 - 1949, Frankfurt a. M. 1984, S. 12.
4 Vgl. Kurt Koszyk, Pressepolitik für Deutsche 1945-1949, Berlin 1986, S. 160.
5 Vgl. Koszyk, 1986, S. 198.
6 Vgl. Lizenzzeitungsliste in: Koszyk, 1986, Anhang, S. 471-491.
7 Vgl. Klaus–Jörg Ruhl, Die Besatzer und die Deutschen. Amerikanische Zone 1945–1948, Düsseldorf 1980, S. 58.
8 Abgedruckt in den mit Erlaubnis der Militärregierung herausgegebenen »Bekanntmachungen der Stadtverwaltung Essen«, Nr. 1/23. April 1945.
9 Vgl. FOTO-SPIEGEL Nr. 5-6/Februar-März 1948, S. 38-39.
10 Vgl. RUHR-ZEITUNG Nr. 8/29. Juni 1945, S. 4.
11 Vgl. FOTO-SPIEGEL Nr. 4/Januar 1948, S. 24.
12 Headquarters Military Government – Stadtkreis Essen / Photography Permit, Permit Number 130/MG/47(I); Original im Fotoarchiv des Ruhrlandmuseums, Essen.
13 Vgl. Direktiven, Gesetze und Vorschriften des Kontrollrats und der anglo–amerikanischen Militärbehörden zu Pressefragen, in: Gerhart Greuner, Lizenzpresse – Auftrag und Ende, Berlin (DDR) 1962, S. 265–272.
14 Vgl. Koszyk, 1986, S. 396, Anmerkung 29.
15 Vgl. Handbuch der Lizenzen Deutscher Verlage, Berlin, Ausgabe 1947, S. 41ff; Ausgabe 1949, S. 89ff; Sperlings Zeitschriften- und Zeitungs-Adreßbuch, 62. Ausgabe 1947, Leipzig; Die Deutsche Presse 1954 – Zeitungen und Zeitschriften, hg. vom Institut für Publizistik der FU Berlin, Berlin 1954, S. 289-291.
16 Vgl. Die Deutsche Zeitung Nr. 7/1948, S. 8.
17 Vgl. »Zeitschriften suchen Fotos«, in: FOTO-SPIEGEL Nr. 1/Oktober 1947, S. 22; Nr. 3/Dezember 1947, S. 18; Nr. 4/Januar 1948, S. 17.
18 Vgl. FOTO-SPIEGEL Nr. 1/Oktober 1947, S. 23-25; Nr. 2/November 1947, S. 16; Nr. 3/Dezember 1947, S. 17; Nr. 4/Januar 1948, S. 16; Nr. 5-6/Februar-März 1948, S. 33-34; Nr. 7-8/April-Mai 1948, S. 40-41; Nr. 9/Juni 1948, S. 26.
19 Vgl. FOTO-SPIEGEL Nr. 7-8/April-Mai 1948, S. 10.
20 Vgl. FOTO-SPIEGEL, Nr. 10/Juli 1948, S. 27; Nr. 11/August 1948, S. 30 u. Nr. 13/Oktober 1948, S. 30.
21 Zu biographischen Angaben siehe Anhang.
22 Hinweis aus einem Interview von S. Schneider mit dem NRZ-Verleger Dietrich Oppenberg am 29. September 1994.
23 Vgl. Gespräch von Stefan Rahner mit dem ehemaligen NRZ–Fotografen Werner Ebeler vom 14. November 1994, S. 226.
24 Vgl. »Leica ist Trumpf«, in: DER SPIEGEL Nr. 2/11. Januar 1947, S. 14.
25 Vgl. NEUE DEUTSCHE PRESSE Nr. 4/August 1947, S. 6.
26 Hinweis aus dem Interview mit dem NRZ-Verleger Dietrich Oppenberg; vgl. Anmerkung Nr. 22.
27 Vgl. »Rufe aus der Dunkelkammer«, in: DER SPIEGEL Nr. 28/12. Juli 1947, S. 27.
28 Vgl. FOTO-SPIEGEL Nr. 4/Januar 1948, S. 18.
29 Vgl. FOTO-SPIEGEL Nr. 1/Oktober 1947, S. 23.
30 Vgl. FOTO-SPIEGEL Nr. 4/Januar 1948, S. 21.

31 *Vgl.* DER JOURNALIST Nr.5-6/Mai-Juni 1949, S.9-10.
32 »7.Vierteljahresbericht über Deutschland (April-Juni 1951)« der amerikanischen Hohen Kommission, S. 77 f., zit. n. Greuner, 1962, S.247.
33 *Vgl.* 40 Jahre STERN, in: Jubiläumsausgabe STERN vom 22. August 1988, S.25.

Für Unterstützung bei der Recherche und wertvolle Hinweise bedanke ich mich bei Thomas Morlang, Stefan Rahner und Andreas Schiblon vom Fotoarchiv des Ruhrlandmuseums in Essen.

Bildunterschriften zu den Abbildungen 389-404

389 Zeitungsstand am Handelshof
Essen, 1947
Josef Stoffels

390 Mitarbeiter der Deutschen Kohle Bergbau Leitung lesen die RHEIN-RUHR-ZEITUNG
Essen, ca. 1948
Willy van Heekern

391 Das Verlagsgebäude der Zeitung DIE WELT, Sachsenstraße
Essen, November 1948
Peter Kleu

392 Montage der Dachbeschriftung auf dem Verlagsgebäude DIE WELT
Essen, November 1948
Peter Kleu

393
Essen, Dezember 1948
Peter Kleu

394 Fotoreporter
Essen, Juni 1949
Peter Kleu

395 NEUE RUHR ZEITUNG, Nr. 27
5. April 1947, S. 1
Werner Ebeler

396 Foto Elektra
Essen, ca. 1950
Josef Stoffels

397 »Mein Atelier in der Ursulastraße 6«
Essen, 1948
Josef Stoffels

398 Zeitungskiosk
Essen, Juli 1948
Peter Kleu

399 Zeitungskiosk
Essen, Juli 1948
Peter Kleu

400 Zeitungskiosk auf dem Markt
Essen, Juli 1948
Peter Kleu

401 Zeitungskiosk
Essen, Juli 1948
Peter Kleu

402 Essener Pressefotografen bei einer Ruderregatta
hinten v.l.n.r.: Wulfram Hagemann, Willy van Heekern, Dorothea van Heekern
Essen, Juli 1949
Peter Kleu

403 Dunkelkammer bei der WELT
Essen, undatiert
Peter Kleu

404 Aushang des ESSENER TAGEBLATTs am Handelshof
Essen, Oktober 1949
Willy van Heekern

406 Vorführung der Camilla-Mayer-Truppe in Essen
August 1948
Willy van Heekern

407 Kirmes
Essen, 1948
Willy van Heekern

(linke Seite)
405 Akrobat am Seil wirft Werbezettel in die Menge, Lindenallee
Essen, 1948
Willy van Heekern

410 »Filmaufnahmen in Düsseldorf-Benrath«
April 1949
Peter Kleu

408 & 409 Kurt Jooss, der ehemalige Ballettmeister an der Essener Oper und Leiter des Folkwang Tanztheater-Studios, nimmt nach der Rückkehr aus dem Exil seine Arbeit wieder auf.
Essen, undatiert
Willy van Heekern

(nächste Seite)
411 & 412
Essen, 1948
Willy van Heekern

413 »Lilo angelt auch im Herbst«
in: *WESTDEUTSCHE ILLUSTRIERTE BLÄTTER*, Nr. 9, 16. November 1948, S. 8/9
Willy van Heekern

ODOR STORM

HERBST

Land der Pyramiden
Störche übers Meer;
nflug ist längst geschieden,
Lerche singt nicht mehr.

n geheimer Klage
Wind das letzte Grün;
ißen Sommertage,
sind dahin, dahin!

Nebel hat den Wald verschlungen,
Der dein stillstes Glück gesehn;
Ganz in Duft und Dämmerungen
Will die schöne Welt vergehn.

Nur noch einmal bricht die Sonne
Unaufhaltsam durch den Duft,
Und ein Strahl der alten Wonne
Rieselt über Tal und Kluft.

Und es leuchten Wald und Heide,
Daß man sicher glauben mag,
Hinter allem Winterleide
Lieg' ein ferner Frühlingstag.

Photos: Dr. Wolff, Tritschler (4), dena (1)

angelt AUCH IM HERBST

Text: Walter Buhrow
Photos: W. van Heekern

Die Lilo denkt: wer sich nichts angelt,
Kann nicht erstaunt sein, wenn's ihm mangelt.
Denn von allein beißt keiner an —
(nicht mal so'n Mann).

Die Hose straff —
Doch ach — die Z
läßt sich von viele
Das muß gewiß a

Nochmal versucht — diesmal im Stand.
Der Schwimmer zuckt — es zuckt die Hand.
Jetzt hängt er fest! Den hat's betrogen!
Den Burschen flutsch! an Land gezogen.

Puha — was ist so'n Karpfen fremd!
Wie glitschig ist das Schuppenhemd!
Jedoch — mit Liebe zubereitet
Zeigt er gewiß sich zartbesaitet.

Drum schwapp! mit ihm ins Körbchen rein.
Noch zappelt er. Bald läßt er's sein.
Das ist nun einmal Frauenart,
Was sie sich angeln, das wird gut verwahrt.

414 & 415
Deutschlandfahrt
Essen, Juli 1949
Peter Kleu

416
ca. 1948
Willy van Heekern

417 Borbecker Boxarena
Essen, 1948
Willy van Heekern

GESPRÄCH MIT WERNER EBELER

von 1946-1953 Fotograf bei der Neuen Ruhr Zeitung, Essen

Interviewer: Stefan Rahner (SR)

SR

Herr Ebeler, wie kamen Sie zu Ihrer Tätigkeit als Fotograf bei der Neuen Ruhr Zeitung?

Ebeler

Als ich aus der Kriegsgefangenschaft zurückkam, bin ich glücklicherweise durch Herrn Funke, damaliger Redakteur, freier Redakteur bei der NRZ, Herrn Oppenberg empfohlen worden, und der hat mich dann nach einer gewissen Zeit – ich glaube drei Monate später – fest eingestellt, so Anfang Februar 1946.

SR

Hatten Sie vorher bereits als Fotograf gearbeitet?

Ebeler

Ja, in dem gleichen Haus, in dem ich nach dem Krieg gearbeitet habe, im Reismann-Grone-Verlag, habe ich vor dem Krieg Reproduktionsfotografie gelernt, dreieinhalb Jahre lang, ein halbes Jahr habe ich geschenkt bekommen, weil einiges gut geklappt hat, und habe dann später, als ich zum Militär eingezogen wurde, gleich die Luftwaffe verlangt, die Bildstelle, und dort habe ich gelernt, auch mit Kleinbildkameras umzugehen. Ich bin dann geflogen und habe Luftaufnahmen gemacht über Rußland, das war damals Gott sei dank nicht ganz so gefährlich wie in England.

Als ich zurückkam nach Essen, da traf ich Herrn Funke, der kannte mich ja noch aus dem Reismann-Grone-Verlag, wo er vorher Chefredakteur beim »Essener Anzeiger« gewesen war, und der wollte mich unbedingt dabei haben und das hat dann auch geklappt. Und da ging das Problem los: Mit welcher Kamera arbeiten? Und Herr Oppenberg hat gemeint: »Ja, dann sehen Sie mal zu, woher Sie eine Kamera kriegen!«

Und ich bin dann herumgegangen und habe rumgefragt – Schwarzer Markt – eine andere Möglichkeit gab es gar nicht 1945! Und dann habe ich eine gefunden, eine Leica 2f, noch mit einem Objektiv, für 16.000 Reichsmark. Im Geschäft bekam man ja keine Kamera! Und mit dieser Kamera, die der Verlag bezahlt hat, habe ich dann angefangen bei der NRZ.

Und dann ging es im Juli los! Erst nur einmal die Woche [zweimal!], dann zweimal und immer mehr, bis dann nach der Währungsreform, als das Papier frei war und die Altverleger wieder auf dem Markt waren, sechsmal, siebenmal, das war eine irre Konkurrenz damals, aber das haben wir ja zum Glück ganz gut überstanden.

Das Problem in der Vorwährungszeit war ja auch Filme zu besorgen. Sie konnten ja keine Filme kaufen!

SR

Gab es denn besondere Zuteilungen an Fotomaterial für die Lizenzzeitungen?

Ebeler

Überhaupt nicht! Ich habe mir Filmmaterial besorgt von den Kameraleuten der Wochenschauen, die bekamen ja reichlich Meterware aus Amerika, und die gaben mir dann mal eine Zehn-Meter-Rolle oder fünf Meter ab für ein paar Mark. Wir kannten uns ja alle in dieser Zeit, wir waren ja immer nur eine Handvoll Leute. Und das ging dann eine Zeitlang gut bis zur Währungsreform.

SR

Und woher bekamen Sie Papier und Chemikalien ?

Ebeler

Ich glaube, da hatten einige, zumindest die großen Fotogeschäfte, noch Vorkriegsbestände. Küllenberg am Kopstadtplatz, da habe ich mir das Papier immer besorgen können. Und dann haben wir unsere Filme und Abzüge ja noch selbst entwickelt, ich hatte mir in der Zeitung, neben der Redaktion, einen Raum eingerichtet mit fließendem Wasser, Verdunklungspapier gab es ja noch genug.

SR

Bekamen Sie immer feste Aufträge von den Redakteuren oder konnten Sie auch eigene Ideen anbieten?

Ebeler

Zu Anfang war es reine Auftragsfotografie, es gab ja viel zu wenig Platz für Fotos in der Zeitung. Da ging ich dann los, zu Fuß, oder fuhr mit der Straßenbahn und machte meine Aufnahmen, zwei, drei Schüsse für ein Motiv, das mußte reichen. Es wurde ganz sparsam fotografiert und mit kurzen Filmstücken, die wurden dann abgeschnitten und entwickelt und ein neues Stück eingelegt. Wir haben immer unsere ausländischen Kollegen beneidet, die hatten gute Kameras und viel bessere Filme und so.

Und zu Groß-Terminen, da fuhr mich der Herr Funke mit seinem Opel P4 immer selbst hin. Zum Beispiel hoch auf die Villa Hügel, dort gab es ja oft Konferenzen und ähnliches, das war so wichtig, das wurde dann auch immer gedruckt. Da war immer gutes Licht wegen der Wochenschauaufnahmen, und bei den Gelegenheiten konnte ich mir dann wieder Filme besorgen.

Erst nach der Währungsreform wurde das anders, da konnte man auch eigene Geschichten machen und die Sachen freier gestalten. Ich lief dann durch die Stadt und konnte mir die hübschesten Ecken heraussuchen – also meistens zerstörte – und das erschien dann in der Zeitung unter dem Titel »Die NRZ geht durch die Stadt«. Aber vorher war das nicht möglich, das war zu teuer und es gab zu wenig Platz.

SR

Mußten Sie sich zu Beginn Ihrer Tätigkeit für die NRZ eine Zulassung als Fotograf von den Alliierten besorgen?

Ebeler

Nein, an so etwas kann ich mich nicht erinnern. Ich bekam damals einen Anstellungsvertrag mit einem Anfangsgehalt von 350 Reichsmark und das war alles. Eine besondere Zulassung brauchte ich nicht.

SR

Gab es andere Restriktionen der alliierten Behörden, ein Fotografierverbot für bestimmte Themen oder ähnliches?

Ebeler

Ja, Demontagearbeiten bei Krupp, da durfte man normalerweise nicht rein und nicht ran, oder bei Truppentransporten auf dem Bahnhof, da wurde dann aufgepaßt, – also alles, was rein die Alliierten anging, das war verboten und da konnte man auch nichts machen, sonst gab es Schwierigkeiten für die Zeitung. Ansonsten gab es das aber nicht, jedenfalls nicht bei den Briten.

SR
Hat Ihr damaliges Gehalt ausgereicht zum Leben oder haben Sie außerhalb der NRZ auch noch als Fotograf gearbeitet?

Ebeler
Nein, von dem Geld konnten wir einigermaßen leben. Wir zogen unser Gemüse selber und unsere Kartoffeln auf so einem Trümmergrundstück, und wichtig waren auch die Tanten und Onkel auf dem Land, von denen man hin und wieder dann noch einen Sack Kartoffeln zusätzlich bekommen konnte. Auf den Schwarzmarkt konnten Sie mit dem Geld allerdings nicht gehen, das reichte gerade für ein Pfund Butter oder zwei bis drei Brote. Ich habe ja auch viel Schwarzmarkt fotografiert, Schwarzmarkt und Hamsterfahrten und so, und die Schwarzmarkthändler, auch die kleinen, die hatten ja alle viel mehr, die konnten nicht verstehen, daß man für das Geld arbeiten gehen konnte.

SR
Welche Themen haben Sie hauptsächlich bearbeitet ?

Ebeler
Eigentlich alles, was so anlag, ich habe dann aber auch viel Sport fotografiert, Fußball vor allem und Handball. Da mußte ich an einem Spieltag drei Fußballspiele fotografieren, erst Schalke, dann Katernberg, dann Rot-Weiß Essen, oder ich fing in Duisburg an, machte Oberhausen und dann Rot-Weiß Essen. In der ersten Halbzeit machte ich meine Aufnahmen und in der Pause ging es dann zum nächsten Spiel. Das war lange Jahre üblich. Später, Anfang der 50er Jahre, war es dann besser, da war ich der erste Pressefotograf, der ein eigenes tragbares Bildfunkgerät dabei hatte. Und wenn ich dann unterwegs war, auf großen Messen oder bei anderen Großereignissen, da konnte ich dann in Ruhe meine Aufnahmen machen und abends dann die Bilder zu den Redaktionen, ich mußte ja mehrere Lokalredaktionen in Essen und Mülheim und Oberhausen und so versorgen, konnte denen dann die Bilder durchfunken.

SR
Wie haben sich die Themen in dieser Zeit verändert ?

Ebeler
Verändert hat sich vor allem die Menge und Ausführlichkeit. Die Geschichten wurden länger und ausführlicher, man konnte mehr Fotos bringen, am Anfang wurden die ja nur den Texten beigestellt. Direkt nach dem Krieg ging es ums Trümmerräumen, Aufbauthematik, ums Essen, vor allem ums Essen, um den Schwarzmarkt, ein bißchen Sport als belebendes Element, das wurde dann sehr schnell mehr. Später gab es dann die ersten Modenschauen im Saalbau. Bergbau war immer auch ein Thema und natürlich Villa Hügel, alles was die Besatzung anging, wurde behandelt, und dann auch die Demontagen.

SR
Können Sie sich an ein besonderes Ereignis erinnern, das Sie damals fotografiert haben?

Ebeler
An ein bestimmtes Ereignis nicht, aber besonders spannend und eindrucksvoll war für mich immer, auf das Kruppgelände zu schleichen und dort zerstörte Industrie zu fotografieren, das war im Bild immer gewaltig. Außerdem war es verboten und das reizte mich dann noch mehr.

(November 1994)

Elisabeth Altenhoff
Bilder aus Rüttenscheid und dem Südviertel, 1946/47

Elisabeth Altenhoff (Jg. 1912) besuchte die Kunstgewerbeschule/Folkwangschule in Essen, wo sie zunächst in der Fotografischen Abteilung bei Max Burchartz lernte. Anschließend arbeitete sie ein Jahr lang (1937/38) im Atelier von Albert Renger-Patzsch als Assistentin, ehe sie als Fotografin beim Bildgut-Verlag in Essen eingestellt wurde. 1948 schied sie aus familiären Gründen aus dem Verlag (inzwischen »August-Wibbelt-Verlagsgesellschaft«) aus und fotografierte nur noch gelegentlich, zusammen mit der Fotografin Lieselotte Witzel. In den 60er Jahren machte sie mit Carola von Groddeck Industrieaufnahmen, u. a. für die Ruhrkohle AG. Elisabeth Altenhoff lebt in Essen.

Ihre Leica hatte sie während der Bombenangriffe versteckt und dadurch gerettet. »Ich bin mal nachmittags losgezogen mit meiner Leica, da war noch ein Film drin aus der Kriegszeit. Ich habe gedacht, guck' Dir mal an, was noch übriggeblieben ist. Einen Teil der Abzüge habe ich später den Leuten gegeben, deren ausgebombte Häuser auf den Fotos zu sehen waren.«

418 Brunnenstraße
Essen, 1947
Elisabeth Altenhoff

419 Bewohnte Keller in der Brunnenstraße gegenüber vom Stadtgarten
Essen, 1947
Elisabeth Altenhoff

420 Notwohnung
Essen, 1947
Elisabeth Altenhoff

421 Eisenbahnbrücke an der Südseite des Hauptbahnhofs
Essen, 1947
Elisabeth Altenhoff

422 Schulhof an der Steubenstraße
Essen, 1947
Elisabeth Altenhoff

423 Trümmerfeld im Südviertel
Essen, 1947
Elisabeth Altenhoff

PRIVATE ERINNERUNGSBILDER

Private Fotografie hat einen grundsätzlich anderen Gebrauchswert als Bildpublizistik. Die Blicke von Hobby- oder Gelegenheits-Knipsern richten sich meist auf die unmittelbare Umgebung der privaten Sphäre, ihre Fotos dienen als Belege für Ereignisse und Stationen im Leben, die als bedeutsam und erinnerungs-würdig empfunden werden: Taufen, erste und letzte Schultage, Geburtstage, Hochzeiten, aber auch die neue Wohnungseinrichtung, das Auto, der Hund, der Urlaub.

Gestellte Fotos mit Repräsentationsabsicht ebenso wie Schnappschüsse, »gelungene« und verwackelte Bilder werden als authentische Zeugnisse akzeptiert und als Auslöser für Erinnerungen in Rahmen, Alben und Schachteln bewahrt. Beim Betrachten geraten sie fast unweigerlich in einen Erzählzusammenhang, meist den der Familiengeschichte oder einer anderen bedeutsamen Bezugsgruppe wie Freundeskreis oder Verein. Fotos ohne jeden persönlichen Anknüpfungspunkt kommen in aller Regel nicht vor.

Diese Merkmale gelten auch für »Knipser«-Bilder aus den Jahren nach 1945. Allenfalls wurde aus Mangel an Ausstattung mit Fotoapparaten und Filmmaterial seltener und sparsamer fotografiert. In Gesprächen wird oft berichtet, daß zu dieser Zeit gar keine Kamera im Haus war – sie war während des Krieges verlorengegangen, mit anderer Habe den Bomben zum Opfer gefallen, eingetauscht worden gegen Lebensmittel oder andere, überlebensnotwendiger erscheinende Güter. Oder sie wurde nicht benutzt, weil keine Anlässe gesehen wurden – an eine »schlechte Zeit« will niemand gern erinnert werden. Manches private Album weist daher in dieser Zeit Leerstellen auf – zwischen dem Foto vom Mann oder Bruder als Soldat auf Heimaturlaub und den Bildern von der ersten Urlaubsreise in den 50er Jahren klafft eine Lücke in der Geschichte.

Einiges kam dennoch zusammen, als das Ruhrlandmuseum für die Ausstellung »Bildberichte« um die

Überlassung von privaten Fotos bat. Auch hier Bilder, die an Besonderheiten und Stationen des Lebens – diesmal unter außergewöhnlichen Umständen – erinnern sollen: der aus den Trümmern geborgene Herd, der selbst gezimmerte Schrank, fotografiert zusammen mit der jungen Ehefrau als Beweise für eine »ordentliche« Existenz auch unter schwersten Bedingungen.

Die fotografische Dokumentation von Trümmerschäden am Wohnhaus und deren Beseitigung zwei Jahre später als Erinnerung daran, wie es einmal aussah und was »geschafft« wurde; das ungewöhnliche Motiv der Grabkreuze am »Montagsloch« in Essen zur Mahnung an die Toten, zu denen der Fotografierende eine Beziehung wachhalten wollte; eine überraschend systematische und umfangreiche Bestandsaufnahme von Trümmern und Ruinen – das unmittelbare ehemalige Wohnumfeld des Mannes, der als Augenzeuge und »lebendiger« Beweis auf einigen Bildern posiert – in Schuttbergen, die einmal die vertrauten Nachbarhäuser waren. Das ungläubige Staunen über das Ausmaß der Veränderung ist noch heute beim Betrachten der Bilder spürbar.

Gegen Ende der 40er Jahre Bilder, die das Bemühen um Verschönerung des Lebens spiegeln: das moderne Damenmodengeschäft, die dekorierte Wohnzimmerwand und der liebevoll angelegte Garten. Fast gleichzeitig finden sich immer noch Fotos als Beweise für das zerstörerische Werk der Bomben, gemacht etwa für die Verwandten in Amerika, denen

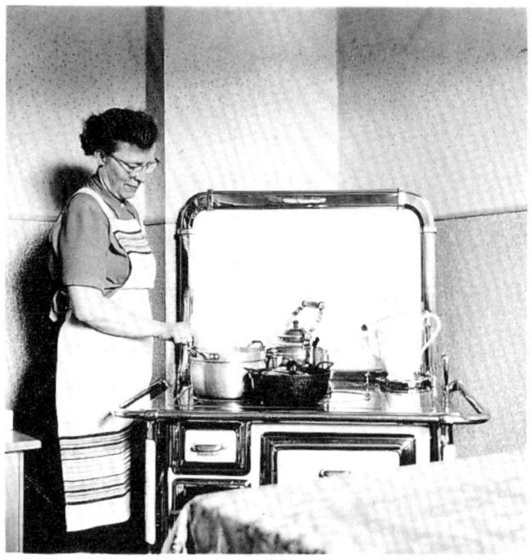

Gertrud Frebel
424 »Eigener Herd...«
Wattenscheid, ca. 1949

425 »Erster Urlaub nach dem Krieg«

Jürgen P. Wallmann
426 Essen, Hof Steubenstraße 64
Sommer 1949

die Vorstellungskraft fehlt und die den Erzählungen allein keinen Glauben schenken würden.

Ebenfalls für Betrachter in Amerika fotografierte ein gebürtiger Essener, vor der Verfolgung als Jude 1938 in die USA geflüchtet und als GI am 8. Mai 1945 in die ehemalige Heimatstadt zurückgekehrt: die Schule, das frühere elterliche Geschäft, das Kaufhaus, die Synagoge. Zur Beglaubigung der Echtheit seiner Rückkehr als Sieger an den Ort, von dem er vertrieben wurde, stellte er sich an einigen markanten Punkten seiner Kindheit und Jugend selbst ins Bild. Höhepunkt der Bilderserie ist eine Szene, in der er lachend gegen ein Hitlerbild tritt – endlich erlebter und im Foto »verewigter« symbolischer Racheakt.

Beim Überblick über die private Fotografie der Ruhrgebietsbewohner bestätigt sich die naheliegende Vermutung, daß der Wunsch nach Wiederkehr von Ordnung und Normalität den fotografischen Blick jener Jahren auch und gerade im unmittelbaren Nahbereich bestimmte.

S. Schneider

Ulrich Voigt

427 »Vor der Burg Horst«
1949

428 »Erste Einrichtungsgegenstände, 15. März 1949«

429 »Irene Voigt Damenmoden in der Ladenstraße, Essen, 15. März 1949«

430 Garten
undatiert

431 »Der neue Schrank« *1948*

Theo Gaudig

»Der sollte ja schön sein, da sind wir in einen Laden gegangen, um uns Schränke anzusehen, danach wollte ich den dann bauen, Holz gab es ja, so billiges Pressholz. Ich war zu schüchtern, einen Zollstock mitzunehmen, weil wir ja nichts kaufen wollten, da haben wir dann mit den Knöpfen von meiner Jacke und mit den Armen Maß genommen. Dann habe ich den Schrank nachgebaut. Das Foto sollte für die Eltern von meiner Frau sein, die wohnten im Saargebiet. Meine Frau kam frisch vom Friseur, die hatte die Haare so fusselig, das sollte nicht aufs Bild, deshalb kniet die da unten so.«

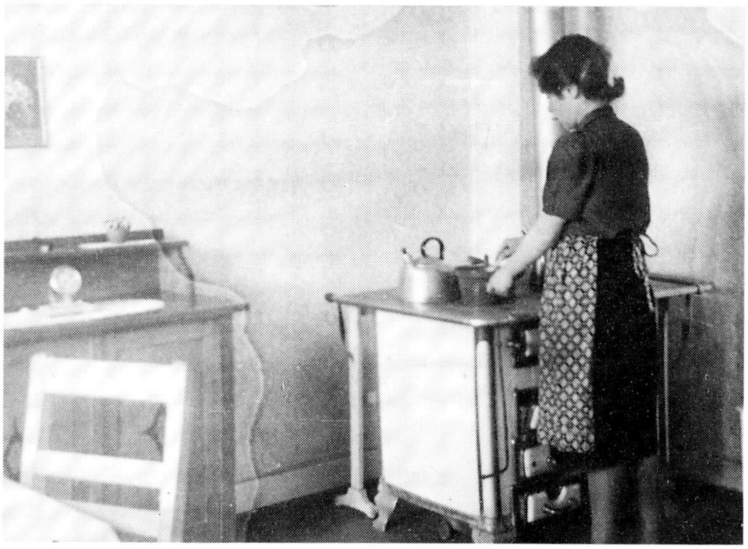

432 Herd, Kaulbachstraße *Essen, 1946*

Michael Zimmermann
433 & 434 *Mülheim*
wahrscheinlich Winter 1948

435 Ecke Blücher-Viehoferstr.

436 Ecke Grillo-Overbergstr.

437 Ecke Blücher-Viehoferstr.

438 Waterloostr.

439 Overbergstr. (Baptistenkirche)

440 Ostermannstr. 11

Inge Kretschmar

Fotos aus Altenessen, 1945

»Die Fotos sind von meinen Eltern. Mein Vater steht in den Trümmern, z. B. in der Overbergstraße. Das war die Nachbarschaft meiner Großeltern, deren Haus in der Sternstraße war stehengeblieben, rundherum war alles kaputt. Das sollte wohl festgehalten werden, wie es da aussah – mein Vater war ein systematischer Sammler, deshalb gibt es wahrscheinlich davon so viele Bilder. Bei uns wurde immer viel fotografiert, auch auf allen Familienfesten.«

Heinrich Böll **442 Wiederaufbau der Gaststätte Böll, Altenessener – Ecke Schonnefeldstraße** *1946*

Marie u. Franz Nünning **441 Altenessener Str. am Bahnhof** *Anfang 1946*

Marie u. Franz Nünning **443 Altenessener Str. am Bahnhof** *Anfang 1946*

Ruth u. Friedrich Kollmann
Wohnhaus Kollmann
Essen, Olbrichstr. 42
1946

444 Nach dem Luftangriff 1944

445 Zwei Jahre später

446 Verlobung *August 1950*

447 Hannelore Bussick *Frühjahr 1948*

Werner Bussick

»Im Garten des Hauses Lattenkamp 27, damals Katernberg, war 1945 eine Bombe nach der Entschärfung liegengeblieben. Da hat mein Vater gedacht, »Die kann man doch als Dekoration benutzen«, und dann wurden da noch bis in die 50er Jahre immer Erinnerungsfotos gemacht.«

448 Geburtstag von Hannelore *August 1949*

449 Hochzeit *August 1952*

Kläre Schneider
450 Am Kanal in Karnap
August 1947

Heinrich Rabbich
451-453 Grabkreuze am »Montagsloch«
undatiert

Hier erschoß die Gestapo in den letzten Kriegstagen 35 Insassen des Polizeigefängnisses.

454 **Berzeliusstr. 33,** Frühjahr 1950

455 **»Unser Trümmerhaufen. Berzeliusstr. 33«**

Helga Jost

Spaziergang mit dem Onkel aus Amerika

»Im Frühjahr 1950 kam unser Onkel aus Los Angeles zu Besuch, der wollte später zuhause zeigen, daß in Essen auch Wohnviertel und Kirchen bombardiert wurden, nicht nur Krupp. Er legte Wert darauf, mit auf den Fotos drauf zu sein, damit sie zuhause sehen konnten, daß alles stimmt. Und dann haben wir mit ihm einen Rundgang gemacht: Mülheimer Straße, Apostelkirche, wie sie noch in Trümmern lag, dann durch die Westendstraße, die Trümmer der ehemaligen Kruppschen Fabrik bis zur alten Bürgerstraße. Das ist der Weg, auf dem die Bilder gemacht wurden – mit einer alten Ballina aus der Vorkriegszeit, die hat den Krieg überstanden, die haben wir irgendwie immer durchgeschmuggelt.

Viel gebraucht haben wir sie dann aber nicht, was hätte man auch fotografieren sollen.«

456 **»Westendstraße«**

Walter Rohr

Brief an die Familie

»Im Ruhrgebiet, den 8. Mai 1945

Meine Lieben.

(...) Diesen Siegestag habe ich zu einem kleinen Trip in unsere Heimatstadt ausgenutzt. (...)

Über die Steelerstraße komme ich zum Stadtkern von Essen. Der Wasserturm auf der Steelerhöhe ist ein riesiger Geröllhaufen. In Holland und Frankreich sind die Kriegsverwüstungen furchtbar – aber das alles ist ein Kinderspiel gegenüber dem Zustand, den die deutschen Städte bieten. (...)

Als Zweck meiner Fahrt hatte ich die Suche nach vermissten Angehörigen angegeben. Ich ging also in Essen gleich zum Polizeipräsidium – Wie hat sich da alles geändert. Vor acht Jahren wurde ich in dieses gleiche Gebäude als Schutzhäftling eingeliefert. Ich zitternd vor

457 **»Mai '45«**

458 **»Meine frühere Schule in Borbeck (Gymnasium)«**

459 **»Borbecker Str. 131«** *(ehem. elterl. Geschäftshaus)*

460 **»Einige Straßen wurden nie von eingestürztem Mauerwerk gereinigt«**

461 **»Essens Synagoge ist im Grunde unzerstört«**

462 **»Hitlers letzte Vorstellung ist beendet. Ich mußte ihm ins Gesicht treten«**

dem, was nun mit mir geschehen würde, die Polizeibeamten, jeder bereit, mich zu treten, mich zu ohrfeigen! Jetzt müssen auch die deutschen Beamten mir den meinem Rang entsprechenden Gruss bezeugen. (...)
Wie gern hätt' ich mir nur jetzt bei meinem Fortgang die Binde mit dem Judenstern angezogen, – damit deutsches Militär vor *unseren* Hoheitszeichen stramm steht! Meine Fahrt ging weiter zu den Nachbarhäusern unserer Angehörigen - aber man konnte mir lediglich sagen, dass sie verschleppt seien. Von keinem fand ich auch nur die geringste Spur.
Ich machte eine Aufnahme, – da sprach mich ein Mädel an – »sag mal – Du bist doch Walter Rohr, – ... ja, bei uns siehts jetzt schlimm aus«. Aber in einem Augenblick war ich umringt von »guten« Freunden, alle wollten wissen, wie es uns allen gehe usw. Ich habe nur noch geschrieen: »Jedenfalls viel besser als Euch!«

(Auszug; Fotos: Walter Rohr)

1945

Während der ersten drei Monate des Jahres 1945 gerät das linksrheinische Gebiet vollständig unter die Kontrolle der Alliierten. Damit ist die strategische Voraussetzung zur beabsichtigten Umklammerung des Ruhrgebiets geschaffen.

Kriegsbedingt ist die Einwohnerzahl Essens stark rückläufig, wohnen im September 1939 rund 640.000 Menschen in Essen, sinkt deren Zahl bis zum Frühjahr 1945 auf rund 350.000.

11. März 1945
Schwerster Luftangriff auf die Stadt Essen, der die städtische Infrastruktur völlig zerstört. Über 1.000 Bomber werfen rund 5.500 Tonnen Spreng- und Brandbomben ab. Der Angriff fordert 897 Todesopfer. Im Gegensatz zur Kruppschen Gußstahlfabrik im Essener Westen bleiben die Hüttenwerke in Borbeck und Rheinhausen, die schon vorher von Angriffen verschont gewesen waren, weitgehend unzerstört und setzen ihre Produktion fort.

14. März 1945
Die erste Ausgabe einer zweiseitigen Notzeitung, eine Gemeinschaftsausgabe der NATIONAL ZEITUNG und der ESSENER ALLGEMEINEN ZEITUNG, erscheint unter dem Titel Essener Nachrichten.

19. März 1945
Hitler ordnet im Rahmen seiner Politik der »Verbrannten Erde« die Zerstörung aller Verkehrs-, Nachrichten-, Industrie- und Versorgungsanlagen an. Im Ruhrgebiet wird daraufhin die Demontierung der Zechenanlagen sowie die Zerstörung der Wasserstraßen durch die Versenkung von zementbeladenen Schiffen vorbereitet.

23. März / 24. März 1945
Amerikanische und britische Truppen setzen zur nördlichen Umklammerung des Ruhrgebiets bei Rees und Rheinberg über den Rhein. Amerikanische Truppen, die am 7. März den Rhein bei Remagen überquert haben, umschließen das Ruhrgebiet von Süden her.

25. März 1945
Der »Reichsverteidigungskommissar« und »stellvertretende Gauleiter« Fritz Schleßmann fordert die Zivilbevölkerung zur Räumung der Stadt Essen auf. Die Stadt soll aus Sicherheitsgründen sofort von »Vätern, Müttern und Kindern« geräumt werden, da mit einem heftigen Kampf um Essen gerechnet wird.

28. März 1945
Amerikanische Einheiten dringen entlang des Rhein-Herne-Kanals nach Osten vor und besetzen Hamborn, Ruhrort, Meiderich, Sterkrade, Dorsten, Haltern und Borken.

30. März 1945
Bergleute retten die in der Region des Rhein-Herne-Kanals gelegenen, von den Verwaltungen verlassenen Zechen Helene, Sälzer-Amalie, Christian Levin und Wolfsbank. Sie verhindern die angeordnete Zerstörung, holen unter Einsatz ihres Lebens die Pferde aus den Gruben und halten die Pumpen in Gang, um ein »Absaufen« der Schächte zu verhindern.

Der »Reichsverteidigungskommissar« Schleßmann droht die »totale Räumung von Essen« an, wenn »notwendig sogar unter Anwendung von Gewalt«. Ein Großteil der Bevölkerung reagiert mit Empörung und viele verweigern die Räumung. Am 6. April wird der Räumungsbefehl »bis auf weiteres« ausgesetzt.

Deutsche Pioniere sprengen die Verbindungsbrücke zwischen Karnap und Altenessen. Karnap ist somit von Essen gänzlich abgeschnitten und wird als erster Essener Stadtteil von den amerikanischen Truppen eingenommen. Amerikanische Pioniere beginnen am nächsten Tag mit dem Bau einer Holzbrücke für Fußgänger und einer eisernen Behelfsbrücke für Fahrzeuge.

April 1945
In zahlreichen befreiten Städten des Ruhrgebiets treten »Antifa-Ausschüsse« in Erscheinung, die entweder spontan in der Umbruchphase entstanden oder aus bereits bestehenden Widerstandsgruppen der Arbeiterbewegung hervorgegangen sind. Mit ihrem Einsatz für eine radikale demokratische Erneuerung zeigen sie alternative Ansätze zur traditionellen Verwaltungs- und Parteistruktur. Sie werden jedoch größtenteils von den Besatzungsbehörden im Laufe des Sommers 1945 aufgelöst.

1. April 1945
Zusammentreffen der von Süden vorstoßenden 1. US-Armee mit der von Westen herankommenden 9. US-Armee im Raume Lippstadt. Der »Ruhrkessel« ist damit geschlossen.

5./6. April 1945
Amerikanische Truppen setzen an einigen Stellen über den Rhein-Herne-Kanal und dringen in Dellwig, Vogelheim, Altenessen und Katernberg ein. Bis zum 9. April erobern sie Stoppenberg, Schonnebeck und Kray. Die deutschen Einheiten leisten nur schwachen Widerstand und gehen hinter die Ruhr zurück.

9. April 1945
Die ESSENER NACHRICHTEN erscheinen zum letzten Mal.

10. April 1945
US-Truppen besetzen Steele und Rellinghausen und dringen von der Emscher nach Herne, Bochum und Wattenscheid vor. Die Innenstadt von Essen wird kampflos besetzt. Im Rathaus Bredeney verhandeln amerikanische Offiziere mit dem Oberbürgermeister Just Dillgardt, der noch am gleichen Abend in Haft genommen wird. Dillgardt übergibt US-General Matthew B. Ridgway die Stadt. Dieter Russell, ein enger Mitarbeiter von Just Dillgardt, wird für sieben Wochen als Oberbürgermeister eingesetzt.

11. April 1945
– Formelle Übernahme der Stadt.
– Einführung einer nächtlichen Ausgangssperre.
– Alfried Krupp wird auf Villa Hügel von US-Soldaten verhaftet und dort unter Hausarrest gestellt. Unter Bewachung wird er fünf Wochen später in das Internierungslager Recklinghausen überstellt, wo er bis zum Beginn des 1947 gegen ihn eingeleiteten Verfahrens vor dem amerikanischen Militärgericht verbleibt.

Für die noch in Essen weilenden Kriegsgefangenen, Verschleppten und Zwangsarbeiter bedeutet der Einmarsch der amerikanischen Truppen die Befreiung. Menschenunwürdig untergebracht und unterernährt, hatten sie in Gruben, Fabriken und Werkstätten arbeiten müssen. Im Jahre 1943 waren es mehr als 50.000 gewesen, die man vornehmlich aus Osteuropa nach Essen verschleppt hatte. Zu Beginn des Jahres 1945 betrug die Zahl der Kriegsgefangenen noch 14.590, die der »Ostarbeiter« 9.972 und die der anderen Zwangsarbeiter 9.289. Nicht wenige der befreiten Kriegsgefangenen und Zwangsarbeiter verlassen nach der Befreiung ihre Unterkünfte und holen sich in der Umgebung lang entbehrte Lebensmittel und andere Güter.

12. April 1945
Besetzung von Mülheim und Duisburg. Einen Tag später erobern amerikanische Truppen Dortmund.

15. April 1945
– Kettwig wird besetzt.
– In den schon unter amerikanischer Kontrolle stehenden Essener Stadtteilen werden alle Arbeiter aufgefordert, sich an ihrem Arbeitsplatz oder beim Arbeitsamt zu melden, damit mit ersten Aufräumungsarbeiten begonnen werden kann.

16. April 1945
Die Abteilung H2D3 der amerikanischen Militärregierung trifft in Essen ein und übernimmt die Verwaltung der Stadt. Erster Stadtkommandant wird Oberst Edson D. Raff.

17. April 1945
Von Velbert kommend, rücken amerikanische Truppen in Werden ein. Vier Tage später werden als letzte Essener Stadtteile Überruhr und Kupferdreh besetzt. Damit ist ganz Essen in amerikanischer Hand.

19. April 1945
Der Wehrmachtbericht meldet »das Ende der Kämpfe zwischen Rhein und Ruhr«. Im Verlauf der Kampfhandlungen sind rund 320.000 deutsche Soldaten in amerikanische Gefangenschaft geraten; die genaue Zahl der Toten und Verwundeten ist nicht bekannt. Die amerikanischen Verluste betragen fast 10.000 Mann.

20. April 1945
Die ehemals freien Gewerkschafter Hermann Klewer und Arthur Fritsch wenden sich zusammen mit den vormals christlichen Gewerkschaftern Heinrich Strunk und Fritz Horstmann in einem Aufruf an die Arbeiter, Angestellten und Beamten der Stadt. Gefordert werden Neugründung einer Einheitsgewerkschaft sowie die Entfernung von »Naziverbrechern« aus Betrieben und Verwaltungen. Die vier Unterzeichner des Aufrufs bilden in der Folgezeit mit den Kommunisten Richard Riegel und Josef Neuroth den Sechserausschuß der Essener Gewerkschaften, der die Besatzungsmacht in gewerkschaftlichen Fragen berät.

22. April 1945
Der »stellvertretende Gauleiter« Fritz Schleßmann wird in einer Steeler Wohnung festgenommen. Er hatte sich einen anderen Namen zugelegt und wollte untertauchen.

24. April 1945
Mit Erlaubnis der örtlichen Militäradministration erscheinen zum ersten Mal die »Bekanntmachungen der Stadtverwaltung Essen«.

26. April 1945
Das 130. Military Gouvernment Detachment übernimmt die Verwaltung der Stadt Essen. Erster britischer Stadtkommandant wird Oberst N. C. H. Downe.

30. April 1945
Die an diesem Tage im Deutschlandhaus versammelten leitenden Beamten der Stadtverwaltung, der Bezirksämter und die Bürgermeister der Vororte müssen auf Befehl der Besatzungsmacht die tags zuvor im »Montagsloch« nahe der Lührmannstraße entdeckten Leichen von 35 russischen Zwangsarbeitern exhumieren und anschließend bestatten. Sie waren von der Essener Gestapo in den letzten Märztagen dort erschossen und verscharrt worden.

Adolf Hitler begeht Selbstmord.

Für den Versorgungszeitraum vom 30. April bis zum 27. Mai 1945 werden in der Stadt 310.434 Lebensmittelkarten ausgegeben. Das ist der Tiefstand seit der Besetzung Essens.

Die Militärverwaltung verbietet alle Feiern zum 1.Mai und erklärt den Tag zu einem normalen Arbeitstag.

7. Mai 1945
Die Besatzungsmacht ordnet an, daß alle nationalsozialistischen Hoheitszeichen von Straßen, Gebäuden, Denkmälern, Briefköpfen und Plakaten sofort zu entfernen sind.

7.-9. Mai 1945
Bedingungslose Kapitulation der deutschen Wehrmacht.

- Essen beklagt 32.440 Kriegstote. (18.537 Soldaten, 6.384 Zivilisten und 7.519 Menschen, die später von Essener Gerichten für tot erklärt werden.)
- Über 2.500 Essener Juden wurden ermordet; rund 300 Essener aus politischen und religiösen Gründen umgebracht.
- 799 Kriegsgefangene und 1.802 Zwangsarbeiter hat man auf Essener Friedhöfen begraben.
- Die Stadt liegt in Trümmern.
- Von ca. 184.000 Wohnungen sind 80.000 total zerstört und 20.000 schwer beschädigt. Lediglich 24.000 sind gering oder gar nicht beschädigt.
- Von 2.044 Industriegebäuden sind 571 total zerstört.
- Von 690 öffentlichen Gebäuden sind 180 total zerstört.
- Von 92 Kirchen sind 33 zerstört und 16 schwer beschädigt.
- Von 236 Schulen sind 73 zerstört und 71 schwer beschädigt.
- 90% des Geschäftsviertels in der Innenstadt sind zerstört.
- 12.242.000 cbm beträgt die Schuttmasse im gesamten Stadtgebiet von Essen.
- 400 Kilometer Straßen sind zerstört.
- Schäden bei 2.900 Gas- und Wasserversorgungsleitungen.
- Fünf Kläranlagen sind zerstört.
- Von 820 km Kanalnetz sind 325 km unbrauchbar geworden.
- 33 Straßen- und Eisenbahnbrücken sind zerstört.
- Das Haupt- und Südfernsprechamt sind zerstört.
- Die Fernsprechämter in Steele, Werden und Kupferdreh sind außer Betrieb.
- Bei der Straßenbahn sind 77% der Gebäude beschädigt.
- Totalschaden bei 38% der Straßenbahnen und Autobusse, bei 25% der Umformerwerke und 76% der Oberleitungen.
- 155 Motor- und Personenwagen der Straßenbahn sind zerstört.
- Erst allmählich fährt die Straßenbahn wieder. Anfangs ersetzen Lokomotiven die Triebwagen.

12. Mai 1945
Die erste Ausgabe der RUHR-ZEITUNG erscheint in Mülheim mit der Schlagzeile: »Die Waffen wurden gestreckt«. Sie wird für die deutsche Bevölkerung von der 12. amerikanischen Heeresgruppe herausgegeben. Nach Fertigstellung der ersten beiden Ausgaben verlegt die Redaktion ihren Sitz nach Essen.

20. Mai 1945
Der Verwaltungsjurist Hugo Rosendahl (CDU) wird von der Besatzungsmacht als Oberbürgermeister eingesetzt.

5. Juni 1945
Aufteilung Deutschlands in vier Besatzungszonen.

10. Juni 1945
Die letzten amerikanischen Soldaten verlassen Essen. An ihrer Stelle rückt das britische 1. Manchester Regiment in die Krayer Kaserne ein.

29. Juni 1945
Der von der Besatzungsmacht ernannte Stadtbürgerausschuß tritt zusammen. Vier Mitglieder bekennen sich zur CDU, drei zur SPD, drei zur KPD, zwei zum Zentrum und einer zur FDP. Der Ausschuß soll sich vornehmlich mit der Ernährungs- und Wirtschaftslage, dem Wiederaufbau sowie der Entnazifizierung der städtischen Verwaltung beschäftigen.

14. Juli 1945
Der britsche Oberbefehlshaber Bernard L. Montgomery hebt in der britischen Zone den Alliierten-Beschluß der »Non-Fraternisierung« auf, am 25. September auch das sogenannte Umgangsverbot.

17. Juli - 2. August 1945
Die Potsdamer Konferenz der Siegermächte beschließt die Entmilitarisierung, Entnazifizierung, Demokratisierung und Dezentralisierung Deutschlands. Reparationen sollen durch Leistungen aus der laufenden Produktion, durch Beschlagnahme deutscher Auslandsguthaben sowie auf der Basis von Demontagen in den jeweiligen Besatzungszonen erfolgen.

20. Juli 1945
Erste Theateraufführung in Essen (»Im weißen Rössl«)

24. Juli 1945
Die Not zwingt zur Rationierung des Wohnraumes. Laut Anordnung des Oberbürgermeisters müssen Alleinstehende in Einzelzimmer umziehen. Ein Erwachsener darf höchstens einen Wohnraum benutzen, wobei die gewöhnliche Küche als Wohnraum gilt. Der Berufstätige hat vor dem Nichtberufstätigen Anspruch auf Wohnraum.

1. August 1945
Das erste Konzert des städtischen Orchesters findet im Waldtheater an der Schillerwiese statt.

9. August 1945
Der Oberbürgermeister ruft die Bevölkerung auf, in Gemeinschaftsarbeit die Trümmer in der Stadt zu beseitigen. Jeder Mann zwischen 14 und 60 Jahren sowie jede Frau zwischen 16 und 50 Jahren ist verpflichtet, mindestens 10 Stunden Aufräumarbeit abzuleisten. Für ehemalige aktive Mitglieder der NSDAP sind »Sonderarbeiten« vorgesehen.

Mit Genehmigung der Militärregierung kann der Schulunterricht in den Grundschulen wieder aufgenommen werden.

20. August 1945
Die britische Militärregierung beschlagnahmt sämtliche Vermögensgegenstände der Eisen- und Stahlindustrie. Als Kontrollorgan wird die *North German Iron and Steel Control* (NGISC) in Düsseldorf eingerichtet.

29. August 1945
Die Essener Bühnen beginnen ihre erste Spielzeit nach dem Kriege mit Goethes »Geschwister« und beschließen sie am 2. Juni 1946 mit Goethes »Faust«.

September 1945
Stillegung aller zur Firma Fried. Krupp gehörenden Betriebe als Folge der Potsdamer Beschlüsse. Nur der Lowa (Werkstatt für Lokomotivbau) ist vorläufig die Weiterproduktion erlaubt. Dieser Betrieb ist der einzige in der britischen Zone, in dem die dringend benötigten Lokomotiven repariert werden können, und erhält deshalb, ebenso wie die Widia (das dort hergestellte Hartmetall ist für die Werkzeugfertigung unentbehrlich), ein britisches *permit for urgent necessary works* (Erlaubnis für dringend notwendige Arbeiten).

7. September 1945
Die britischen Militärbehörden verhaften im Ruhrgebiet 44 Mitglieder des Rheinisch-Westfälischen Kohlensyndikats wegen »Unterstützung des Nationalsozialismus«.

15. September 1945
In der britischen Zone werden zunächst nur auf Kreisebene demokratische Parteien zugelassen.

20. September 1945
Die Militärregierung übernimmt die gesamte politische Säuberung, die nun als Entnazifizierung bezeichnet wird und bestimmt, daß von nun an Entlassungen und Suspendierungen im Rahmen der politischen Bereinigung nur noch auf Anordnung der Militärbehörde zu regeln sind.

27. September 1945
Die »Essener Nothilfe« wird als Hilfswerk für die notleidende Bevölkerung gegründet. Ihr gehören u. a. an: Arbeiterwohlfahrt (AWO), Innere Mission, Caritasverband, Deutsches Rotes Kreuz (DRK) und Gemeinschaftshilfe.

15. Oktober 1945
Die Rationierung von elektrischem Strom und von Gas für die Haushalte wird angeordnet.

25. Oktober 1945
Essen wird von Oberbürgermeister Rosendahl zum »Brennpunkt der Wohnungsknappheit« erklärt. Jeder Zuzug nach Essen ist untersagt. Ausgenommen hiervon sind nur Bergleute und Bauarbeiter.

November 1945
Gründung der Organisation *Cooperative for American Remittance to Europe* (CARE), die ab Frühjahr 1946 Hilfssendungen nach Europa verschickt. Die Verteilung der Sendungen übernehmen die Wohlfahrtsorganisationen wie DRK, AWO, Caritas und das neu gegründete Evangelische Hilfswerk.

2. November 1945
Der Unterricht an den Mittelschulen und Städtischen Höheren Schulen wird wieder aufgenommen.

14. November 1945
Vertreter der kommunalen Körperschaften, der Krupp-Betriebsrat und die provisorische Krupp-Geschäftsleitung überreichen der Besatzungsmacht ein Memorandum, in dem sie sich gegen die Demontage der Gußstahlfabrik wenden und auf die Möglichkeit der Produktion von Gütern verweisen, die ausschließlich Friedenszwecken dienen.

16. November 1945
Die Militärregierung übernimmt die Kontrolle über das gesamte Eigentum der Firma und der Familie Krupp. Die bisherige provisorische Geschäftsleitung wird abgelöst. Der von der Militärregierung eingesetzte Verwalter, Oberst Douglas Fowles, ruft die Prokuristen und Abteilungsleiter in das Hauptverwaltungsgebäude und teilt ihnen in deutscher Sprache mit: »Da draußen, meine Herren, wird nie wieder ein Schornstein rauchen. [...] Die britische Militärregierung hat beschlossen, mit Krupp für alle Zeit Schluß zu machen.«

17. November 1945
Die RUHR-ZEITUNG veröffentlicht eine Verordnung der Militärregierung über die Einschränkung beim Wohnungswechsel. Jeder Wohnungswechsel in der britischen Besatzungszone ist genehmigungspflichtig. Alle Umzüge aus und in die Stadt Essen sowie innerhalb der Stadt Essen müssen vom Wohnungsamt genehmigt werden.

20. November 1945
In Nürnberg beginnt vor dem internationalen Militärgerichtshof der Prozeß gegen die 24 Hauptkriegsverbrecher. Zwölf Nachfolgeprozesse richten sich u. a. gegen Angehörige des Auswärtigen Amtes, des IG Farben-, Flick- und Krupp-Konzerns, des Oberkommandos der Wehrmacht und der SS.

28. November 1945
Die Essener Justizbehörden nehmen ihre Tätigkeit wieder auf.

30. November 1945
70 führende Industrielle der Schwerindustrie werden verhaftet. Unter ihnen befinden sich auch die beiden Krupp-Direktoren Friedrich von Bülow und Eduard Houdremont.

Dezember 1945
Wegen Kohlenknappheit wird der Eisenbahnverkehr erheblich eingeschränkt. Da viele Menschen aus den Großstädten zum Hamstern aufs Land fahren, sind die Züge überfüllt.

Die Gründung des DPD (Deutscher Pressedienst) in Hamburg ermöglicht den Briten eine zentrale und von höchster Stelle ausgehende Informationskontrolle.

2. Dezember 1945
Erster Weihnachtsmarkt auf dem Burgplatz.

10. Dezember 1945
Der Alliierte Kontrollrat in Berlin veröffentlicht eine erste Liste von 30 Industrieanlagen, die als Vorreparationen abzuliefern sind. Aus dem Bereich Essen steht das Hüttenwerk Fried. Krupp in Borbeck auf der Reparationsliste. Sämtliche Bemühungen, das vom Krieg fast völlig verschont gebliebene Hüttenwerk für die Essener Industrie zu erhalten, schlagen fehl.

22. Dezember 1945
Beschlagnahme der Bergbaugesellschaften und Übernahme der Verfügungsgewalt über die Schachtanlagen durch die im Juli gegründete *North German Coal Control* (NGCC) mit Sitz auf Villa Hügel.

24. Dezember 1945
In Essen wird die Bildung demokratischer Parteien erlaubt.

28. Dezember 1945
Die Militärregierung führt in den Revierstädten die Schulspeisung ein.

Ein Orkan bringt im Ruhrgebiet zahlreiche Ruinen zum Einsturz. An vielen Stellen wird der Straßenverkehr unterbrochen, allein in Dortmund sterben zehn Menschen.

1946

Januar 1946
Im Hochbunker an der Maschinenstraße errichtet die »Essener Nothilfe« eine öffentliche Wärmehalle, die u. a. als Kindergarten genutzt wird. In anderen Bunkern bringt man alte Leute und Obdachlose unter.

1. Januar 1946
64,2% = 71,35 km des Gesamt-Straßenbahnnetzes sind wieder betriebsbereit (Ende 1946 81,5% = 90,6 km).

26. Januar 1946
Auf Anweisung der Militärregierung erhalten die Zechen ab 28. Januar für die Bergschwer- und Bergschwerstarbeiter zusätzliche Raucherkarten.

27. Januar 1946
In Essen treten SPD, CDU und KPD mit Gründungsversammlungen an die Öffentlichkeit. Als erste Partei veranstaltet die KPD auf dem Burgplatz in der Stadtmitte eine öffentliche

Kundgebung. Vor 6.000 Teilnehmern spricht Heinz Renner, der schon vor 1933 als Kommunist der Stadtverordnetenversammlung angehörte.

29. Januar 1946
Als erste Lehrerbildungsanstalt in der britischen Zone wird die katholische Pädagogische Akademie in Kupferdreh eröffnet.

6. Februar 1946
Im Krayer Rathaus versammeln sich 60 von der Besatzungsmacht ernannte Stadtverordnete zu ihrer ersten Sitzung nach dem Ende des Zweiten Weltkriegs. Von ihnen gehören 23 der CDU, 17 der SPD, 17 der KPD, zwei dem Zentrum und einer der FDP an. Die Sitzverteilung orientiert sich an dem Ergebnis der letzten freien Kommunalwahl von 1932. Der kommunistische Stadtverordnete Heinz Renner wird von der Besatzungsmacht als Oberbürgermeister eingesetzt. Der bisherige Oberbürgermeister Hugo Rosendahl übernimmt jetzt das Amt des Oberstadtdirektors.

7. Februar 1946
Die erste Kleinkinderspeisung des Schwedischen Roten Kreuzes beginnt, für die in Kindergärten, Gaststätten und Hochbunkern 80 Ausgabestellen eingerichtet werden, wo täglich 15.000 warme Mahlzeiten ausgeben werden. Sie endet am 29. Juni 1946.

8. Februar 1946
Zu einer Hochwasserkatastrophe kommt es durch den Bruch des Emscher-Deiches bei Karnap, 3.000 Menschen werden obdachlos.

20. Februar 1946
Auf der Schachtanlage Grimberg 3/4 der Zeche Monopol in Bergkamen ereignet sich das bis dahin schwerste Grubenunglück. Eine Schlagwetter- und Kohlenstaubexplosion fordert 412 Tote, darunter drei britische Offiziere der NGCC.

27. Februar 1946
Die von der Militärregierung herausgegebene RUHR-ZEITUNG stellt ihr Erscheinen ein.

1./2. März 1946
In Düsseldorf erscheinen zwei neue Zeitungen: zuerst die KPD-nahe FREIHEIT, dann einen Tag später folgt als Organ der CDU die RHEINISCHE POST, beide mit einer Essener Lokalseite.

2. März 1946
Aufgrund eines Erlasses des britischen Obersten Hauptquartiers werden die Rationen für Brot und Nährmittel ab 4. März halbiert. Die Tagessätze für den erwachsenen Normalverbraucher fallen nun beständig, ohne die ursprünglich als Norm angesetzte Höhe von 1.500 Kalorien pro Tag erreichen zu können.

16. März 1946
Der Essener Stadtkommandant P. J. W. Kennedy erklärt, daß die Verringerung der Lebensmittelrationen eine unvermeidliche Folge der Welternährungskrise sei, die auf eine katastrophale Mißernte in den überseeischen Produktionsländern und auf den kriegsbedingten Rückgang der landwirtschaftlichen Erzeugung in allen Ländern Europas zurückzuführen sei.

20. März 1946
Als erste Lokalzeitung im Ruhrgebiet nach Kriegsende erscheint in Dortmund die WESTFÄLISCHE RUNDSCHAU.

21. März 1946
Ratssitzung im Stadtgartensaal Steele: Bekanntgabe der einstimmigen Annahme der neuen Stadtverfassung.

7. April 1946
Nach vorheriger Genehmigung durch die Militärregierung findet in Bredeney die Gründungsversammlung der IG-Metall, Ortsverwaltung Essen, statt.
– Offizielle Gründungsversammlung der Essener FDP.

13. April 1946
Zum letzten Mal kündigen Sirenen Beginn und Ende der Sperrstunde (23.30 Uhr - 4.30 Uhr) an.

14. April 1946
Der erste Güterzug der »Schweizer Spende« trifft in Gelsenkirchen ein. Bis 1948 fließen rund 35 Millionen Schweizer Franken in Form von Hilfsgütern in deutsche Notstandsgebiete.

24. April 1946
Das Haus der Technik e.V. nimmt seine Vortragstätigkeit über technisch-wissenschaftliche Themenbereiche wieder auf. Den Eröffnungsvortrag im Sitzungssaal der Reichsbahndirektion am Bismarckplatz hält Professor O. Flachsbart von der Technischen Hochschule in Hannover über »Abendländische Kultur und Technik«.

30. April 1946
Als erste Zeitung in Essen erscheint die dem Zentrum nahestehende RHEIN-RUHR-ZEITUNG. Einige Tage später, am 7. Mai, kommt die erste Ausgabe der KPD-Zeitung WESTDEUTSCHES VOLKS-ECHO in Dortmund heraus, für Essen mit einer eigenen Lokalseite.

1. Mai 1946
Auf dem Holleplatz findet die erste genehmigte Mai-Kundgebung der Gewerkschaften mit 20.000 Teilnehmern statt.

28. Mai 1946
Die »Essener Nothilfe« gibt die Einrichtung von Nähstuben in den einzelnen Stadtteilen bekannt.

13. Juli 1946
Seit diesem Tag erscheint in Essen zweimal wöchentlich die NEUE RUHR ZEITUNG als SPD-nahes Blatt, nachdem bislang das Düsseldorfer RHEIN-ECHO mit seiner Essener Ausgabe diese politische Richtung in Essen vertreten hat.

17. Juli 1946
Sitzung der Essener Stadtvertretung im Rathaus Kray. Begrüßung des neuen Stadtkommandanten der Militärregierung, Oberst C. R. G. Acworth.

19. Juli 1946
Der britische Oberbefehlshaber in Deutschland, William Sholto Douglas, gibt bekannt, daß die Nord-Rheinprovinz und die Provinz Westfalen aus wirtschaftlichen Gründen in ein Land unter dem Namen »Nordrhein-Westfalen« mit der Hauptstadt Düsseldorf zusammengefaßt werden.

20. Juli 1946
Erste Massenkundgebung nach dem Zweiten Weltkrieg auf dem Burgplatz. Auf Einladung des »Sozialistischen Versammlungskomitees« sprechen Wilhelm Pieck und Otto Grotewohl als Repräsentanten der Sozialistischen Einheitspartei Deutschlands (SED).

31. Juli 1946
Laut Umfrage der »Essener Nothilfe« sind 9.000 Schulkinder, das sind 18%, zur Zeit Halbwaisen, die ausschließlich von der Mutter betreut werden.

3. August - 1. September 1946
In der Werdener Abtei findet eine Austellung Essener Künstler statt, die der »Kulturbund zur demokratischen Erneuerung« durch seinen Leiter Josef van Heekern zusammengestellt hat.

11. August 1946
Wahlkampf in Essen: Auf der zweiten Massenkundgebung nach Kriegsende spricht der SPD-Vorsitzende Kurt Schumacher auf dem Burgplatz. Am 24. August redet an gleicher Stelle Konrad Adenauer, Vorsitzender der CDU.

27. August 1946
Die Essener Polizei und britisches Militär führen eine Razzia gegen den Schwarzmarkt an der Maschinen-, Ecke Schlenhofstraße durch. Bei der Aktion werden rund 200 Personen festgenommen.

10. Oktober 1946
Die erste »Ausgabe West« der Zeitung DIE WELT erscheint in Essen.

13. Oktober 1946
Erste freie Wahl in Essen zum Stadtparlament nach Kriegsende: Die CDU wird stärkste Partei und erhält 38,4 % der Wählerstimmen, die SPD 34,2 %, die KPD 12,1 %, Zentrum 11,2 % und FDP 3,6 %.

In der ersten Sitzung des neuen Stadtparlaments wird Gustav Heinemann (CDU) als Oberbürgermeister gewählt. Er löst Heinz Renner (KPD) ab, der – ebenso wie das vorhergehende Provisorium des sogenannten »Ernannten Rates« – vom britischen Stadtkommandanten eingesetzt worden war.

20. Oktober 1946
Die Essener Volkshochschule nimmt im Wintersemester 1946/47 ihre Tätigkeit wieder auf.

29. Oktober 1946
Die Volkszählung ermittelt 520.960 Einwohner Essens; 664.523 waren am 17. Mai 1939 gezählt worden.

20./30. Dezember 1946
Die am 20. Dezember erlassene Übergangverordnung über den vorläufigen Aufbau der Polizei im Land Nordrhein-Westfalen sowie die Satzung für den Polizeiausschuß der Essener Polizei am 30. Dezember schaffen wesentliche Voraussetzungen für die von der Militärregierung angestrebte Trennung von kommunaler Verwaltung und Polizei.

30. Dezember 1946
Der Alliierte Kontrollrat gibt eine vorläufige Demontageliste bekannt. Von den 76 aufgeführten Industriebetrieben liegen 49 in der amerikanischen, 19 in der britischen und acht in der französischen Zone.

1947

1. Januar 1947
Vereinigung der amerikanischen und britischen Zone zu einem gemeinsamen Wirtschaftsgebiet, der Bizone.

Administrative Funktionen der britischen Militärregierung werden in deutsche Hände gelegt. Somit haben die britischen Kontrolloffiziere in den Kreisen und Gemeinden nur noch beratende Funktion.

16. Januar 1947
Einführung eines Punktesystems auf amerikanische Anregung und nach niederländischem Vorbild, das den im Bergbau Tätigen eine bevorzugte Belieferung mit besonders knappen Gütern wie Speck, Bohnenkaffee, Haushaltswaren, Textilien, Tabak und Alkoholika garantieren soll. Ziel dieses Systems ist es, die Förderleistungen zu steigern, den Anreiz für Hamsterfahrten zu reduzieren und das

häufige, nicht krankheitsbedingte Fehlen von Bergleuten zu verringern.

Januar/Februar 1947
Hungerwinter im Ruhrgebiet: Infolge anhaltenden Frostes verschlechtert sich die ohnehin mangelhafte Lebensmittelversorgung, da alle Transportmöglichkeiten ausfallen: Flüsse und Kanäle sind zugefroren, Eisenbahn- und Straßennetze sind zum größten Teil zerstört. Deshalb können die in den Seehäfen bereitliegenden Nahrungsmittel nicht ins Ruhrgebiet transportiert werden. Außer Lebensmitteln fehlen vor allem Kleidung, Schuhwerk und Heizmaterial.

3. Februar 1947
Erste große Hungerdemonstration Deutschlands: Die Belegschaften vieler Essener Betriebe demonstrieren vor dem Rathaus in der Innenstadt gegen Mißstände in der Lebensmittelversorgung. Um die Mittagsstunde legt das gesamte Krupp-Werkspersonal die Arbeit nieder. Ein Zug von 15.000 Kruppschen Arbeitern und Angestellten zieht durch die Essener Innenstadt zum Glückaufhaus, dem Sitz der Militärregierung. Außerdem treten die Belegschaften der Schachtanlagen Stinnes I, III und V, Zollverein I, III und VI in einen befristeten Streik, während auf den Schachtanlagen Victoria Mathias und Gottfried Wilhelm die Früh- und Spätschichten nicht einfahren.

28. Februar 1947
Beginn einer Aktion zur Abrüstung der deutschen Kriegsindustrie: Von der Besatzungsbehörde beauftragte Schrottfirmen sollen Kruppsche Werkshallen ausräumen und das Material verschrotten. Im Zuge dieser Aktion wird im April das mächtige Geschützrohr des sogenannten »Sewastopol-Geschützes« demontiert und verschrottet.

15. März - 22. März 1947
In allen Kinos der Stadt Essen läuft der Film »Die Todesmühlen«. Dieser Film enthält dokumentarische Bildberichte aus den Konzentrationslagern des Naziregimes.

28. März 1947
Angestellte, Arbeiter und Beamte der meisten Essener Betriebe legen von 9.00 bis 12.00 Uhr die Arbeit nieder, um gegen die schlechte Brotversorgung zu protestieren. Straßenbahn und Reichspost fallen aus, der Fernsprechverkehr ist eingestellt.

April 1947
Gegen die Beschlagnahme von zwölf in Kupferdreh gelegenen Häusern durch die britische Besatzungsbehörde protestieren Essener Bürger und deren Kinder.

3. April 1947
Zu den über 300.000 Bergleuten im Ruhrgebiet, die für 24 Stunden die Arbeit niederlegen und sich zu Kundgebungen versammeln, gehören auch die Essener Kumpel. Sie protestieren gegen die mangelhafte Lebensmittelversorgung und fordern die Sozialisierung der Gruben.

20. April 1947
Erste Landtagswahl nach dem Zweiten Weltkrieg. Von den sieben Essener Wahlkreisen gewinnt die SPD fünf, die CDU zwei.

5. Mai 1947
Der Rat der Stadt Essen beschließt die Einrichtung von Bürgerausschüssen, die u. a. für Information und Koordination von Hilfsdiensten zuständig sein sollen.

8. Mai 1947
Die »Essener Nothilfe« stellt im Rathaus die derzeitige Wochenration eines Normalverbrauchers aus: Sie besteht aus einem 3-Pfd.-Brot, einem ¼-Pfd. Zucker und einem Ei.

27. *Mai 1947*
Der bizonale Ernährungs- und Landwirtschaftsrat erklärt mit Zustimmung der beiden Besatzungsmächte das Ruhrgebiet und Hamburg zu Notstandsgebieten.

5. *Juni 1947*
US-Außenminister George Marshall begründet ein Hilfs- und Wiederaufbauprogramm für Europa (später »Marshallplan«) unter der Bedingung einer gemeinsamen europäischen Wirtschaftspolitik. Die gesamteuropäische Orientierung des Programms scheitert am Widerstand der Sowjetunion.

19. *Juni 1947*
Schreiben der *Control Commission for Germany* (Disarmament Branch) an die Geschäftsleitung der Firma Krupp mit der Mitteilung, daß 19 Betriebe mit insgesamt 23 Hallen in nächster Zeit demontiert werden sollen.

15. *Juli 1947*
In einer Ratssitzung formuliert der Oberbürgermeister die Sorge um die Zukunft der Stadt für den Fall, daß die vorgesehene Demontage der Krupp-Werke Realität wird. In einer einstimmig angenommenen Entschließung bittet »der Rat der Stadt Essen, seine Parteien und die gesamte Bevölkerung [...] um eine Revision des Zerstörungsbefehls für die ehemalige Firma Krupp.« Ansonsten sehen sich Rat und Parteien der Stadt nicht imstande »das Leben der Bewohner Essens weiter sicherzustellen«.

21. *Juli 1947*
Angehörige britischer Einheiten veranstalten auf der Wambeler Rennbahn bei Dortmund einen großen Tattoo (eine Art Zapfenstreich). Der Erlös ist für notleidende Kinder im Ruhrgebiet bestimmt.

25. *Juli 1947*
Im Ruhrbergbau werden erstmals CARE-Pakete als Leistungsanreiz für die Bergleute zur Steigerung der Produktivität eingesetzt.

8. *August 1947*
Westdeutsche Premiere von Helmut Käutners Film »In jenen Tagen« im Essener Atrium.

12. *September 1947*
Der Gouverneur Nordrhein-Westfalens, William Asbury, informiert im Rathaus Kray Vertreter der Stadtverwaltung, der Gewerkschaften, der Kruppschen Werksleitung und des Betriebsrats, daß die britische Militärregierung an ihrem Vorhaben, die Krupp-Werke bis auf die Reparaturwerkstätten für die Lokomotiven und die Widia-Fabrik zu demontieren, festhält.

14. *September 1947*
Beginn des Spielbetriebes in der neugeschaffenen Fußballoberliga West.

16. *Oktober 1947*
Der stellvertretende britische Militärgouverneur Brian Robertson gibt in Berlin die endgültige Liste der Demontagen für Reparationszwecke bekannt. Von 682 Betrieben, die in der Bizone demontiert werden sollen, liegen 294 in Nordrhein-Westfalen. Außer den Krupp-Betrieben steht als zweites Essener Werk die Maschinenfabrik »Rudolf Wilhelm« in Altenessen auf der Liste.

11. *November 1947*
Das Essener Wohnungsamt meldet 33.188 Wohnungssuchende, unter denen rund 8.000 Obdachlose sind.

19. *November 1947*
Auf Villa Hügel wird die *North German Coal Control* durch eine britisch-amerikanische Kommission abgelöst und die Leitung von Produktion und Verteilung einer deutschen

Behörde übertragen. Der Ruhrbergbau untersteht nun der zwei Tage zuvor auf Anweisung der amerikanischen und britischen Militärbehörden gegründeten »Deutschen Kohlenbergbauleitung« mit Sitz in Essen (Glückaufhaus) und der britisch-amerikanischen Kohlenkontrollgruppe, *UK/US Coal Control Group*.

11. Dezember 1947
Bis zu diesem Tag haben Ausgabestellen der Essener Wohlfahrtsverbände über 18.000 CARE-Pakete verteilt.

12. Dezember 1947
Der Ernährungsausschuß des Landes stellt fest, daß es immer noch nicht gelungen ist, das Ruhrgebiet im gleichen Maße wie die übrigen Länder der Bizone zu versorgen. Rund 70% der Essener Berechtigten erhalten ½ Zentner Kartoffeln zur Einkellerung, 15 bis 20% im Erzeugerbezug einen ganzen Zentner, die übrigen 10% gehen leer aus. Die durch Hamstern gewonnene Menge wird auf 250.000 Zentner geschätzt. Als Grund für diese Unzulänglichkeiten werden mangelnde Ablieferungsmoral und falsche Behördenplanungen angegeben.

22. Dezember 1947
Das Verfahren gegen den früheren Oberbürgermeister und SS-Oberführer Just Dillgardt wegen seiner Zugehörigkeit zur SS wird eingestellt. Das Bielefelder Spruchgericht begründet die Einstellung damit, daß Dillgardt nur der SS-Reserve angehörte und er keinerlei Dienst gemacht habe. Seine Beförderungen seien ohne sein Zutun erfolgt. Tatsächlich war Dillgardt nicht nur Mitglied der SS-Reserve, sondern auch des Sicherheitsdienstes der SS (SD) gewesen.

1948

6. Januar 1948
Die Tagesration eines Essener Normalverbrauchers liegt bei 1.150 Kalorien, obwohl amtlich 1.401 vorgesehen sind.

9. Januar 1948
Der Ortsausschuß des Deutschen Gewerkschaftsbundes (DGB) in Essen ruft zu einem fünfstündigen Streik auf, an dem sich mehr als 16.000 Arbeiter aus zahlreichen Essener Betrieben (mit Ausnahme des Bergbaus) beteiligen. 12.000 Streikende versammeln sich auf dem Burgplatz zu einer Protestkundgebung. Der Vorsitzende des DGB, Wilhelm Pawlik, protestiert gegen die unzulängliche Versorgungslage, wendet sich u. a. gegen die bevorzugte Versorgung der Bergarbeiter auf Kosten der übrigen Bevölkerung und fordert Sonderlieferungen von Lebensmitteln.

16. Januar 1948
Der Wirtschaftsminister Erik Nölting stellt fest, daß aufgrund des Punktesystems 70.000 neue Bergarbeiter ins Ruhrgebiet gekommen sind, was der wesentliche Faktor für den Anstieg der Steinkohlenförderung sei.

2. Februar 1948
24 stündiger Streik von rund 1,6 Millionen Angestellten in der britischen Zone nach einem Aufruf der Deutschen Angestellten Gewerkschaft. Die Beteiligung ist uneinheitlich; Behörden und Bergwerksverwaltungen folgen dem Streikaufruf nicht.

27. Februar 1948
Britische Behörden geben die August-Thyssen-Hütte in Duisburg zur Demontage frei. Gegen die Demontagepolitik werden zunehmend Proteste laut. Belegschaften, Gewerkschaften und Industrievertreter wenden sich gegen die Zerstörung der Industrieanlagen im Ruhrgebiet, da ein Wiederaufbau dadurch verhindert werde.

1. März 1948
Der britische Krupp Treuhänder, G. A. Talbot, ordnet den Beginn der Demontage von Teilen der Gußstahlfabrik an. Britische Pioniere beginnen unverzüglich mit den Sprengungen.

8. März 1948
Zum ersten Mal nach dem Kriege wird an diesem Tag die 300.000-Tonnen-Grenze in der Steinkohlenförderung der britischen Zone überschritten. Dadurch wird die bei der 3. CARE-Paket Aktion von der *UK/US Coal Control Group* versprochene Verteilung von 40 Millionen Zigaretten fällig. Am 11. März 1948 wird mit deren Verteilung unter die Bergleute begonnen.

3. April 1948
Als erste überparteiliche Lokalzeitung im Ruhrgebiet erscheint in Bochum die WESTDEUTSCHE ALLGEMEINE ZEITUNG.

11. April 1948
Unter dem Motto »Die Ruhr ruft Europa« findet in Essen im Zirkus Bügler, Viehhofer Platz, eine große öffentliche Kundgebung statt, zu der Oberbürgermeister Heinemann im Namen der Oberbürgermeister der gesamten Ruhrgroßstädte einlädt.

1. Mai 1948
Das Amt des Treuhänders für die Kruppsche Gußstahlfabrik wird aufgelöst. Seine Befugnisse gehen auf die *North German Iron and Steel Control* in Düsseldorf über. Die Firma Krupp wird damit in die allgemeine Entflechtung der Stahlindustrie einbezogen.

6. Mai 1948
Die Essener Bühnen führen erstmals Carl Zuckmayers »Des Teufels General« auf, zwischen 1947 und 1950 das meistgespielte Gegenwartsstück.

1. Juni 1948
Gemäß einer Verordnung des Ministers für Ernährung und Landwirtschaft des Landes NRW wird für das Stadtgebiet Essen ab sofort das Absuchen der Kartoffelfelder und Tomatenkulturen nach Kartoffelkäfern einmal wöchentlich bis zur Ernte angeordnet.

20. Juni 1948
Währungsreform in den Westzonen. Jeder Einwohner des Währungsgebietes erhält im Umtausch gegen Altgeldnoten des gleichen Nennbetrages als Kopfquote 60 DM, wovon 40 DM sofort ausgezahlt werden, der Rest innerhalb von zwei Monaten. Neben der Auszahlung der Kopfquote werden Sparguthaben im Verhältnis zehn zu eins abgewertet, Sachgüter dagegen behalten ihren Wert. Zur Durchführung der Aktion werden in Essen 900 Umtauschstellen eingerichtet und 5.000 Helfer verpflichtet.

21. Juni 1948
In vielen Schaufenstern bietet sich ein ungewohntes Bild. Möbel, Herde, Haushaltswaren sowie Textilwaren und Fahrräder sind frei verkäuflich, sie waren bisher Mangelwaren.

2./3. Juli 1948
Die Geschäftsstraßen der Essener Innenstadt zeigen regen Publikumsverkehr, nachdem die ersten Gehälter und Löhne nach der Währungsreform ausgezahlt worden sind.

11. Juli 1948
Anläßlich der Berliner Blockade (seit dem 24. Juni 1948) findet in Essen eine Großkundgebung der demokratischen Parteien im Zirkus Bügler statt unter dem Motto »Groß Essen ruft Berlin«.

Das Spruchgericht in Hiddesen verurteilt den früheren »stellvertretenden Gauleiter« von Essen, Fritz Schleßmann, zu fünf Jahren Gefängnis. Seine bisherige Internierungshaft von dreieinviertel Jahren wird ihm dabei angerechnet.

31. Juli 1948
Alfried Krupp von Bohlen und Halbach wird im Nürnberger Prozeß u. a. wegen Kriegsverbrechen und Verbrechen gegen die Menschlichkeit zu zwölf Jahren Gefängnis verurteilt, sein gesamtes Vermögen wird eingezogen. Am 03. Februar 1951 wird Krupp vorzeitig entlassen und erhält seinen Besitz zurück.

1. September 1948
Konstituierung des Parlamentarischen Rates in Bonn. Einschränkung der Demontagen in den Westzonen.

Der Oberbürgermeister Gustav Heinemann ruft im Auftrag des Rates der Stadt sowie der Stadtverwaltung alle Essener Bürger zu einem »Schutträum-Ehrendienst« auf. Zweck des Ehrendienstes ist es, dort die Schutt- und Trümmermassen zu beseitigen, wo aus technischen Gründen ein Baggereinsatz nicht möglich ist.

4. September 1948
Wiedereröffnung der Gruga.

30. September 1948
Ende des Bergarbeiter-Punktesystems.

17. Oktober 1948
Zweite Kommunalwahl nach dem Ende des Zweiten Weltkrieges: Die SPD wird mit 35,1 % erstmals stärkste Partei, gefolgt von der CDU mit 30,7 %, das Zentrum mit 15,4 %, KPD mit 10,4 % und FDP mit 3,6 % der Wählerstimmen.

Auf amerikanischen Druck stimmt die britische Regierung einem teilweisen Demontagestopp zu. 126 in der Bizone gelegene Werke werden von der Liste gestrichen. 457 Betriebe sollen von einem Ausschuß geprüft werden. Daraufhin weigern sich Arbeiter in Mülheim und Bochum, an der Demontage ihrer Betriebe weiter mitzuarbeiten.

12. November 1948
24 stündiger Generalstreik der Gewerkschaften der Bizone gegen die Lohn- und Preispolitik der Wirtschafts- und Behördenstellen. In Essen bleiben Tausende von Arbeitern, Angestellten und Beamten ihren Arbeitsplätzen fern.

30. November 1948
Dem Wirtschaftsministerium wird eine Entscheidung der britischen Militärregierung übermittelt. Danach sollen 73 Gebäude der Kruppanlagen, die bis zu 60% oder mehr beschädigt sind, vollständig zerstört werden. 127 Anlagen, die keine der Rüstungsindustrie eigenen Sondereinrichtungen besitzen, sollen dagegen erhalten bleiben.

11. Dezember 1948
Der Gouverneur Alexander Bishop fordert die Industriegewerkschaft Metall auf, ihren passiven Widerstand gegen die Demontagen aufzugeben.

1948
Rekordjahr und Höhepunkt der Scheidungswelle: pro 100.000 Einwohner der Westzonen 186 Ehescheidungen.

1949

4. Januar 1949
121 Essener Demontagearbeiter verweigern mit Belegschaftsmitgliedern die Demontage des Bochumer Vereins.

18. Januar 1949
Demontierte Maschinen der Kruppschen Gußstahlfabrik werden nach Jugoslawien abtransportiert.

28. Januar 1949
Sechs Arbeiter, die die Demontage beim Bochumer Verein verweigert haben, werden zu je zwei Monaten Gefängnis verurteilt, einer wird freigesprochen. Am 18. März hebt das britische Berufungsgericht in Herford die Urteile wieder auf.

1. März 1949
Ein Orkan mit Windgeschwindigkeiten von bis zu 110 km/h bringt in vielen westdeutschen Städten zahlreiche Ruinen zum Einsturz. Dabei wird in Essen ein Mensch getötet, ein weiterer schwer verletzt.

7. März 1949
Demontage der 1927 in Betrieb genommenen 15.000-Tonnen-Schmiedepresse der Kruppwerke. Abtransport nach Jugoslawien im Rahmen der Reparationszuteilungen.

11. März 1949
»Kleine Lichtburg« mit 155 Sitzplätzen in der Halle der zerstörten Lichtburg eröffnet. Kleiner Festakt im Beisein des Oberbürgermeisters aus Anlaß der ersten Million Kubikmeter beseitigten Trümmerschutts.

21. März 1949
Demontage von 70 Maschinen in der Kruppschen Landmaschinenfabrik. Mit Hilfe eines Landeskredits sollen innerhalb von drei Wochen neue Maschinen gekauft und die Produktion wieder aufgenommen werden.

13. April 1949
Mit der vierten Kleinkinderspeisung endet auch die Hilfsaktion des Schwedischen Roten Kreuzes in Essen. In vier Wintern wurden über acht Millionen Portionen Essen ausgegeben und 137.000 Kleidungsstücke verteilt. Zum Dank wird in Bredeney die Tirpitzstraße in Graf-Bernadotte-Straße umbenannt.

22. April 1949
Inkrafttreten des Ruhrstatuts. Die Kohle- und Stahlproduktion des Ruhrgebiets unterliegt der Aufsicht der westlichen Besatzungsmächte und der Beneluxstaaten. Ihr Ziel ist, Kohle, Koks und Stahl des Ruhrgebiets zwischen dem deutschen und dem alliierten Verbrauch so aufzuteilen, daß das gemeinsame europäische Interesse gewahrt wird.

8. Mai 1949
Der Parlamentarische Rat verabschiedet das Grundgesetz der Bundesrepublik Deutschland. Es tritt am 23. Mai 1949 in Kraft.

7. Juni 1949
In der Bizone gibt es nach amtlicher Statistik 1,2 Millionen Arbeitslose.

20. Juni 1949
Die Alliierte Hohe Kommission tritt an die Stelle der bisherigen Militärregierungen. Hochkommissare sind John McCloy (USA), Brian Robertson (Großbritannien) und André François-Poncet (Frankreich).

16. Juli 1949
Eröffnung der Landesausstellung für neuzeitliches Bauwesen »Dach und Fach« in der Gruga vom 16. Juli -16. Oktober.

22. Juli 1949
Die Demontage der beiden großen Kruppschen Werkshallen auf dem Kronenberg, die nach Südafrika verkauft werden sollen, wird auf Anordnung der britischen Militärregierung eingestellt.

25. Juli 1949
Beginn des ersten Sommer-Schlußverkaufs nach dem Krieg.

14. August 1949
Wahlen zum Ersten Deutschen Bundestag. Das Essener Ergebnis der Zweitstimmen: die SPD erreicht 34,3 %, CDU 28,4 %, Zentrum 13,8 %, KPD 11,1 %, FDP 6,8 % und Sonstige 5,6% der Wählerstimmen.

September 1949
Die Zeitungen erscheinen wieder täglich außer sonntags.

12. September 1949
Wahl des Freidemokraten Theodor Heuss zum ersten Bundespräsidenten.

15. September 1949
Konrad Adenauer wird mit einer Stimme Mehrheit zum ersten Kanzler der Bundesrepublik gewählt.

20. September 1949
Regierungserklärung Adenauers: Wichtige Eckpfeiler bundesdeutscher Außenpolitik sind die Aussöhnung mit Frankreich und die Integration der Bundesrepublik als gleichberechtigter Partner in die Europäische Union und das Atlantische Bündnis.

21. September 1949
Das Besatzungsstatut, das dem Parlamentarischen Rat am 10. April 1949 übermittelt wurde, tritt in Kraft.
Aufhebung des Lizenzierungszwanges für Druckschriften in den Westzonen.

26. September 1949
Die Firma Fried. Krupp und die Stadt Essen schließen einen Vertrag zur industriellen Erschließung des Krupp-Geländes mit neuen Unternehmen. Der Name der GmbH lautet Industrieförderungsgesellschaft (IFG). Sie wird zu gleichen Teilen vom Land Nordrhein-Westfalen und der Stadt Essen finanziell getragen. Während sich die IFG bemüht, auf dem von den Briten freigegebenen Kruppgelände neue Unternehmen anzusiedeln, läuft die Demontage der Maschinen und Einrichtungen weiter. Sprengungen beseitigen die von den Briten beanstandeten »Rüstungsmerkmale«.

1. Oktober 1949
Fusion der RHEIN-RUHR-ZEITUNG mit der Essener Bezirksausgabe der RHEINISCHEN POST zum ESSENER TAGEBLATT.

1. November 1949
Die Marken für Brot und Mehl werden nicht mehr abgerechnet. Damit wird die Bewirtschaftung dieser Artikel beendet.

26. November 1949
Die von dem »Altverleger« Wilhelm Girardet herausgegebene ESSENER ALLGEMEINE ZEITUNG erscheint wieder.

30. November 1949
Auflösung des Entnazifizierungs-Haupt- und Berufungsausschusses. Nach einem Bericht der NEUEN RUHR-ZEITUNG vom 5. August 1950 haben in Essen 306 Unter- und Sonderausschüsse insgesamt 70.000 Essener »NSDAP-Parteigenossen« überprüft und ihre Fragebogen bearbeitet. Bis April 1949 wurden insgesamt 30.104 Entlastungszeugnisse ausgestellt und den Betroffenen zugeleitet.

4. Dezember 1949
Urwahl des Essener Oberbürgermeisters auf Anordnung des Landtages, weil bei Wahlen durch den Rat der Stadt zweimal eine Patt-Situation zwischen dem CDU-Kandidaten Hans Toussaint und dem SPD-Kandidaten Wilhelm Nieswandt entstanden war und der Rat dadurch arbeitsunfähig wurde. Bei einer Wahlbeteiligung von nur 40,8% der Wahlberechtigten erhält Hans Toussaint 68%, sein Gegenkandidat Nieswandt 32%.

11. Dezember 1949
Einstellung der Maschinendemontage in den Kruppwerken.

1950

1. März 1950
Nach 10 1/4 Jahren wird die Lebensmittelrationierung aufgehoben.

23. März 1950
Das wiederaufgebaute Essener Kino »Lichtburg« wird mit »Wiener Mädel« eröffnet.

31. März 1950
Die Ausgabe von Lebensmittelkarten wird eingestellt.

6. April 1950
Die für die Demontage zuständige britische Dienststelle befiehlt der Firma Krupp die sofortige Demontage der noch für die Friedensindustrie arbeitenden Maschinen, die zunächst ausgesetzt worden war.

7. April 1950
Die Bundesregierung stellt der Stadt Essen über vier Millionen DM zur Verfügung, damit diese die Demontage von 17 Kruppschen Werkshallen verhindern kann.

19. Juni 1950
Das Heimkehrergesetz gewährt ehemaligen Kriegsgefangenen besondere Rechte und Vergünstigungen, z. B. bevorrechtigte Mietraumzuweisung.

19. Juli 1950
Der frühere Essener NSDAP-Kreisleiter und ehemalige Oberbürgermeister der Stadt Duisburg, Hermann Freytag, wird wegen Verbrechens gegen die Menschlichkeit in einem Schwurgerichtsprozeß zu 15 Monaten Gefängnis verurteilt.

31. Juli 1950
Der Sommerschlußverkauf beginnt mit einem noch nicht dagewesenen Andrang. Kauflustige drücken sogar Scheiben ein.

23. August 1950
Der Evangelische Kirchentag wird in Anwesenheit von Bundespräsident Theodor Heuss (FDP) eröffnet. Gleichzeitig wird das neue Gruga-Stadion der Essener Öffentlichkeit übergeben.

19. Oktober 1950
In der Ratsherrensitzung wird Oberbürgermeister Toussaint wiedergewählt.

26. Oktober 1950
Tag der Kriegsgefangenen in Essen.

30. Oktober 1950
General Bishop teilt der Stadtverwaltung mit, daß die Besatzungsmacht den Flughafen Essen-Mülheim freigibt.

14. November 1950
Einweihung des neuen Saalbaus unter dem Motto des Oberbürgermeisters: Kultur gehört in eine Stadt der Arbeit.

29. November 1950
Das Statistische Amt gibt als Ergebnis der Volkszählung bekannt: Essen hat 605.125 Einwohner.

3. Dezember 1950
Die Stadt Essen, die während des Dritten Reiches mit dem Slogan »Waffenschmiede des Reiches« für sich warb, beginnt mit der Lichtwerbung »Essen, die Einkaufsstadt«.

29. Dezember 1950
Eröffnung des wiederaufgebauten Essener Opernhauses (heute Grillo-Theater).

1951

Januar 1951
Der Bundesregierung wird offiziell von der Alliierten Hohen Kommission mitgeteilt, daß das Demontageprogramm beendet ist.

10. Februar 1951
Ende der Demontagen bei Krupp.

Quellen- und Literaturverzeichnis

1. Quellen
– Archiv Ernst Schmidt, Ruhrlandmuseum.
– Bekanntmachungen der Stadtverwaltung Essen. Im Einvernehmen mit der Alliierten Militärregierung, 24. April 1945 ff.
– Bevölkerung, Wohnungen und Kriegsschäden in Essen. Hrsg. im Auftrag d. Oberbürgermeisters. Essen 1945.
– Mitteilungsblatt für die von der Militärregierung genehmigten Anordnungen des Oberbürgermeisters der Stadt Essen 1946, 1947, 1948-1950.
– Neue Ruhr Zeitung, Jg. 1946-1950.
– Rhein-Ruhr-Zeitung, Jg. 1946-1949.
– Chronik der Stadt Essen für das Jahr 1945, 1946, 1947, 1948, 1949, 1950. Im Auftrage des Rates d. Gemeinde bearb. v. Robert Jahn. Stadtarchiv Essen.
– Stadtarchiv Essen. Aktenbestand nach 1945, Aktennummer 2125.

2. Literatur
Borsdorf, Ulrich/Niethammer, Lutz (Hg.): Zwischen Befreiung und Besatzung. Analysen des US-Geheimdienstes über Positionen und Strukturen deutscher Politik 1945. Wuppertal 1976, 2. Auflage Weinheim 1995.
Hüttenberger, Peter: Nordrhein-Westfalen und die Entstehung seiner Parlamentarischen Demokratie. Siegburg 1973.
Kemper, Ulrich: Kommunalpolitischer Umbruch in Essen 1944 bis 1946; in: Münster am Hellweg 32 (1979), S.73-87.
— Die Stabilisierung der Essener Kommunalpolitik in den Jahren 1946 bis 1949, in: MaH 34, (1981) S.50-66.
Schmidt, Ernst: Essen erinnert. Orte der Stadtgeschichte im 20. Jahrhundert unter Mitarbeit von Theo Gaudig, Hans Lambert, Gustav Streich. Essen 1991.
— Lichter in der Finsternis. Widerstand und Verfolgung in Essen 1933-1945; 2 Bde.. Essen 1988.
Schröter, Hermann: Essener Nachkriegsjahre und Oberbürgermeister Dr. Dr. Gustav Heinemann; in: MaH 22 (1969), S. 25-51.
Spethmann, Hans: Die Eroberung des Ruhrgebietes im Frühjahr 1945; in: Beiträge zur Geschichte von Stadt und Stift Essen 65 (1950), S.43-91.
Streich, Gustav: 100 Jahre SPD in Essen 1876-1976. Hrsg.: Sozialdemokratische Partei Deutschlands Unterbezirk Essen. Essen 1976.
Whiting, Charles; Battle of the Ruhr Pocket. London 1970.

BIOGRAPHIEN

Fotografinnen und Fotografen

Erich Andres Der 1905 in Leipzig geborene Erich Andres macht nach Beendigung der Schule 1919 eine Lehre als Setzer in Dresden. Anschließend ist Andres einige Zeit arbeitslos. Bis 1932 arbeitet er als Hausdiener, Badewärter und Akzidenzsetzer. Dann macht Andres sich als freier Bildjournalist in Hamburg selbständig. Schwerpunkte seiner Arbeit sind die sozialdokumentarische Fotografie und die Bildreportage. Unter anderem bereist er im Auftrag einiger deutscher Illustrierten die Sahara, Kamerun, Nigeria und das Tschad-Gebiet. Nach seiner Rückkehr aus dem Krieg im August 1945 nimmt er seine Tätigkeit als freier Bildberichterstatter wieder auf. Andres stirbt 1992 in Hamburg.

Margaret Bourke-White Die 1904 in New York geborene Margaret Bourke-White beginnt nach Abschluß ihres Biologiestudiums im Jahr 1927 als Fotografin in Cleveland zu arbeiten. 1929 wird sie Mitherausgeberin des neugegründeten FORTUNE MAGAZINE. In den folgenden Jahren erscheinen mehrere Fotoreportagen von ihr aus der Sowjetunion und Deutschland. 1936 unternimmt sie mit Erskine Caldwell eine mehrmonatige Reise durch den Süden der USA, um für das Buchprojekt »You have seen their faces« die Lebensbedingungen der dortigen Farmer zu fotografieren. Von 1936 an ist Bourke-White eine von vier ständigen Fotografen bei LIFE. Nach dem Eintritt der USA in den Krieg wird sie offizielle Fotografin der amerikanischen Luftwaffe und berichtet für LIFE von den Kriegsschauplätzen in Nordafrika und Italien. 1945 begleitet sie die amerikanischen Truppen bei der Eroberung Deutschlands. Besonderes Aufsehen erregen ihre Fotos von der Befreiung des Konzentrationslagers Buchenwald. Nach dem Krieg entstehen Fotoreportagen über Indien, Südafrika und den Koreakrieg. Mitte der fünfziger Jahre muß Bourke-White aus gesundheitlichen Gründen mit dem Fotografieren aufhören. 1971 stirbt sie in Connecticut, USA.

Heinrich Buhr wird 1902 in Hannover geboren. Nach der Ausbildung in Chemiegraphie und Fotografie in Bielefeld ist Buhr als Fotograf tätig. Später lehrt er kurzzeitig an der Folkwang-Schule und arbeitet bei der Graphischen Anstalt der Krupp-Werke in Essen, nach dem Zweiten Weltkrieg beim Verlag Girardet. Buhr stirbt 1980.

Robert Capa wird 1913 als Endre Friedmann in Budapest geboren. Wegen Beteiligung an einer Demonstration gegen den ungarischen »Reichsverweser« Horthy muß er 1931 Ungarn verlassen. Friedmann geht nach Berlin und studiert dort Politische Wissenschaften. 1932 beginnt er eine Tätigkeit als Laborassistent bei der Agentur »Dephot« (Deutscher Photodienst). Im selben Jahr erscheint seine erste Fotoreportage in DER WELT SPIEGEL über eine Rede Trotzkis in Kopenhagen. Nach dem Wahlsieg der Nationalsozialisten zieht Friedmann nach Paris und beginnt dort, als freier Fotograf zu arbeiten. Hier legt er sich den Namen Robert Capa zu. Von 1936 bis 1939 berichtet er zusammen mit der Fotografin Gerda Tarot in zahlreichen Reportagen über den Spanischen Bürgerkrieg. 1939 geht Capa in die USA und arbeitet dort als freier Fotoreporter für LIFE. 1943 wird er als Fotograf bei der amerikanischen Armee akkreditiert. 1947 gründet er mit Henri Cartier-Bresson, David Seymour und George Rodger die Agentur Magnum, deren Präsident er von 1948 bis zu seinem Tod ist. 1954 wird Capa als Kriegsfotograf für LIFE in Indochina durch eine Mine getötet.

Lawrence Earl britischer Fotograf, arbeitete nach dem Krieg u. a. für die Agentur Mirror Features und THE ILLUSTRATED.

Werner Ebeler geboren 1921, lernt in den dreißiger Jahren Reproduktionsfotograf im Reismann-Grone-Verlag in Essen. 1939 wird er eingezogen und ist bis zum Ende des Zweiten Weltkrieges »Kriegsberichterstatter« bei der Luftwaffe. Im Herbst 1945 aus der Kriegsgefangenschaft zurückgekehrt, wird er im Februar 1946 als Fotograf bei der NEUEN RUHR-ZEITUNG fest angestellt. Für sie arbeitet er bis 1953, erst für die Lokalredaktion, später auch zu überregionalen Themen. In der Folge fotografiert er für die BILD-Zeitung im Ruhrgebiet und längere Zeit für die WESTDEUTSCHE ALLGEMEINE ZEITUNG. Ab 1964 arbeitet er für den STERN, die NEUE REVUE und verschiedene andere Zeitschriften in Hamburg. Werner Ebeler lebt in Reinbek bei Hamburg.

Erwin Erlenkämper Der 1920 geborene Erwin Erlenkämper macht von 1934 bis 1937 eine Lehre als technischer Fotograf beim »Bochumer Verein«. Nach Abschluß seiner Lehre arbeitet er erst für ein halbes Jahr bei den HALLICHER NACHRICHTEN und der SAALE-ZEITUNG, dann als Kameramann, vor allem für Kulturfilme, in Berlin. Während des Zweiten Weltkriegs ist Erlenkämper »Kriegsberichterstatter« bei der Fallschirmtruppe. Nach Kriegsende gehört er zu den Mitbegründern der Wochenschau »Wort im Bild«. Außerdem macht Erlenkämper seine Meisterprüfung und eröffnet ein eigenes Fotoatelier in Bochum. U. a. arbeitet Erlenkämper für Agenturen wie Keystone Press. 1949/50 erhält er eine Lizenz für Filmproduktionen. Im amerikanischen Auftrag erstellt er mehrere Filme, u. a. über Mies van der Rohe. Erlenkämper lebt heute in Bochum.

Richard Gerling Richard Gerling, 1880 in Duisburg geboren, arbeitet nach Abschluß seiner Fotografenlehre als Gehilfe bei dem Düsseldorfer Fotografen Höffert. 1903 (nach anderen Angaben 1905) eröffnet er in Duisburg sein eigenes »Atelier für moderne Lichtbildkunst«. Schwerpunkt seiner Arbeit ist die Portraitfotografie, er beschäftigt sich aber auch mit Industriefotografie. Seit 1914 veröffentlicht Gerling regelmäßig im ATELIER DES FOTOGRAFEN. Neben seiner Fotografentätigkeit übernimmt er im Laufe seines Lebens zahlreiche Ämter. U. a. ist er Obermeister der Fotografeninnung und Vorsitzender des »Nordwestdeutschen Fotografenbundes«. Nach dem Krieg gehört er zu den Mitbegründern der »Gesellschaft Deutscher Lichtbildner« und ist eine zeitlang deren Vorsitzender. Außerdem sitzt er für die CDU im nordrhein-westfälischen Landtag. Richard Gerling stirbt 1957 in Duisburg.

Gerhard Gronefeld 1911 in Berlin-Friedenau geboren. Ab 1931 Studium der Zeitungswissenschaft bei Emil Dovifat in Berlin. Im Oktober 1932 beginnt er eine Fotografenlehre im Photographischen Atelier des August Scherl Verlages und arbeitet als Bildberichter in Berlin, ab 1935 für die »Presseillustration Heinrich Hoffmann«, 1936 als akkreditierter Fotoreporter bei den Olympischen Spielen. Nach wiederholter Entlassung Gronefelds wegen fehlender Parteizugehörigkeit arbeitet er ab 1937 für die BERLINER ILLUSTRIRTE ZEITUNG (BIZ) und spezialisiert sich auf Militärberichterstattung. Ab Sommer 1940 zieht Gronefeld als Sonderberichter der BIZ in den Krieg und fotografiert als »PK Gronefeld« den Überfall der Wehrmacht auf die Sowjetunion für SIGNAL, eine aufwendig gestaltete und nur für das Ausland produzierte Propagandazeitschrift. 1945 übersteht Gronefeld in Berlin in Zivilkleidung unbeschadet den Einmarsch der Roten Armee und meldet sich beim Bezirksamt als Antifaschist. Ab Sommer 1945 arbeitet er in Berlin als Fotograf für die NEUE BERLINER ILLUSTRIERTE, ab 1946 u. a. auch für LIFE und reist dabei durch die Westzonen und die sowjetische Besatzungszone. 1949 ist er ständiger Mitarbeiter der QUICK in Berlin und veröffentlicht seine Bilder in westlichen Illustrierten unter verschiedenen Pseudonymen. 1950 zieht er nach München um und arbeitet ab 1952 für QUICK an großen Prozeßreportagen, spezialisiert sich zunehmend auf Tierfotografie. In den folgenden Jahren arbeitet er für STERN und QUICK und wendet sich ab 1972 ausschließlich der Arbeit an Fachzeitschriften und Buchpublikationen über die Tierwelt zu.

Bert Hardy wird 1913 in London geboren. Nach Beendigung der Schule tritt er 1927 eine Stelle als Laborassistent bei »Central Photo Services« in London an, wo er bis 1936 bleibt. Von 1936 bis 1939 arbeitet Hardy als Fotograf für »General Photographic Agency« in London, die u. a. ILLUSTRATED LONDON NEWS und SPHERE mit Fotos beliefert. 1939 gründet er zusammen mit Bertram Collins eine eigene Bildagentur, die »Criterion Press Photo Agency«. Die Zusammenarbeit mit Collins endet bereits nach einem Jahr. 1941 wird er festangestellter Fotograf bei der Illustrierten PICTURE POST. Von 1942 bis 1946 ist Hardy als Militärfotograf u. a. in Frankreich und Deutschland stationiert. Nach Einstellung der PICTURE POST 1957 arbeitet Hardy als freier Werbefotograf. 1960 gründet er mit Gerry Grove einen eigenen Laborbetrieb, die »Grove Hardy Ltd. photo processing company« in London. 1967 zieht er sich aus der professionellen Fotografie zurück. Bert Hardy lebt heute in Limpsfield Chart, Großbritannien.

Kurt Hutton 1893 als Kurt Hübschmann in Straßburg geboren, studiert von 1911 bis 1913 Jura an der Universität in Oxford. Während des Ersten Weltkriegs dient er als Offizier in der deutschen Armee. 1918 scheidet er wegen Invalidität aus der Armee aus. Von 1923 bis 1930 betreibt er zusammen mit Fran Engelhardt in Berlin ein eigenes Atelier. Danach arbeitet Hübschmann als Fotojournalist für die Agentur »Dephot« (Deutscher Photodienst) in Berlin. 1934 emigriert er nach Großbritannien. Von 1934 bis 1940 fotografiert Hübschmann, der 1937 den Namen Hutton annimmt, für die von Stefan Lorant herausgegebenen WEEKLY ILLUSTRATED und PICTURE POST. Nach der Entlassung aus einer einjährigen Internierung wegen seiner deutschen Staatsangehörigkeit dient er von 1942 bis 1946 in einer Filmabteilung der britischen Armee. Danach arbeitet Hutton weiter für die PICTURE POST, bis er 1951 mit dem Fotografieren aufhört. 1960 stirbt Kurt Hutton in Aldeburgh, Suffolk.

Charles Fenno Jacobs Der 1905 geborene Jacobs arbeitet zunächst als Gehilfe eines Heizungsmonteurs, Seemann und Grundstücksmakler, bevor er von dem Magazin FORTUNE als Fotograf eingestellt wird, für das er u. a. aus Bolivien, Hawaii und den Philippinen berichtet. Während des Zweiten Weltkriegs dient er in einer Propagandaeinheit der amerikanischen Marine. Nach dem Krieg wird er dem FORTUNE-Büro in London als Fotograf zugeteilt. Von dort aus unternimmt er zusammen mit dem FORTUNE-Herausgeber Gilbert Burck mehrmonatige Reisen auf den Kontinent, u. a. nach Deutschland. Im Dezember 1946 erscheint ein ausführlicher Bericht der beiden über das Ruhrgebiet, 1947 eine Serie über Berlin. Jacobs stirbt im Jahr 1974.

Peter Kleu Der 1903 in Essen geborene Peter Kleu beendet 1922 eine Fotografenlehre in Köln. 1927 wird er als Fotograf, Zeichner und Retoucheur beim Essener Zeitungsverlag Th. Reismann-Grone, in dem die RHEINISCH-WESTFÄLISCHE ZEITUNG und der ESSENER ANZEIGER erscheinen, eingestellt. In der Zeit des Nationalsozialismus ist Kleu neben Willy van Heekern einer von zwei Essener Fotografen, die zum Tragen der »offiziellen Bildberichterstatter-Armbinde« des Reichsministeriums für Volksaufklärung und Propaganda berechtigt sind. Diese erlaubt das Fotografieren bei »Veranstaltungen von Staat und Partei« und während des Krieges das Dokumentieren von Bombenschäden. Ab 1941 arbeitet er als »Bildberichterstatter« für die ESSENER ALLGEMEINE ZEITUNG. 1943/44 wird Kleu mehrmals ausgebombt, wobei ein Teil seiner Fotoarbeiten aus den zwanziger und dreißiger Jahren verlorengeht. 1944 erfolgt die Einberufung Kleus zur Wehrmacht. Ein Jahr später gerät er im Sauerland in amerikanische Gefangenschaft. Nach seiner Entlassung 1947 kehrt er nach Essen zurück und wird von der Zeitung DIE WELT als Fotograf eingestellt. Von 1953 bis zu seiner Pensionierung im Jahr 1968 arbeitet Kleu als freier Fotograf u. a. für DIE WELT, NEUE RUHR-ZEITUNG, DER SPIEGEL und HÖRZU. 1980 stirbt Peter Kleu in Essen. Sein fotografischer Nachlaß befindet sich im Fotoarchiv des Ruhrlandmuseums Essen.

Ernst Lerche Der 1905 in Essen geborene Lerche findet nach Abschluß einer Fotografenlehre bei der RHEINISCH-WESTFÄLISCHEN ZEITUNG eine Anstellung als Fotoreporter beim ESSENER ANZEIGER. Seit 1930 ist er zudem Mitarbeiter des LOKALANZEIGERS. 1940 wird Lerche zur Wehrmacht eingezogen und besucht als Bordfunker die Bildschule der Luftwaffe. 1945 gerät er in Gefangenschaft. Nach seiner Entlassung im Jahr 1946 macht er sich als Fotograf selbständig und arbeitet als freier Mitarbeiter für Essener Zeitungen. Ernst Lerche stirbt 1974 in Essen.

Eddie G. Malindine arbeitet als fest angestellter Fotograf bei ILLUSTRATED. 1944/45 geht er mit der britischen Armee (*Army Film and Photographic Unit*) nach Europa, wo er zahlreiche 'offizielle' schwarz-weiß und Farb-Fotografien vom militärischen Vormarsch macht. Geht vermutlich anschließend zu ILLUSTRATED zurück. Malindine stirbt 1970.

Angela Milden Die um 1912 geborene Angela Milden tritt 1945 eine Stelle als Fotolaborantin und Fotografin bei der Essener Stadtverwaltung an. Dort bleibt sie bis zum Anfang der siebziger Jahre.

Richard Mollenhauer arbeitete nach dem Krieg als Fotograf in Essen.

Hilmar Pabel geboren 1910 in Rawitsch, Schlesien, aufgewachsen in Berlin; studiert dort an der Humboldt-Universität ab 1930 Germanistik, Philosophie und Zeitungswissenschaft bei Emil Dovifat. Nach dem Besuch der Agfa-Fotoschule in Berlin arbeitet er ab 1933 als Bildjournalist bei der Agentur »Argus«, ab 1936 für die NEUE ILLUSTRIERTE ZEITUNG, DIE KORALLE und ERIKA, »die frohe Zeitung für Front und Heimat«. Die Parteiillustrierte der NSDAP, der ILLUSTRIERTE BEOBACHTER, veröffentlicht Fotos von Pabel, ab 1940 erscheinen seine Bilder aus dem Ghetto Lublin in der BERLINER ILLUSTRIRTEN und in der Zeitschrift DIE DEUTSCHE POLIZEI. 1941 arbeitet Pabel als »Kriegsberichterstatter« für die Zeitschrift SIGNAL, eine aufwendige Farbillustrierte der nationalsozialistischen Auslandspropaganda. Im weiteren Verlauf des Krieges wird Pabel ausgebombt, Anfang 1945 gefangengenommen und nach Kriegsende entlassen. Als Verlagsfotograf beim Rowohlt-Verlag in Stuttgart arbeitet er 1946 mit Erich Kästner und dem Bayerischen Roten Kreuz an der Kindersuchaktion »Verlorene Kinder suchen ihre Eltern. Eltern suchen ihre verlorenen Kinder«. In der Nachkriegszeit fotografiert er exklusiv für namhafte deutsche Illustrierte, so von 1948 bis 1962 für QUICK und von 1962 bis 1971 für den STERN. 1954 veröffentlicht er den Bildband »Jahre unseres Lebens« mit 300 von ihm kommentierten Fotos über die Kriegs- und Nachkriegszeit. 1968 und 1981 erhält er für seine Fotos vom Prager Frühling bzw. aus Indochina und Indien erste Preise von World Press Photo, 1961 den Kulturpreis der Deutschen Gesellschaft für Photographie (DGPh). 1992 lehnt er die Annahme der David-Octavius-Hill Medaille der Fotografischen Akademie GDL ab, nachdem Kritiker öffentlich Bedenken wegen seiner Tätigkeit im Nationalsozialismus geäußert hatten. Pabel erhielt bereits zweimal das Bundesverdienstkreuz und lebt heute in Rimsting am Chiemsee.

Fred Ramage britischer Fotograf, arbeitete nach dem Krieg u. a. für die Agentur Keystone.

Albert Renger-Patzsch Jahrgang 1897, wird nach Ablegung seines Abiturs 1916 als Soldat einberufen. Nach der Entlassung aus der Armee im Jahr 1919 beginnt er mit einem Chemiestudium, das er 1921 abbricht. 1922 übernimmt er die Leitung der Bildstelle des Folkwang-Archivs und des Auriga-Verlages in Hagen. Ein Jahr später verläßt er den Auriga-Verlag und arbeitet zunächst in einer Pressebildagentur in Berlin, später als Buchhalter in einer Drogerie im rumänischen Kronstadt. 1924 kehrt er zum Auriga-Verlag zurück. 1925 läßt sich Renger-Patzsch als selbständiger Fotograf in Bad Harzburg nieder. Im selben Jahr erscheint sein erster Bildband »Das Chorgestühl von Kappenberg«. 1928 zieht er nach Essen, wo er für das Museum Folkwang Fotografien anfertigt. Von 1933 bis 1934 übernimmt er eine Lehrtätigkeit an der Folkwang-Schule in Essen. 1944 wird ein Teil seines Archivs bei einem Bombenangriff zerstört. Daraufhin zieht er nach Wamel bei Soest. In den folgenden Jahren beschäftigt sich Renger-Patzsch fast ausschließlich mit Architektur- und Landschaftsfotografie. Er stirbt 1966 in Wamel.

Henry Ries wird 1917 in Berlin als Heinz Ries geboren. 1935 beginnt er eine Fotografenlehre, da ihm als Juden ein Studium verwehrt wird. 1938 emigriert Ries in die USA, wo er sich mit Gelegenheitsjobs durchschlagen muß. Unter anderem unterrichtet er am Jüdischen Gemeindezentrum in Bridgeport Fotografie. Nach dem Überfall Japans auf Pearl Harbour meldet sich Ries freiwillig zur amerikanischen Armee, wird jedoch nicht akzeptiert. 1943 erfolgt seine Einberufung zur Luftwaffe. Im selben Jahr wird ihm die amerikanische Staatsbürgerschaft verliehen. 1945 läßt Ries sich auf eigenen Wunsch von seiner in Indien stationierten Luftaufklärungseinheit nach Europa versetzen, wo er an der Auswertung der Geheimakten Heinrich Himmlers mitarbeitet. Nach seinem Abschied aus der Armee 1946 arbeitet Ries zunächst als Chefreporter des OMGUS-OBSERVER, dann als Fotoreporter und Europakorrespondent der NEW YORK TIMES. 1952 wird er Cheffotograf des NEW YORK TIMES-Studios in New York. Drei Jahre später eröffnet er ein eigenes Studio für Fotografie und Graphik-Design. Im selben Jahr findet eine Ausstellung seiner 1946 bis 1951 in Europa entstandenen Fotos im New Yorker »Overseas Press Club« statt. In den folgenden Jahren arbeitet Ries vor allem im Bereich der Werbefotografie. 1988 zeigte die Photographische Sammlung der Berlinischen Galerie seine »Photographien aus Berlin, Deutschland und Europa, 1946-1951«, 1990 folgt »Menschen am zerstörten Anhalter Bahnhof, Berlin 1948« im Berliner Museum für Verkehr und Technik. Henry Ries lebt heute in Ghent, USA.

H. Sauerland arbeitet als Kellner, bevor er von 1945/46 bis 1950 bei der Stadt Essen als Fotograf beschäftigt ist. Danach war er in der Röntgenfilmabteilung der Städtischen Krankenanstalten in Essen beschäftigt.

David Seymour Der 1911 in Warschau geborene David Szymin beginnt im Jahr 1929 ein Studium an der »Akademie für Graphische Künste« in Leipzig. 1932 geht er nach Paris, um dort an der Sorbonne Chemie zu studieren. 1933 bricht Szymin sein Studium ab und arbeitet als freier Fotograf in Paris. Unter anderem berichtet er über den Spanischen Bürgerkrieg, aus Nordafrika und der Tschechoslowakei. 1939 emigriert er in die USA. Dort ändert er seinen Namen in Seymour. 1942 meldet er sich freiwillig zur amerikanischen Armee. Während des Krieges dient Seymour auf dem europäischen Kriegsschauplatz in einer Luftaufklärungseinheit. Nach seiner Entlassung aus der Armee 1945 arbeitet er wieder als freier Fotograf. Zwei Jahre später gründet er mit Robert Capa, Henri Cartier-Bresson und George Rodger die Agentur Magnum. 1948 reist er im Auftrag der UNESCO durch die Tschechoslowakei, Polen, Ungarn, Deutschland, Griechenland und Italien, um Fotos für ein Buch über Kinder im Nachkriegseuropa zu machen. Es folgen Reportagen über die Entwicklung des gerade gegründeten Staates Israel. 1949 findet eine erste Ausstellung mit in Ungarn aufgenommenen Fotos in Paris statt. Von 1949 bis 1955 berichtet er für führende europäische und amerikanische Publikationen aus Europa und Israel. Zwischen 1954 und 1956 ist er Vorsitzender von Magnum-Photos. 1956 geht er nach Ägypten, um von der englisch-französischen Besetzung des Suezkanalzone zu berichten. Am 10. November, vier Tage nach Verkündung des Waffenstillstands, wird David Seymour durch ägyptisches Maschinengewehrfeuer getötet.

Carl August Stachelscheid 1919 in Düsseldorf geboren. Nach einer kaufmännischen Lehre läßt er sich bei dem Fotografen Martin Knauer in Düsseldorf zum Pressebildberichterstatter ausbilden. Als Knauer 1939 eingezogen wird, führt Stachelscheid seine Geschäfte weiter, u. a. mit Theaterfotos. Nach erfolgreicher »Schriftleiterprüfung« wird er 1941 zur »Kriegsberichterstatterkompanie« eingezogen und arbeitet für die Luftwaffe. 1944 hat er bereits 248 Feindflüge absolviert und das E. K. II erhalten, er wird nach Kurland versetzt und flieht von dort vor der vorrückenden Roten Armee. Bereits ab 1945 arbeitet er für eine Düsseldorfer Zeitung unter britischer Lizenz. Im Herbst 1946 fotografiert er im Auftrag von Victor Gollancz, dem britischen Verleger und Gründer von »Save Europe Now«, bei dessen Besuch in der britischen Besatzungszone. Es folgen Tätigkeiten für Tageszeitungen wie RHEINISCHE POST und FREIHEIT sowie für die »Deutsche Presse-Agentur«, in zunehmenden Maße auch Werbefotografie. Ab 1951 bezieht er Betriebsräume im Düsseldorfer Pressehaus und beliefert Illustrierte mit seinem »Pressebilderdienst aus Nordrheinwestfalen«. In der Folge gründet er ein Kopierwerk und andere filmtechnische Dienste, Stachelscheids Firma »Film-Technik 16« existiert bis heute. Bereits früh arbeitet Stachelscheid auch mit Farbmaterial,so etwa für seinen Bildband »Geboren im Feuer – Stahl«, 1956. Stachelscheid stirbt 1990 in Düsseldorf.

Josef Stoffels Jahrgang 1893, beginnt nach Beendigung der Schule 1907 eine Lehre als Dekorateur. 1926 eröffnet er ein eigenes

Dekorationsgeschäft in Essen. Zwei Jahre später tritt der Hobbyfotograf Stoffels der »Fotografischen Gesellschaft Essen im Verband Deutscher Amateurfotografen Vereine« (VDAV) bei. Nach Aufgabe seines Geschäftes im Jahr 1930 arbeitet er hauptberuflich als Fotograf. Unter anderem publiziert er in der FOTOGRAFISCHEN RUNDSCHAU und beschickt »Gau- und Reichsausstellungen« des VDAV. Mitte der 30er Jahre wird er freier Mitarbeiter des Essener Heimatmuseums. 1937 erhält er eine Anstellung als Fotograf in der Graphischen Anstalt der Firma Fried. Krupp. 1940 fotografiert Stoffels im Auftrag von Krupp und dem Berliner Heereswaffenamt militärische und industrielle Einrichtungen in Frankreich und Belgien. In Belgien wird er bei einem Luftangriff schwer verwundet und bleibt für längere Zeit arbeitsunfähig. 1944 vernichtet ein nach einem Bombenangriff ausbrechendes Feuer sein gesamtes Negativarchiv. Nach dem Krieg verdient Stoffels seinen Lebensunterhalt mit der Anfertigung von Paßbildern und Portraitaufnahmen von Angehörigen der alliierten Besatzungsbehörden. 1948 legt er die Meisterprüfung im Fotografenhandwerk vor der Handwerkskammer Düsseldorf ab. In den folgenden Jahren widmet er sich vor allem der Architektur-, Industrie- und Messefotografie. 1959 erscheint sein Bildband »Die Steinkohlenzechen«. 1978 werden erstmals einige seiner zahlreichen Zechenfotos im Ruhrlandmuseum ausgestellt. Zwei Jahre später hört er aus Altersgründen mit dem Fotografieren auf. 1981 stirbt Josef Stoffels. Sein fotografischer Nachlaß befindet sich im Fotoarchiv des Ruhrlandmuseums Essen.

Wolf Strache 1910 in Greifswald geboren, 1929 Abitur, kaufmännische Lehre und Studium der Volkswirtschaft und Kunstgeschichte. Strache promoviert 1934 in Volkswirtschaft und arbeitet seitdem als Bildjournalist bei Ullstein sowie freiberuflich für DIE WOCHE, DIE NEUE LINIE und diverse Sportzeitschriften. Ab 1936 veröffentlicht er erste eigene Bildbände. Im Krieg ist er zunächst als Leiter eines Bildarchivs im Auswärtigen Amt tätig, ab 1942 als »Kriegsberichterstatter« mit Fotos und Texten für DER ADLER, die Zeitschrift der Luftwaffe. Nach Gefangennahme und Entlassung 1945 freiberuflicher Bildjournalist in Stuttgart (Reportagen für die STUTTGARTER RUNDSCHAU), wo er 1950 seinen Verlag »Das Schöne Buch Dr. Wolf Strache« gründet und in der Folge mit der Publikation zahlreicher Bildbände beginnt. »Das Deutsche Lichtbild«, eine Bildanthologie der deutschen Nachkriegsfotografie, wird von ihm 1955 wiedergegründet, ab 1960 zusammen mit Otto Steinert herausgegeben. 1971 bis 1985 Geschäftsführer des BFF, »Bund freischaffender Foto-Designer«. 1979 erhält Strache den Kulturpreis der Deutschen Gesellschaft für Photographie (DGPh), lebt heute in Stuttgart. Er ist Autor und Herausgeber zahlreicher Bildbände: »Auf allen Autobahnen«, Darmstadt 1939, »Donnernde Motoren«, Stuttgart 1942, »Sprache der Steine«, 1951, »Das Ruhrgebiet: Geschichte einer Industrielandschaft«, 1952, »Plastik der Primitiven«, 1954, »Fotografische Stationen. Bilder aus den Jahren 1934-1980«, 1981, »Vor fünfzig Jahren, Bilder aus Deutschland 1932-1935«, 1986, »Ich kam aus den zerbombten Städten: Berichte aus Deutschland 1945«, Düsseldorf 1988.

Fritz Tillner arbeitete nach dem Zweiten Weltkrieg als freier Fotograf in Essen, u. a. für die NEUE RUHR-ZEITUNG.

Willy van Heekern 1898 in Kevelaer am Niederrhein geboren, arbeitet nach der Beendigung der Schule zunächst in der Restaurierungswerkstatt seines Vaters. 1916 wird er als Soldat einberufen. Nach Abschluß eines Studiums an der Essener Kunstgewerbeschule erhält er 1924 eine Anstellung als Fotograf und Dekorationsmaler bei der Düsseldorfer Firma Sichtermann & Edelmann. Ein Jahr später macht van Heekern sich als freier Fotograf in Essen selbständig. 1928 gründet er mit dem Fotografen Franz Willmkes die Bildagentur »Westphoto«, die Zusammenarbeit währt aber nur bis 1932. 1936 erhält er von der Essener Verlagsgesellschaft von Chamier, die u. a. das Zentrumsblatt ESSENER VOLKSZEITUNG herausbringt, einen Exklusivvertrag. Nach Schließung dieser Zeitung im Jahr 1941 wird van Heekern von der Illustrierten DIE WOCHENSCHAU als »Bildberichterstatter« und Schriftleiter übernommen. Darüberhinaus fotografiert er während des Krieges für die »Bau-Chemie« Tarnanlagen, für das Luftgaukommando in Münster die durch die Bombenangriffe im Ruhrgebiet hervorgerufenen Zerstörungen und für das Reichsministerium für Volksaufklärung und Propaganda Deckengemälde und Wandmalereien in historischen Baudenkmälern im Rheinland. 1945 gehen Teile seines Negativarchivs durch Plünderungen und Beschädigungen verloren. Nach Kriegsende setzt van Heekern die Dokumentationsarbeit der Baudenkmäler für das Denkmalpflegeamt fort. Außerdem erhält er von Bürgermeister Hugo Rosendahl den Auftrag, den Wiederaufbau Essens zu fotografieren. Von 1946 an arbeitet van Heekern als freier Pressefotograf u. a. regelmäßig für die RHEINISCHE POST, die RHEIN-RUHR-ZEITUNG und die NEUE RUHR-ZEITUNG. 1970 hört er mit dem Fotografieren auf. 1985 wird eine Auswahl seiner Fotos im Essener Museum Folkwang ausgestellt. 1989 stirbt Willy van Heekern in Essen. Sein fotografischer Nachlaß befindet sich im Fotoarchiv des Ruhrlandmuseums Essen.

Textautorinnen und -autoren

Dagmar Barnouw, Prof. Professorin für Deutsche und Vergleichende Literaturwissenschaft an der University of Southern California in Los Angeles. Beschäftigt sich vor allem mit »Erkenntnis und Repräsentation in der Moderne«. Weitere Arbeitsgebiete sind »Exil« und »Fotografie«.

Zu ihren letzten Buchveröffentlichungen gehören u. a. »Visible Spaces. Hannah Arendt and the German-Jewish Experience« (1990), »Critical Realism. History, Photography, and the Work of Siegfried Kracauer« (1994) und »Germany 1945. Views of War and Violence« (deutsch: »Ansichten von Deutschland«) (1995).

Wolfgang Benz, Prof. Dr. Geboren 1941; Studium der Fächer Geschichte, Politische Wissenschaft und Kunstgeschichte. 1969 bis 1990 Mitarbeiter des Instituts für Zeitgeschichte in München, seit 1990 Professor an der Technischen Universität Berlin und Leiter des Zentrums für Antisemitismusforschung.

Zahlreiche Veröffentlichungen zur deutschen Geschichte im 20. Jahrhundert, u. a. »Von der Besatzungsherrschaft zur Bundesrepublik. Stationen einer Staatsgründung 1946-1949« (1984) und »Zwischen Hitler und Adenauer. Studien zur deutschen Nachkriegsgesellschaft« (1991) sowie Mitgründer und Mitherausgeber der Zeitschrift »Dachauer Hefte« und Herausgeber des »Jahrbuchs für Antisemitismusforschung«.

Ulrich Borsdorf, Prof. Dr. Direktor des Ruhrlandmuseums Essen.

Martin Caiger-Smith 1959 geboren; studierte Geschichte und Kunstgeschichte. Von 1986 bis 1990 zuständig für Ausstellungen in »The Photographer's Gallery« in London, seit 1991 bei der »Hayward Gallery«, ebenfalls in London.

Zu seinen Veröffentlichungen zählen u. a. »George Rodger: Magnum Opus« (1987), »The Face of the Enemy. British Photographers in Germany 1944-52« (1989) und »Site Work. Architecture in Photography since Early Modernism« (1991).

Detlef Hoffmann, Prof. Dr. Geboren 1940; Studium der Kunstgeschichte, Geschichte und Philosophie sowie der klassischen und christlichen Archäologie. 1971 bis 1981 Kustos am Historischen Museum Frankfurt, bis 1979 auch des Deutschen Filmmuseums. 1981 Professor für Kunst- und Designgeschichte an der Fachhochschule Hamburg, seit 1982 Professor für Neuere Kunstgeschichte an der Universität Oldenburg. Beschäftigt sich vor allem mit Fragen der Museumstheorie und -praxis, mit Fotogeschichte und mit dem »Verhältnis von Relikt und Denkmal auf dem Gelände ehemaliger Konzentrationslager«.

Veröffentlichte u. a. »Ein Krieg wird ausgestellt – Die Weltkriegssammlung des Historischen Museums Frankfurt (1914-1918)« (1976), »Lichtbilder – Lichtspiele. Anfänge der Fotografie und die Kinos in Ostfriesland« (1989) und »Die Sachen und ihre Schatten. Über Symbole und Symbolisierung in Kunst und Wissenschaft« (1991).

Sigrid Schneider, Dr. Leiterin des Fotoarchivs im Ruhrlandmuseum Essen.

Bernd Weise, M.A. Geboren 1950; Studium der Fotografie und der Visuellen Kommunikation sowie der Publizistik, Neueren Geschichte und Politologie. Freier Mitarbeiter der Photographischen Sammlung – Berlinische Galerie. Lehrbeauftragter und Referent für Fotojournalismus an verschiedenen Institutionen und Universitäten. Seit 1989 Geschäftsführer des Bundesverbandes der Pressebild-Agenturen und Bildarchive in Berlin.

Zu seinen Veröffentlichungen gehören u. a. eine Aufsatzreihe über »Pressefotografie« in der Zeitschrift FOTOGESCHICHTE (1989ff.) sowie »Fotografie in deutschen Zeitschriften 1883-1923« (1991).

Editorische Notiz

Bei den Fotografien handelt es sich überwiegend um Reprints von Originalnegativen, die zum Zwecke dieser Ausstellung im Labor des Museumszentrums, von den verschiedenen Leihgebern oder den Fotografen selbst (Ries, Strache) angefertigt wurden. Die gesamte Auswahl an Bildern aus den National Archives, Washington besteht aus Kontakt- und (seltener) Repronegativen.

Wenn Vintages vorhanden waren, wurde dieses Material grundsätzlich bevorzugt, es sei denn, es handelte sich um qualitativ unzureichende Arbeitsabzüge aus dem Nachlaß des Autors, beschädigte oder von den Redaktionen stark beschnittene Abzüge. Die Art der Vorlage - Vintage, Reprint, Repro - ist jeweils vermerkt, bei den Vintages sind die Formate angegeben. Grundsätzlich wurden Originaltitel (in Anführungszeichen) ebenso übernommen wie Angaben des Autors zu Ort und Aufnahmezeitpunkt. Wo solche Angaben fehlen, wurden die Fotos aufgrund eigener Recherche identifiziert.

Die Hinweise zur Provenienz umfassen auch Archiv-Nummern, um Interessenten einen schnellen Zugang zum Material zu ermöglichen. Die Formate im Abbildungsverzeichnis sind in Zentimetern angegeben.

Abkürzungsverzeichnis

Arch. AWO	*Archiv der Arbeiterwohlfahrt, Essen*
Arch. Kösters	Privatarchiv *Hans G. Kösters, Essen*
Arch. Schmidt	*Archiv Ernst Schmidt im Ruhrlandmuseum Essen*
bpk	*Bildarchiv Preußischer Kulturbesitz, Berlin*
DHM	*Bildarchiv Deutsches Historisches Museum, Berlin*
HA Krupp	*Historisches Archiv Krupp, Essen*
HStAD	*Nordrhein-Westfälisches Haupstaatsarchiv Düsseldorf*
ICP	*International Center of Photography Midtown, New York*
IWM	*Imperial War Museum, London*
NNSP	*National Archives Still Picture Branch, Washington D. C.*
NRZ BA	*Bildarchiv der Neuen Ruhr Zeitung, Essen*
PRO	*Public Record Office, Richmond*
RLM	*Fotoarchiv des Ruhrlandmuseums Essen*
SC	*U. S. Army Signal Corps Photo*
StaBibl	*Stadtbibliothek Essen*
StABo	*Stadtarchiv Bochum*
StBst	*Stadtbildstelle Essen*
UB Dü	*Universitäts- und Landesbibliothek Düsseldorf*
UB Dui	*Universitätsbibliothek Duisburg*
UB E	*Universitätsbibliothek Essen*
Uni War	*University of Warwick*

ABBILDUNGSVERZEICHNIS

1 NNSP, SC 203749, Reprint
2 NNSP, OWI, SC 203750, Reprint
3 NNSP, SC 352571, Reprint
4 NNSP, SC 411826, Reprint
5 NNSP, SC 205325, Reprint
6 NNSP, SC 203621, Reprint
7 NNSP, SC 205417, Reprint
8 NNSP, SC 205301, Reprint
9 NNSP, SC 336316, Reprint
10 NNSP, OWI RG 208-AA-208 V-4, Reprint
11 NNSP, OMGUS, 331-CA-5A-6703, Reprint
12 NNSP, SC 336316, Reprint
13 NNSP, OMGUS 331-CA-4B-6290, Reprint
14 NNSP, OWI, RG 208-AA-32 W-2, Reprint
15 NNSP, SC 264851, Reprint
16 NNSP, SC 206060, Reprint
17 NNSP, OMGUS 331-CA-5B-6887, Reprint
18 NNSP, OMGUS 331-CA-4C-6576, Reprint
19 NNSP, OMGUS 331-CA-5A-6706, Reprint
20 NNSP, OMGUS RG 220 MGG 4-1, Reprint
21 NNSP, OMGUS 260 MGG-213-7, Reprint
22 NNSP, SC 292456, Reprint
23 NNSP, SC 292462, Reprint
24 NNSP, SC 292464, Reprint
25/26 Privatbesitz, Repro
27 Magnum Photos, Nachlaß David Seymour, Kontaktbogen 47-1-113, Reprint
28 Magnum Photos, Nachlaß David Seymour, Kontaktbogen 47-1-119, 1442, Reprint
29 Magnum Photos, Nachlaß David Seymour, Kontaktbogen 47-1-140, 1648, Reprint
30 Magnum Photos, Nachlaß David Seymour, Kontaktbogen 47-1-126, Reprint
31 Magnum Photos, Nachlaß David Seymour, Kontaktbogen 47-1-114, Reprint
32/33 Privatbesitz, Repro
34-43 © Cornell Capa, Nachlaß R. C. im ICP Midtown, New York, Reprints 1995
44-53 © Henry Ries, Fotoarchiv RLM, Reprints des Fotografen, 1995, 26,5x26
54/55 UB E, Repro
56 Privatbesitz, Repro
57 NNSP, OMGUS 331-CA-4C-6579
58 NNSP, OMGUS 331-CA-4A-6159
59 IWM, CL 2377, Reprint
60 IWM, CL 2379, Reprint
61 IWM, CL 2382, Reprint
62 IWM, CL 2666, Reprint
63 Arch. Schmidt, Vintage, 17x11,6
64 Arch. Schmidt, Vintage, 17,1x11,9
65 PRO (WO 309/371), Repro
66 IWM, B.U. 11806, Reprint
67 IWM, B.U. 11809, Reprint
68 IWM, B.U. 11815, Reprint
69 IWM, CL 2355, Reprint
70 Popperfoto, Repro
71 IWM, B.U. 10636, Reprint
72 IWM, B.U. 10638, Reprint
73 IWM, B.U. 10639, Reprint
74 IWM, B.U. 11956, Reprint
75 IWM, B.U. 10796, Reprint
76 IWM, B.U. 10852, Reprint
77 IWM, B.U. 10871, Reprint
78 IWM, B.U. 10869, Reprint
79 IWM, B.U. 10866, Reprint
80 IWM, B.U. 12346, Reprint
81 IWM, B.U. 8902, Reprint
82 IWM, B.U. 8900, Reprint
83 Popperfoto, Repro
84 UB Dui, Repro
85 Hulton-Deutsch, Reprint
86 Popperfoto, Reprint
87 IWM, B.U. 12742, Reprint
88 Hulton-Deutsch, Reprint
89 Popperfoto, Reprint
90 Arch. Schmidt, Vintage, 19,2x22
91 Popperfoto, Reprint

92 UniWar, Repro
93 UniWar, Repro
94 HStAD, Reprint
95 Hulton-Deutsch, Reprint
96 Hulton-Deutsch, Reprint
97 Popperfoto, Vintage, 18,8x23,7
98 Hulton-Deutsch, Reprint
99 Hulton-Deutsch, Reprint
100 Popperfoto, Vintage, 19,3x23,8
101 UB E, Repro
102 Hulton-Deutsch, Reprint
103 Hulton-Deutsch, Reprint
104 UB E, Repro
105 RLM, RP 01, Vintage, 16,1x22,3
106 RLM, vH 10001, Vintage, 10,8x16,1
107 HA Krupp, 16a 376/5, Vintage, 16,8x20,9
108 RLM, vH 10002, Vintage, 7,9 x 20,1
109 StBSt, L 318/14, Reprint
110 RLM, St 240/14, Reprint
111 RLM, Kl 100/5, Reprint
112 RLM, Kl 2001, Vintage, 14,1x20,5
113 HA Krupp, WA 16a 376/206, Vintage, 7,5x10,9
114 StBSt, i 1300, Reprint
115 RLM, vH 10056, Vintage, 9,1x16,1
116 StBSt, i 1297, Reprint
117 RLM, St 236/36, Reprint
118 RLM, vH 2061/32, Reprint
119 RLM, vH 10003, Vintage, 7,7x21
120 RLM, St 216/14, Reprint
121 RLM, St 2000, Vintage, 16,8x22,7
122 bpk, Reprint
123 HA Krupp, WA 16a 449/1, Vintage, 15,5x23,6
124 RLM, 62 Kr (E) C61 IIb, Vintage, 10,5x21,8
125 RLM, Str 01, Reprint des Fotografen, 1994, 40x30
126 RLM, vH 10004, Vintage, 16,7x22,9
127 RLM, vH 0068/17, Reprint
128 RLM, vH 10005, Vintage, 17,3 x 11,4
129 RLM, vH 0757/34, Reprint
130 RLM, vH 0068/2, Reprint
131 RLM, Kl 2002, Vintage, 14,3x11
132 RLM, vH 10006, Vintage, 11,3 x 16,9
133 HStAD, RWB 1484, Reprint
134 RLM, vH 10007, Vintage, 12x17,5
135 RLM, vH 0068/22, Reprint
136 StBSt, L 962, Reprint
137 StBSt, i 2020, Reprint
138 RLM, vH 10008, Vintage, 16,3x23,4
139 Arch. Kösters, Vintage, 12,8x17,8
140 StBSt, i 1309, Reprint
141 RLM, vH 1284/11, Reprint
142 StBSt, L 958, Reprint
143 RLM, vH 0738/4, Reprint
144 RLM, vH 0732/15, Reprint
145 RLM, vH 0732/13, Reprint
146 RLM, St 2001, Vintage, 14x22,4
147 RLM, vH 10009, Vintage, 16,7x11,8
148 StBSt, L 333/24, Reprint
149 RLM, Kl 229/24, Reprint
150 RLM, vH 1422/38, Reprint
151 RLM, vH 2706/4, Reprint
152 DHM, Repro
153 RLM, vH 10010, Vintage, 17,5 x 23,5
154 RLM, vH 0123/9, Reprint
155 StBSt, L 337/9, Reprint
156 RLM, vH 0019/31, Reprint
157 RLM, Kl 146/14, Reprint
158 RLM, St 2002, Vintage, 11,5x16,5
159 HStAD, RWB 1390, Reprint
160 HStAD, RWB 1390, Reprint
161 RLM, vH 0123/6, Reprint
162 RLM, vH 2291/5, Reprint
163 RLM, vH 10011, Vintage, 10,5 x 16
164 DHM, Vintage, 23,4x17,1
165 RLM, vH 10012, Vintage, 17,2x23,5
166 bpk, Reprint
167 RLM, vH 10013, Vintage, 8,6x17
168 RLM, St 237/14, Reprint
169 RLM, St 237/17, Reprint
170 RLM, Kl 124/28, Reprint
171 RLM, vH 1374/21, Reprint
172 StBSt, L 954, Reprint
173 HStAD, RWB 1373, Reprint
174 RLM, vH 10014, Vintage, 11,7x8,8
175 RLM, vH 10015, Vintage, 11,2x16,7
176 RLM, vH 1327/1, Reprint

177 RLM, vH 10016, Vintage, 16,7 x 11
178 RLM, vH 10017, Vintage, 11,3 x 17,2
179 HStAD, RWB 1379, Reprint
180 HStAD, RWB 1379, Reprint
181 HStAD, RWB 1379, Reprint
182 HStAD, RWB 1379, Reprint
183 UB Dü, Repro
184 RLM, Kl 206/24, Reprint
185 NRZ BA, Vintage, 12,3 x 17,3
186 RLM, Kl 206/31, Reprint
187 StBSt, L 955, Reprint
188 RLM, vH 10018, Vintage, 10 x 17
189 StBSt, L 389/5, Reprint
190 StBSt, L 332/38 pa, Reprint
191 RLM, St 219/29, Reprint
192 RLM, vH 10019, Vintage, 16 x 23,7
193 RLM, vH 2811/28, Reprint
194 RLM, vH 1233/21, Reprint
195 RLM, vH 10020, Vintage, 11,4 x 17,2
196 RLM, St 237/22, Reprint
197 RLM, St 237/29, Reprint
198 RLM, vH 1283/17, Reprint
199 RLM, vH 2244/4, Reprint
200 RLM, vH 10021, Vintage, 15 x 23,4
201 RLM, vH 1298/14, Reprint
202 RLM, Kl 207/1, Reprint
203 RLM, vH 10022, Vintage, 15,9 x 10,7
204 RLM, vH 10024, Vintage, 17,4 x 11,3
205 RLM, vH 10023, Vintage, 16,8 x 20
206 RLM, vH 0716/21, Reprint
207 RLM, St 2027, Vintage, 15 x 22,7
208 RLM, Kl 2003, Vintage, 15,4 x 22,8
209 RLM, Kl 2004, Vintage, 17 x 23,7
210 RLM, Kl 2005, Vintage, 15,7 x 15,1
211 RLM, Kl 2006, Vintage, 23,6 x 16,7
212 RLM, Kl 2007, Vintage, 23,6 x 16,2
213 RLM, vH 10025, Vintage, 11,4 x 17,3
214 RLM, Kl 2008, Vintage, 14,7 x 23,6
215 RLM, Kl 2009, Vintage, 23,4 x 16,9
216 RLM, Kl 2010, Vintage, 15,4 x 22,8
217 RLM, vH 10026, Vintage, 16,6 x 22,6
218 StBSt, L 338/26, Reprint
219 StBSt, L 383/9, Reprint
220 StBSt, L 337/14, Reprint
221 RLM, Kl 217/19, Reprint
222 RLM, Kl 190/5, Reprint
223 RLM, vH 10027, Vintage, 11,3 x 21,3
224 RLM, Kl 190/10, Reprint
225 RLM, vH 10028, Vintage, 17,3 x 11,7
226 RLM, vH 1483/2, Reprint
227 RLM, vH 1298/4, Reprint
228 RLM, vH 10029, Vintage, 17 x 23,4
229 RLM, vH 1364/13, Reprint
230 RLM, vH 10030, Vintage, 11,7 x 17,5
231 RLM, vH 1262/35, Reprint
232 Arch. Kösters, Vintage, 11,6 x 17,4
233 RLM, St 201/35, Reprint
234 RLM, Kl 138/27, Reprint
235 RLM, St 202/Glas, Reprint
236 RLM, Kl 122/11, Reprint
237 RLM, St 138/Glas, Reprint
238 RLM, vH 1240/8, Reprint
239 RLM, Kl 215/12, Reprint
240 RLM, vH 1422/25, Reprint
241 RLM, Kl 94/24, Reprint
242 RLM, vH 1354/9, Reprint
243 RLM, vH 10031, Vintage, 16 x 22
244 RLM, vH 0480/38, Reprint
245 RLM, Kl 213/12, Reprint
246 RLM, St 289/27, Reprint
247 RLM, St 211/14, Reprint
248 RLM, vH 1493/12, Reprint
249 RLM, vH 0716/12, Reprint
250 RLM, Kl 215/16, Reprint
251 RLM, Kl 100/9, Reprint
252 RLM, Kl 149/17, Reprint
253 RLM, vH 1283/13, Reprint
254 RLM, vH 1347/13, Reprint
255 NRZ BA, Vintage, 17,2 x 12,5
256 RLM, Kl 144/29, Reprint
257 RLM, Kl 135/1, Reprint
258 RLM, vH 10044, Vintage, 16,7 x 11,1
259 RLM, vH 10045, Vintage, 11,1 x 16,8
260 RLM, vH 10046, Vintage, 10,5 x 16,2
261 RLM, vH 10047, Vintage, 10,6 x 16,9
262 RLM, vH 10048, Vintage, 11,5 x 17,5
263 RLM, vH 10049, Vintage, 10,8 x 16,4
264 RLM, vH 10050Vintage, 10,0 x 16,2
265 RLM, vH 10051, Vintage, 22,5 x 15,3
266 RLM, vH 0127/1, Reprint

267 RLM, vH 10052, Vintage, 15,6 x 23,1
268 RLM, St 2021, Vintage, 11,0 x 7,5
269 RLM, St 236/31, Reprint
270 RLM, St 224/1, Reprint
271 RLM, St 2022, Vintage, 12,5 x 7,5
272 RLM, St 2023, Vintage, 22,8 x 17,1
273 RLM, St 234/24, Reprint
274 RLM, St 201/9, Reprint
275 RLM, St 241/14, Reprint
276 Henning Langenheim, Vintage, 18,7 x 28,0
277 RLM, St 2024, Vintage, 12,3 x 7,8
278 RLM, St 2025, Vintage, 11,4 x 8,2
279 RLM, St 2026, Vintage, 19,4 x 22,6
280 RLM, vH 0067/12, Reprint
281 RLM, vH 10053, Vintage, 11,3 x 21,7
282 RLM, Reprint
283 RLM, vH 10054, Vintage, 22,7 x 16,7
284 RLM, Kl 217/8, Reprint
285 RLM, vH 1235/5, Reprint
286 RLM, vH 1234/3, Reprint
287 RLM, vH 10055, Vintage, 23,2 x 16,3
288 RLM, vH 10035, Vintage, 8,8 x 13,6
289 RLM, vH 10036, Vintage, 11,3 x 17,6
290 StBSt, L 950, Reprint
291 RLM, Kl 2011, Vintage, 16 x 34
292 NRZ BA, Vintage, 10,9 x 17
293 RLM, vH 3219/29, Reprint
294 HStAD, RWB 1507, Reprint
295 HStAD, RWB 1428, Reprint
296 RLM, vH 10037, Vintage, 11,4 x 17,4
297 Arch. Schmidt, Vintage, 7,9 x 10,9
298 RLM, vH 10038, Vintage, 11,4 x 17,2
299 Arch. Schmidt, Vintage, 12 x 16,8
300 Arch. Schmidt, Vintage, 10,6 x 15,3
301 RLM, Kl 144/1, Reprint
302 RLM, Kl 144/3, Reprint
303 RLM, Kl 144/16, Reprint
304 RLM, Kl 144/5, Reprint
305 RLM, Kl 205/24, Reprint
306 RLM, Kl 144/17, Reprint
307 RLM, Kl 144/13, Reprint
308 RLM, Kl 144/12, Reprint
309 RLM, Kl 144/14, Reprint
310 RLM, vH 1217/10, Reprint
311 RLM, vH 737/1, Reprint
312 RLM, vH 10039, Vintage, 23,5 x 17,7
313 RLM, Kl 205/17, Reprint
314 Arch. Schmidt, Vintage, 7,9 x 12,7
315 Arch. Schmidt, Vintage, 7,4 x 11,7
316 Arch. Schmidt, Vintage, 7,9 x 11,1
317 RLM, vH 10040, Vintage, 17,1 x 23,2
318 RLM, vH 0751/37, Reprint
319 RLM, vH 2062/23, Reprint
320 RLM, Kl 198/20, Reprint
321 RLM, vH 10041, Vintage, 10 x 16,3
322 Archiv Kösters, Vintage, 13,5 x 18,5
323 HA Krupp, WA 16a - 376/221, Vintage, 7,3 x 10,9
324 StA Bo, Vintage, 14,9 x 10
325 StA Bo, Vintage, 14,9 x 10
326 RLM, vH 10057, Vintage, 17,5 x 23,4
327 NRZ BA, Vintage, 17,1 x 12,2
328 RLM, Kl 109/4, Reprint
329 RLM, Kl 2012, Vintage, 11,2 x 17,1
330 RLM, Kl 123/39, Reprint
331/332, bpk, Repro
333 bpk, Reprint, 36,2 x 23,8
334 bpk, Reprint, 36 x 24,2
335 RLM, St 2003, Vintage, 16,4 x 22,3
336 RLM, St 2004, Vintage, 16,3 x 23,1
337-344 HStAD, RWB 1820, Reprint
345 HStAD, RWB 1784, Reprint
346 NRZ BA, Vintage, 12,5 x 17,2
347 NRZ BA, Vintage, 17 x 23,3
348 RLM, Kl 2013, Vintage, 11,1 x 16,9
349 RLM, vH 0706/21, Reprint
350 RLM, St 2005, Vintage, 12,2 x 7,8
351 RLM, St 2006, Vintage, 12,2 x 7,8
352 RLM, St 2007, Vintage, 12,2 x 7,8
353 RLM, St 2008, Vintage, 12,2 x 7,8
354 RLM, St 2009, Vintage, 12,2 x 7,8
355 RLM, St 2010, Vintage, 12,2 x 7,8
356 RLM, St 2011, Vintage, 12,2 x 7,8
357 RLM, St 2012, Vintage, 12,2 x 7,8
358 RLM, St 2013, Vintage, 12,2 x 7,8
359 RLM, St 228/19, Reprint
360 RLM, St 2015, Vintage, 22,8 x 15,8
361 RLM, St 2014, Vintage, 15,4 x 23
362 RLM, vH 1474/6, Reprint

363 RLM, St 2016, Vintage, 12,3 x 7,6
364 RLM, St 2017, Vintage, 7,4 x 12,3
365 RLM, St 2018, Vintage, 7,5 x 12,2
366 RLM, St 2019, Vintage, 7,5 x 12,3
367 RLM, St 2020, Vintage, 7,2 x 12
368 HStAD, RWB 1474, Reprint
369 RLM, Kl 103/2, Reprint
370 RLM, Kl 108/18, Reprint
371-373 HStAD, RWB 1596, Reprint
374 UB Dü, Repro
375 RLM, vH 0722/9, Reprint
376 RLM, vH 2060/17, Reprint
377 Arch. Schmidt, Vintage, 17,6 x 23,6
378 Arch. Schmidt, Vintage, 17,6 x 23,6
379 RLM, Kl 179/21, Reprint
380 Arch. AWO, Vintage, 8 x 10,8
381 Arch. AWO, Vintage, 17,8 x 12,2
382 RLM, vH 0067/13, Reprint
383 RLM, vH 1366/29, Reprint
384 RLM, vH 10042, Vintage, 17,7 x 11,3
385 NRZ BA, Vintage, 10,6 x 16,8
386 RLM, Kl 210/19, Reprint
387 RLM, Kl 210/11, Reprint
388 RLM, Kl 210/27, Reprint
389 RLM, St 237/18, Reprint
390 RLM, vH 10043, Vintage, 11,2 x 16,6
391 RLM, Kl 181/9, Reprint
392 RLM, Kl 181/14, Reprint
393 RLM, Kl 184/4, Reprint
394 RLM, Kl 229/5, Reprint
395 StaBibl, Repro
396 RLM, St 214/4, Reprint
397 RLM, St 2021, Vintage, 7,4 x 12,3
398 RLM, Kl 153/13, Reprint
399 RLM, Kl 153/2, Reprint
400 RLM, Kl 153/12, Reprint
401 RLM, Kl 153/10, Reprint
402 RLM, Kl 223/18, Reprint
403 RLM, Kl 114/17, Reprint
404 RLM, vH 1235/35, Reprint
405 RLM, vH 1345/15, Reprint
406 RLM, vH 2056/4, Reprint
407 RLM, vH 2703/35, Reprint
408 RLM, vH 10032, Vintage, 15,2 x 22
409 RLM, vH 10033, Vintage, 16,2 x 23,2
410 RLM, Kl 251/29, Reprint
411 RLM, vH 0503/23, Reprint
412 RLM, vH 0503/25, Reprint
413 UB Dü, Repro
414 RLM, Kl 219/4, Reprint
415 RLM, Kl 217/14, Reprint
416 RLM, vH 10034, Vintage, 21,6 x 16,5
417 RLM, vH 2704/28, Reprint
418-423 RLM, Reprint
424-426 Privatbesitz, Vintage, Originalgröße
427-430 Privatbesitz, Reprint
431-441 Privatbesitz, Vintage, Originalgröße
442 Privatbesitz, Repro
443-462 Privatbesitz, Vintage, Originalgröße

DANK

Für besondere Förderung danken wir:

- dem AGFA Förderprogramm Fotografie, Leverkusen
- Herrn Erich Brost, Essen
- der Firma Erco Leuchten GmbH, Lüdenscheid
- dem Getty Grant Programm, Santa Monica, USA, durch dessen Senior Research Grant das Konzept einer Zusammenschau amerikanischer, britischer und deutscher Fotografie überhaupt erst möglich wurde.

Für freundliche Unterstützung unserer Arbeit danken wir:

Dr. Hanns Dietrich Ahrens
Elisabeth Altenhoff
Miles Barth, *International Center of Photography Midtown, New York*
H. Baum
Helen Bettinson, *BBC London*
Ian Blackwell, *Popperfoto, Northampton*
Dipl. Ing. Heinrich Böll
Anneliese Brost
Horst Bühne, *Stadtbildstelle Essen*
Werner Bussick
Prof. Dr. Ottfried Dascher, *Hauptstaatsarchiv Düsseldorf*
Werner Ebeler
Gertrud Frebel
Guido Frebel
Theo Gaudig
Claudia Grotkamp
RA Günther Grotkamp
Hildegard Hacker
Peter Happel, *Stadtbildstelle Essen*
Otto Häublein
Ulrike Heising
Jonathan Heller, *National Archives, Washington*
Helga Jost
Dr. Renate Köhne-Lindenlaub, *Historisches Archiv Krupp, Essen*
Heidrun Klein, *Bildarchiv Preußischer Kulturbesitz, Berlin*
Hans G. Kösters
Ruth Kollmann
Barbara Koppelman
Inge Kretschmar
Claudia Küchler, *Deutsches Historisches Museum, Berlin*
Katrin Martens
Leon Meyer, *Hulton Deutsch Coll., London*
Dr. Lutz P. Michel
Herwig Müther, *Historisches Archiv Krupp, Essen*
Sabine Nath
Marie und Franz Nünning
Prof. Dr. Dietrich Oppenberg
Alfred Peter, *Stadtbibliothek Essen*
Inge Peters
Helmut Reinkes
Hilary Roberts, *Imperial War Museum, London*
Walter Rohr
Dr. Wolf-Rüdiger Schleidgen, *Hauptstaatsarchiv Düsseldorf*
Dr. Ernst Schmidt
Walter Spilker
Franz Strauch
Corneel Voigt
Ulrich Voigt
Manfred Vollmer
Jürgen P. Wallmann
Robert Welzel
Dr. Michael Zimmermann

IMPRESSUM

Bildberichte.
Aus dem
Ruhrgebiet der
Nachkriegszeit

Eine Ausstellung des
Ruhrlandmuseums Essen
12. April bis 30. Juli 1995

Konzeption und Leitung
Ausstellung & Katalog:
Sigrid Schneider

Mitarbeit: *Stefan Rahner*

Ausstellung
Gestaltung: *Ulrich Blawat, Karsten Moll*
Reprints: *Sandra Laube*
Kommunikationsdesign:
Prof. Uwe Loesch, Düsseldorf

Öffentlichkeitsarbeit:
Heinrich Theodor Grütter

Mitarbeit Realisation: *Peter Ameely-Slaby, Dominique Jagusch, Frank Kaspar, Thomas Morlang, Guido Rißmann-Ottow, Andreas Schiblon, Christian Schröder, Vanessa Slominski, Joseph Stader, Werkstätten des Museumszentrums*

Katalog
Herausgeber: *Ruhrlandmuseum, Sigrid Schneider*
Mitarbeit Redaktion: *Thomas Morlang, Andreas Schiblon, Stefan Rahner*
Chronik: *Marion Heistermann, Ernst Schmidt*
Reproduktion: *Jens Nober*
Gestaltung: *Karsten Moll*
Umschlaggestaltung:
Prof. Uwe Loesch, Düsseldorf

Lithografie:
Repro Wuchert Computer Publishing GmbH, Bochum

Gesamtherstellung:
Druckerei und Verlag Peter Pomp GmbH, Bottrop

Printed in Germany
ISBN 3-89355-112-3